U0596461

博学之，审问之，慎思之，明辨之，笃行之。

——《礼记·中庸》

MBA
教育再思考
十字路口的工商管理教育

RETHINKING THE MBA
Business Education at a Crossroads

斯里坎特·M·达塔尔（Srikant M. Datar）
戴维·A·加文（David A. Garvin）　著
帕特里克·G·卡伦（Patrick G. Cullen）

伊志宏　徐　帆　译

导论：变革中的MBA学位　MBA教育的现状　MBA市场形势的变化　详探课程方案　忧虑重重　迎接全球化、领导力和整合性的挑战　教学方法和课程设计的创新　商学院的应对策略　芝加哥大学布斯商学院：灵活自主，以学科为基础　欧洲工商管理学院：信条——全球化　创造性领导力中心：以领导力开发为核心　哈佛商学院：综合管理和注重实践　耶鲁管理学院：整合与大变革　斯坦福大学商学院：个性化与大变革　结语：商学院，路在何方

导论：变革中的MBA学位　MBA教育的现状　MBA市场形势的变化　详探课程方案　忧虑重重　迎接全球化、领导力和整合性的挑战　教学方法和课程设计的创新　商学院的应对策略　芝加哥大学布斯商学院：灵活自主，以学科为基础　欧洲工商管理学院：信条——全球化　创造性领导力中心：以领导力开发为核心　哈佛商学院：综合管理和注重实践　耶鲁管理学院：整合与大变革　斯坦福大学商学院：个性化与大变革　结语：商学

中国人民大学出版社
·北京·

序言一

···················

　　工商管理硕士教育，即 MBA 教育，自 20 世纪初滥觞于美国哈佛商学院，如今已走过百年历程。毫无疑问，哈佛创造的 MBA 教育模式，对世界各国无数商界乃至政界领袖的培育，从而对人类社会与经济的发展，做出了不可替代的重要贡献。

　　2008 年，哈佛商学院在百年院庆之际开始反思现行 MBA 教育存在的问题。斯里坎特·M·达塔尔（Srikant M. Datar）等三位哈佛教授和研究人员，基于广泛的资料收集、深度访谈和众多知名商学院的变革案例研究，深度剖析了工商管理教育（特别是美国和欧洲）的现状、面对的问题与可能的应对策略。这种反思是非常有必要的。据我所知，美国人针对 MBA 教育的深度反思，这已是第三次。第一次是约 50 年前，第二次是约 20 年前。在我看来，随着经济全球化的加速推进和以中国为代表的新兴经济体的崛起，对 MBA 教育的再思考和 MBA 教育模式的变革，可能会越来越频繁。

　　1991 年，我国正式开办工商管理硕士（MBA）学位教育。中国人民大学与 MBA 教育的渊源，可以追溯到 20 世纪 80 年代，中国人民大学是最早参与国家创办 MBA 教育的咨询院校之一。1983 年，中国和加拿大两国第一次开展以工商管理教育为主要合作内容的"中加管理教育项目"（简称 CIDA 项目），中国人民大学就是成员单位之一；1985 年，作为中国人民大学的副教务长和我校 CIDA 项目的负责人，我亲身参与了该项目的实施。我们与加拿大麦吉尔大学等四所院校建立合作，选派中方优秀中青年教师赴加拿大培训，同时与麦吉尔大学合作编撰教材，开展学术交流。此后于 1990 年，中国人民大学又首开先河，在全国招收了第一批工商管理硕士（MBA）学员 39 人。学校在教学和师资方面给予了高度重视，师资团队以国内外知名教授为主体，包括黄达、高鸿业、陶湘等教授。本人也有幸成为这个团队中的一员，为 MBA 学员授课，并且和同学们建立了深厚的师生情谊。1991 年，中国人民大学成为首批 MBA 教育试点院校。1994 年，全国 MBA 教育指导委员会成立，首任教指委主任为时任我校校长的袁宝华先生。可以说中国人民大学的教育者们见证着我国 MBA 教育的每一步发展。

我国的工商管理硕士即 MBA 教育已走过了 20 年历程。从发展速度、所取得的成就看，MBA 教育取得的成绩是可喜的，目前全国开办 MBA 项目的院校已达 236 所，为各行各业输送了成千上万的毕业生。如本书所指出的，MBA 学位已被视为寻找体面工作的"金钥匙"和高层职位的"敲门砖"。我们培养的 MBA 毕业生，不仅改变了自己的命运，也为我国经济特别是企业管理和金融创新贡献了智慧。MBA 教育的发展速度，如同我国经济迅速崛起一般，可能令我们自己都感到惊讶。相比美国 MBA 教育的发展，我们可能至少走过了他们 50 年走过的路，这个时候，我们至少应该展开第一次"反思"了，例如在经济全球化的背景下，我国的工商管理教育该如何创新、是否需要创建本土的管理理论、我国的商学院该如何发展等，可能都是值得研究并深刻反思的。

当志宏同志跟我提及要翻译这本书时，她谈到了目前在全球范围内针对 MBA 教育问题的讨论，以及我们自己对 MBA 发展的想法与思考。我欣喜地感受到，我国的工商管理教育者，正在前瞻性地思考并规划 MBA 教育的未来。我一直认为，缺乏对中国传统思想的吸收，缺乏对中国传统文化和当代中国企业管理的系

统研究，在管理教育和研究中言必称哈佛是没有出路的。学习和
运用西方管理思想，必须充分考虑中国的国情、中国的实践，绝
不能全盘西化，只能有选择地吸收，而且要有创新。作为校长，
我近年来一直思考的问题之一是中国人民大学如何在加强国际性
的同时，坚持高等教育的本土特色。不过，他山之石，可以攻
玉。本书的翻译为我们了解西方正在进行的 MBA 教育创新提供
了深入、翔实的资料，这对于我们构建具有中国特色的工商管理
教育体系具有重要的借鉴意义。

　　立足我国经济改革和企业发展的实践，总结经验、提升理
论，这两个着眼点是我国新时期商科教育和管理理论创新的关键
点。另外，对中国古代管理思想中许多优秀的、共同性的管理知
识进行系统化、条理化的梳理，与世界共享，也是我们的管理学
者、MBA 学子及企业家应致力的事业。中国人民大学商学院正
在这方面展开深入的探索：一方面，积极引进和吸收西方学术研
究的最新成果，与国际 MBA 教育全面接轨。2010 年，中国人民
大学商学院顺利通过 EQUIS 认证，这标志着国际管理教育权威
认证体系对中国人民大学商学院品牌、教学质量和科研能力的充
分认可。另一方面，一大批具有扎实学术功底的教师热情地投身
于总结中国管理理论的行动中，他们在这方面不仅取得了丰硕的
研究成果，而且及时将这些理论应用于 MBA 教学，为培养兼具
本土和国际视野的优秀管理人才做出了贡献。秉承理论联系实际
的优良传统与锐意进取的创新精神，中国人民大学商学院一直走
在我国 MBA 教育的前列。我相信，终有一天，中国的商学院将
跻身世界知名商学院之列。

纪宝成

中国人民大学校长、教授、博士生导师

序言二

2011 年是中国 MBA 教育开办 20 周年。20 年来，伴随着我国经济的快速发展，我们共同见证了中国 MBA 教育取得的伟大成就。

中国的 MBA 教育是改革开放的产物，是适应我国改革开放对管理人才的强大需求，在学习了北美实务型工商管理人才的培养模式，吸收了我国研究生班教育的成功经验的基础上发展起来的。1988 年冬，来自清华大学、中国人民大学、南开大学、天津大学、西安交通大学和上海财经大学等 6 所高校的院长、教授与教育部、学位办的领导在清华大学开了两天会，讨论在我国开展 MBA 教育的必要性、可行性以及相关政策。1990 年，国务院学位委员会批准在我国试办 MBA 教育，1991 年第一批 9 所院校正式招生。

中国的 MBA 教育应运而生、顺势而上，经过 20 年的探索与发展实现从无到有、从小到大、从弱到强。教育部的领导曾经这样评价我国的 MBA 教育：MBA 作为我国最早设立的专业学位，为国家经济社会建设培养了一大批优秀管理人员，并为其他专业学位教育起到了带头、示范作用。

MBA 创造了很多研究生教育的"第一"：是我国第一个专业学位，开创了专业学位教育的先河；成立全国专业学位教育指导委员会，创新了管理模式；实行入学联考，侧重综合素质的考核，改变了考试观念和考试方式；开展专项教学合格评估工作，开创了专业学位教育质量保证新机制；按照专业学位类型授予学位，改变了按照门类授予学位的做法，丰富了学位标准；针对特殊群体开设 EMBA 教育，增强了服务社会的能力，等等。

MBA 教育的积极探索、不断开拓的精神，不仅促进 MBA 教育不断地变革和发展，而且有力地促进了其他专业学位的制度创新，从而带动整个专业学位教育的整体发展，产生极大的群体效应。所以说，MBA 教育是我国专业学位教育的开路先锋，甚至在一定程度上代表了专业学位教育的发展方向。

短短 20 年，从 1991 年 9 所试点院校招收 84 名 MBA 学生发展到今天 236 所院校招收 35 777 名 MBA 学生；从 2002 年 30 所院校招收 2 147 名 EMBA 学生发展到今天 62 所院校招收 8 483 名 EMBA 学生。累计授予 142 421 个 MBA 学位、26 000 多个 EM-BA 学位。20 年来我国共授予 MBA 学位 17 万左右。MBA 毕业生活跃在国民经济的各条战线。他们当中绝大多数人都成了我国国企、民企和外企的管理骨干，其中一部分人承担了大型企业的高层领导职务。

20 年来我们坚持改革创新，MBA 的培养质量不断提高；我们坚持提高现有师资水平，引进优秀师资，加强 MBA 师资队伍建设；我们坚持在不断加快国际化的步伐的同时进行本地化；在国际化的进程中，我们坚持以我为主、博采众长、融合提炼、自成一家的指导思想；我们坚持不断加强和完善管理，提高服务水平。MBA 教育的开展给高等院校的管理和服务带来了一股新风，极大地促进了我国商学院管理水平的提高。

回顾过去的历程是重感情的，因为今天所取得的每一项成绩都浸透了大家的努力；展望未来的道路是重理性的，因为我们面对着严峻的挑战和重大的机遇。

无须讳言，我国的 MBA 教育在发展过程中大量吸收了北美管理教育的经验。近年来，传统的北美 MBA 教育正经历着一个反思和改革的过程。《MBA 教育再思考》一书用翔实的资料介绍了国际一流商学院正在进行的反思和变革。国内部分管理学院捕捉到这一动向，他们对雇主、学生、教师等利益相关者进行了大量的调研，酝酿对 MBA 培养计划进行全方位的改革。经过几年的改革实践，他们已经积累了一些经验，这将对全国范围的 MBA 培养方案改革起到示范和指导作用。

美国每年授予 16 万个 MBA 学位，欧盟 15 万，印度 10 万，而作为世界第二大经济体，我国每年只授予 45 000 个 MBA 学位。我们任重而道远！

我国经济的快速发展为 MBA 教育提供了强大的驱动力，我国研究生教育的改革、教育主管部门对专业学位教育的重视为 MBA 教育提供了广阔的发展空间。我们一定要珍惜这一战略机遇期，紧紧抓住提高 MBA 培养质量这一中心环节，坚持改革创新，努力拓展 MBA 教育发展的政策空间，深化改革 MBA 的培养方案，形成具有中国特色、世界水平的 MBA 培养模式。在未来的十年把我国 MBA 教育的办学规模、培养质量、国际化水平提升到一个新的台阶，为中华民族的伟大复兴贡献自己的力量！

赵纯均

全国 MBA 教育指导委员会副主任

清华大学经管学院前任院长

序言三

······································

　　我衷心祝贺中国人民大学商学院院长伊志宏教授完成了《MBA 教育再思考》一书的翻译。当前，全球金融体系亟须重新调整构建，以适应新的现实环境，导致许多变动一触即发，这使得当今世界充满了不确定性。在这种情况下，该书的出版恰逢其时。在东与西学苑，我们一直关注当前经济发展的非可持续性问题，我们清楚地认识到，商业领袖需要拥有一种全新的思维模式——更加了解全球化世界的复杂性，更加积极主动地调整自身和环境，以实现一种动态平衡。只有通过这种新的领导思维，我们才能在当今急速变化的时代洪流中获得所需的和谐状态。

　　本书指出了目前管理教育体系中许多尚未达到的要求，我们深表赞同。我们尤其赞成所有的商业领导者都需要深思企业在社会中的真正角色，以及他们自己在企业中的角色。对该书作者们的另一观点我们也表示肯定，即对优秀的企业领导者来说，一个关键要素是发展更好的综合能力。此外，认识到模型和市场的局限性也是一种至关重要的能力。所有这些都要求领导者通过不断学习来持续地增强自身能力和意识，而且这种学习并不仅仅局限在工作范围内。一位优秀的企业领导者必然是持续进步的、具有良好修养的人，拥有多学科的知识和洞察力。因此，良好的管理教育是必不可少的重要基础。

　　伊志宏教授切实认识到更具变革能力的工商管理教育真正需要什么，对此，我们深表赞赏。2007 年，我们有幸与伊教授合作，设计并实施"中国实践管理领袖教育"（the Chinese Masters in Practicing Management）项目，该项目旨在完成本书提出的诸多传统管理教育体系尚未达到的要求。同时，我们也衷心祝贺中国人民大学商学院近期大胆改革传统 EMBA 教育，将书中的许多原理和要素融入改革后的 EMBA-SOAR 计划中。我们深信，这些改革将有助于培养出更加善于思考、更加高效的管理者。

我们衷心期望本书能够对学术界的思想和管理学专业的学生产生深远影响，为企业领导者的思维模式变革做出贡献。企业领导者思维模式的变革，将有助于实现一个更为和谐的可持续发展的世界。

曹慰德

万邦集团、东与西文化发展中心主席

序言四　踏上独立思考的旅途

　　两千多年前的《论语》中有"吾日三省吾身"一说，时至今日，"反思"、"省悟"亦成了热门词汇。读者面前的这本书，正是反思的成果。哈佛商学院作为全球工商管理教育界的翘楚，在学院成立百年之际推出《MBA教育再思考》，以一种独特的眼光来看待已为世人熟识的MBA教育，必会激发起读者更多的思考。

　　放眼亚洲，中国在过去30多年经历翻天覆地的变化。历史巨轮快速前行，让中国迅速向现代化社会迈进，而在发展过程中也出现不少需要改进的问题。当我们回顾过往的发展时，常常会有新的感悟。社会发展如是，经济发展与企业成长如此，商学教育亦如此。社会在快速发展，商学教育的发展如同雨后春笋。无论是中国大陆、香港或是台湾，但凡稍有实力的高等学校，几乎都设立了商学院或管理学院。MBA和EMBA教育在过去20年，从最初的星星之火变成今日的遍地开花。在企业之中，更是有数十万至近百万的雇员拥有国内外高校的MBA学位。

　　我们所面对的商业环境不断变化，我们对于管理、管理教育和MBA也不断产生新的认识。MBA教育帮助大量的雇员扩展管理知识，构建工具体系，乃至发展商业思维模式，这无疑对企业的商业实践大有裨益。我们看到，越来越多的MBA毕业生开始在企业的管理层发挥作用，他们为企业发展提出有效的解决方案。人们相信，相对于无MBA学位者，MBA毕业生更能胜任企业管理人员，更能改善企业的绩效。然而，MBA毕竟不是万应灵丹。企业的长远发展不能完全依赖 MBA。而且，MBA 的教学模式往往大同小异，使得 MBA 毕业生的思维甚为相似，反成了企业变革与创新的桎梏。因此，改革 MBA 教育成为至关重要的议题。

相信这本书付梓之后，会有不少商学院教员阅读。商学院及其教员是 MBA 培养教育过程中最为关键的一环，他们对于 MBA 教育的理解和想法直接地决定了 MBA 课程的质素。商学院的院长与教授需要思考，MBA 教育到底要教给学生什么？是流传百年的管理经典，还是时下流行的管理工具？是领导力、企业社会责任等热门话题，还是生产运营、财务营销等企业中的基本活动？商学院要将 MBA 学生培养成怎样的人？是能够灵活应对商界变化的职业经理人，还是可以开创出一番事业的企业家？诸如此类的问题，不同的商学院都在努力研究，但显然还没有找到满意的答案。我期望本书作者所提供的案例研究和访谈内容，能够给众多的商学院——尤其是我国商学院的教员——一些关于未来发展的启迪。

从商学院中走出来的 MBA 毕业生，最终需要在各类企业的平台上展现自己的知识和才能。毕竟商学院是学术机构，要求商学院百分之百地按照特定行业或企业的实时需求来设置课程，抑或在 MBA 课程期间完成人才的培养任务，都是不切实际的。我相信终身学习的重要性，学员们拿到 MBA 学位之时，是商学院教育使命的终结，也是企业人才培养与发展的起点。企业培养人才与商学院培养 MBA 有许多相似之处，也有不少差异。MBA 为学员提供基本的知识和最新的发展趋势，而企业的人才培训则重视实用性，希望员工能把所学有效、创新地运用到工作上，推动企业的长远发展。如果企业能够更明白 MBA 教育的作用与限制，以及如何和企业的培训相辅相成，相信对企业策划人才发展的方略有莫大的帮助。我相信，本书可令有意更了解 MBA 教育的企业获益匪浅。

本书以丰富翔实的资料和真实生动的案例，为读者描述了当前商学院在培养 MBA 上所面临的挑战，以及一些知名商学院应对这些变化的举措。我认为本书最大的价值不是告诉我们"别人怎么做"，而是提出一系列问题，激发我们去思考、去寻求答案。因此，对 MBA 教育和人才培养感兴趣的读者，一定会在思考的过程中得到无比的乐趣。

本书的三位作者都是从事管理学研究的专家，他们治学严谨，在书中提出了不少真知灼见。让我们抱着冷静的态度，跟随三位作者的缜密分析，展开一次深入思考的旅程。

冯国经

香港利丰集团主席

（美国哈佛大学经济学博士，曾于 1972—1976 年间

在哈佛大学商学院任教）

译者序 MBA 教育与商学院变革

自 20 世纪初 MBA 项目创办以来，MBA 和商学院教育的普及成为推动现代企业发展和社会经济进步的重要因素。MBA 和商学院自身的发展所受到的关注也远远超过大学的其他学院和其他项目。

多年以来，MBA 学位一直被认为是通向高薪职业、高管职位的"金钥匙"和"敲门砖"，考生不惜花高额学费谋求一流商学院的 MBA 学位。然而，2007 年爆发的金融危机使 MBA 项目和商学教育受到了前所未有的质疑和挑战。一方面，由于金融行业遭受打击，很多金融机构大幅压缩招聘规模、降低薪资标准，使金融服务业就业比例占 50％ 以上的很多一流商学院的 MBA 培养目标受到挑战；另一方面，社会和公众对企业社会责任、企业高管诚信的指责指向培养企业高管的商学院，将近年来对 MBA 的批评和质疑推向高潮。

面对来自公众、雇主以及学界内部的批评和质疑，越来越多的商学院开始对 MBA 的培养目标、培养模式、课程体系、课程内容、教学方法等进行系统的反思，也有一些领先的学院开始进行教学的改革与创新。虽然自 1959 年福特基金和卡内基公司研究报告发表以来，商学院所形成的学术传统和教学模式还难以有根本性的改变，但是最近这些教学改革对商学院的变革所产生的影响也许是深远的、长期的。

本书作为哈佛商学院 2008 年百年院庆的一项研究成果，是近年来有关 MBA 教育改革的著作中最为深入、细致、系统的一本。

作者以翔实的资料为基础，深入分析了 MBA 市场的变化、MBA 项目面临的挑战，并以案例研究的形式详细介绍了若干个世界顶尖商学院在 MBA 教学改革和创新上的探索。与其他研究相比，本书有以下几个特点：（1）实证研究，资料翔实。作者采访了来自欧美顶尖商学院的 30 位院长以及来自金融业、咨询业、跨国公司和高科技公司的多位高管，获得了教育界和企业界关于 MBA 学位价值、问题及未来改革方向的第一手资料。（2）视野开阔，研究深入。本书将普遍性规律与特色案例相结合。第 Ⅰ 篇根据过去十年间 MBA 市场形势的变化以及商学院发展的历史，总结分析了 MBA 教育面临的八大挑战，这些挑战是全球商学院面临的共同问题。第 Ⅱ 篇通过实地考察和访谈，深入研究了六所顶尖商学院（培训机构）应对挑战所进行的改革和创新。（3）具有很强的可操作性和参考价值。作者在六个案例研究中，详细介绍了各个学院应对 MBA 教育挑战的改革举措及其主要特色，包括培养方案的设计、主要课程的教学内容和教学方法等，特别是这些改革措施的推行所面临的问题。通过这些案例，读者可以深入了解一流商学院正在发生的变革，并从中发现值得学习和借鉴的内容。

我国的 MBA 教育虽然只有短短 20 年的时间，但是发展迅速。随着我国经济的崛起，中国企业在世界舞台上将发挥越来越大的作用，我国的商学院和 MBA 教育有着广阔的发展前景。进入 21 世纪以来，人类的发展环境和发展格局正在发生巨大的变化。互联网时代的全球化正在深刻地影响着人们的生活方式和企业的经营环境，生态环境的恶化和贫富差距的加大让人们对企业的社会责任寄予了更多的期望，经济的迅速崛起使我国的企业和企业家面临着从跟随到领先的巨大挑战和机遇。面对变化的世界，我国的商学院需要重新思考自己的角色，MBA 教育也需要从学习借鉴走向创新。

大学是创造知识和传播知识的中心，商学院肩负着创造和传播管理知识的重任。管理知识的创造来源于管理实践，商学院的科学研究必须扎根于企业的实践。管理学科发展的 100 多年历史，是西方发达国家企业发展的历史，也是西方管理理论垄断管理学界的历史。随着世界的变革和中国等发展中大国的崛起，企业的管理实践也将发生深刻的变革。悠久的历史传统、深厚的儒家文化、有中国特色的社会主义制度、转型及快速增长中竞争与和谐的冲突、信仰与价值观的代沟，所有这些元素都为中国企业的实践增添了多彩的魅力。我国的商学院应当勇敢地摆脱"劣质的理论驱逐优质的管理实践"的现状，关注我国的管理情境，发现有意义的管理实践现象，改进现有理论，构建中国的管理理论，对全球管理知识做出贡献。

大学也是人才培养的摇篮，商学院肩负着培养未来企业家和商业领袖的职责。随着技术革命的不断深入、全球化的日益加深，未来的企业家和商业领袖需要有全球化的视野、跨文化的管理能力、引领变革的领导能力和创造性的行动能力。这些要求对商学院 MBA 的人才培养模式、课程设置、教学内容和教学方式都提出巨大的挑战。商学院需要重新思考其人才培养的目标，加大教学投入，提高教师水平，创新人才培养模式。

大学还是引领和传播社会文明的殿堂，商学院是建设和传播商业文明的重要力量。商业的发展不应伴随诚信的缺失，财富的积累不应导致灵魂的消亡，经济的起飞不应以破坏子孙后代赖以生存的环境为代价。企业是社会的公民，企业家应当具有社会责任。"大学之道，在明明德，在亲民，在止于至善"，商学院应当以此为己任，培养受人尊敬的企业家，成为受人尊敬的商学院。

希望本书对我国的商学院和 MBA 教育的未来发展和变革有所启发。

伊志宏

中国人民大学商学院院长

目 录

第Ⅱ篇 商学院的应对策略

/

第 1 章
导论：变革中的 MBA 学位

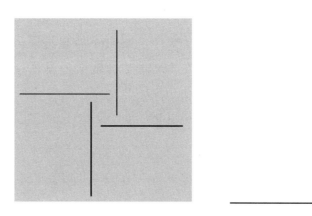

2008 年，哈佛商学院成立 100 周年。院庆之际，我们不仅回顾过去所取得的辉煌成就，也借此机会思考在风云变幻的形势下各商学院面临的重重挑战。尤其是 MBA 项目受到越来越多的关注和审视，需要不断探索如何教学生为愈加复杂的组织和职业发展做准备。基于这些新的需求，MBA 项目必须更全面地定义毕业生对多个利益相关者所担负的责任，让学生更深入地理解全球化、领导力和创新等现象，尤其是培养学生辩证思考、正确决策、清晰沟通和有效执行的能力。

无疑，人们对 MBA 项目的要求越来越高。在此背景下，我们开始做研究，为一场以 MBA 教育的未来为主题的研讨会做准备。我们最初比较谨慎，只是重点研究哈佛商学院，分析其优势和劣势。院长杰伊·莱特（Jay Light）诙谐地说："不管你有没有需要，每隔 100 年左右，你都得对所做的事情进行批判性的思考。"[1]我们研究的初衷是为那场为期两天的研讨会收集充足的一手资料，以便我院教师回顾学院的发展历程，思考未来的定位。随着我们开始收集商学院发展趋势的各项资料，并且与其他学院的院长和教师深入交流，我们的研究范围迅速扩大。他们说："谢天谢地，你们这项研究真是太好了！我们都需要好好审视一下商学教育究竟应该朝哪个方向发展。"

受此鼓舞，我们扩大了研究范围。事实上，这项研究恰逢其时，越来越多的商学院准备深入全面地反思这项教育事业。一方面，卡内基公司和福特基金发表于 1959 年的关于商学教育的研究报告距今已近 50 年；波特（Porter）和麦基宾（McKibbin）进行的后续研究发表于 1988 年[2]，这些研究已年代久远。另一方面，批评商学研究生教育的声音越来越多，教育改革的呼声也越来越高。很多学院积极行动起来，对 MBA 项目进行大刀阔斧的改革。其他的众多学院也纷纷展开分析和评议工作。

于是，我们开始收集资料，并设定了一个更大的目标：分析影响商学教育的各种因素，并收集各学院的应对措施，以激发对

MBA 教育未来的思考。由于时间和资源有限，我们重点研究了一部分学院，主要是美国和欧洲顶尖的 MBA 项目，另外还补充了少数亚洲和拉美的商学院，以及开设了管理学和领导力课程的其他机构。之所以重点研究一流的商学院，是因为排名靠前的学院通常具有很好的代表性，它们的变革可以代表行业的总体趋势。事实上，当我们与全球众多 MBA 项目的主管和教师分享研究成果时，他们都非常认可我们的观点和建议，有的甚至已经开始进行变革。然而，由于我们关于 MBA 教育再思考的结论大部分只是基于部分商学院的数据、事件和变革行动，因此本研究还是具有一定的局限性。

研究过程中，我们得到了院长、教师、行政主管、学生、企业高管、监督委员会和认证机构等的全力配合，可以说几乎所有涉及或关注 MBA 教育未来的人都给予了强大的支持。2008 年 3 月 6 日至 7 日，我们邀请了一批院长、教师和企业高管来到哈佛商学院，探讨我们的初步研究结果。这是一次发人深省的会议，激发了关于 MBA 教育长期健康发展的思想交锋。2008 年 5 月 16 日至 17 日，我们在学院内部又召开了为期两天的座谈会，与会教师围绕同一主题展开热烈讨论。

正是这几场激辩让我们下定决心写这本书，希望能像两次座谈会一样引发大家的深刻反思和讨论，探讨未来的发展之路。读者或许会问："为什么还要谈论商学教育的未来？"确实，近些年已经有大量的图书和文章探讨这个话题，很多也很有见地。大部分研究也都质疑 MBA 项目的实用性、价值和目标，不少研究还提议要大胆变革。我们认为这些研究很有价值，对我们很有启发，在整本书中一直把它们作为参考。但是，我们也发现这些研究在很多重要方面都有所欠缺。大部分研究要么是通篇批评，要么是回顾历史，关于目前 MBA 项目的资料非常有限，对于 MBA 项目有关各方的观点和需求也涉及不多。大多数评论来自内部——由学者发出，为学界所用——而且通常停留在理念和基本原则层面。

我们的研究方法则截然不同。我们的研究是实证性的，依赖于若干个独特的原始数据。首先，我们对众多商学院院长和企业高管进行了访谈。我们采访了 30 位院长，他们主要来自美国和欧洲顶尖的商学院。每次访谈至少一小时，有些甚至远不止一小时。我们还与全球其他很多商学院的正副院长都有过非正式的交流。我们也采访了 30 位现任或前任企业高管，大多数是负责或者熟悉 MBA 招聘的企业资深人士。为确保观点的多样性，我们将访谈对象定为四大行业的企业人士：金融服务业、咨询业、跨国公司和高科技公司。我们采用的是详细的半结构化访谈，以便充分了解受访者如何看待 MBA 学位的价值、目前存在的问题和不足以及未满足的需求。同时，我们也询问他们如何评价现在各学院正在进行的改革。此外，我们还与几百位企业高管有过非正式讨论，或单独交流，或集体交流，都收获颇丰。

第二，我们收集了详细的资料，以探究商学研究生教育被忽视或新出现的趋势。[3]我们重点关注过去 10 年间的报名人数、入学人数、学杂费、教师招聘人数及其他重要数据的变化，这些数据在学院排名中往往被忽略。国际商学院联合会（AACSB）、管理类研究生入学委员会（GMAC）和商学研究生教育管理者协会（GBAG）给予了大力协助，帮我们整理、汇总和解读了这些重要资料。

第三，我们综合分析了 11 个顶尖 MBA 项目的课程，借此了解更多 MBA 项目的内容、课程体系和教学方法。我们首先从学院网站和相关出版物获取资料，然后通过与项目主管、教师和院长的访谈和沟通进行确认，从而总结出各学院的详细课程情况。这就帮助我们解答了一个反复被提及的问题：各商学院的项目到底有多大差别？迄今为止，大部分研究只关注一小部分内容，比如必修课的数量和类型；而我们的资料覆盖了宏观和微观各个层面，包括项目的总体设计和课程结构，第一、第二学年必修课和选修课的顺序和范围，教学方法以及每门课涉及的内容和主题。

第四，我们找到了一系列可以作为典范的课程，这些课程在某些方面都有所创新，可以回应很多院长和企业高管提出的机遇和需求。它们有的课题新颖，有的教学方法创新，有的则用新视角诠释旧问题。对于每门课程我们都详细研究了教学大纲，并与授课教师直接沟通，了解该课程是如何设计、如何讲授的，所以每门课程的资料都非常详细，完全可以作为参考范本。

最后，我们写了六个案例，所有案例都清晰地揭示了通过访谈梳理出的主题。每个案例都围绕某一所学院或机构——芝加哥大学布斯商学院、欧洲工商管理学院、创造性领导力中心、哈佛商学院、耶鲁管理学院和斯坦福大学商学院——以独特的视角清晰地阐述了面对影响商学教育的一个或多个特定因素时，一流的 MBA 项目或高管培训项目是如何应对的。例如，欧洲工商管理学院致力于扩大学生的国际化视野，而耶鲁管理学院的项目则狠抓整合性和跨学科视角。此外，每个案例都描述了学院在调整课程和应对新压力、新需求时进行的变革或改进过程。案例写作过程中，我们得到了院长、项目主管和教师的充分配合。对于每一个案例，我们都会实地考察并进行深入访谈，包括对学生做集体访谈，倾听他们的声音，了解他们的真实反馈。

借助这些资料，我们可以全面、细致地了解 MBA 教育的现状。虽然只是重点研究了排名靠前的学院，但我们认为这些学院是行业的领头羊，可以代表行业趋势。这些资料表明，整个行业面临着巨大的挑战，各商学院正被一些诸如目标、定位和项目设计的基本问题所困扰。为了适应风云变幻的商业环境，各商学院已经开始采取新的策略，踏上缓慢、艰难的变革之旅。然而，这些资料也有一定的局限性，因为所有原始数据都是在全球经济危机出现之前采集的。那么这次危机会不会影响我们的观点和结论呢？为了找到答案，2009 年春天，我们对几位院长进行了跟踪访谈，更新了六个案例，并且访问了很多企业高管、校友、教师和学生，从而收集到经济危机之后的补充资料。我们希望了解商业领导人从危机中学到什么，危机之后商业环境有哪些改变，以及我们关于未来 MBA 教育的结论是否需要根据新情况进行修改或完善。

一方面，由于经济低迷，一些学院可以暂时摆脱不利因素对商学研究生教育的影响。年轻人，尤其是那些职业选择很少的人，经常把 MBA 项目视为经济危机的避风港，因此从历史上看，商学院的报名人数一直是反经济周期的。这次危机也不例外。危机发生后，排名靠前的学院报名人数不降反升，只是增幅不如以往经济衰退期那么明显。参加管理类研究生入学考试（GMAT）的人数也有所增长，而这也是商学院报名人数增加的先行指标。[4]与此同时，为吸引考生、扩大项目规模，排名中等的学院一直忙于宣传其在当地良好的就业情况以及在能源、品牌管理、供应链管理和人力资源管理方面的专业优势。[5]然而我们认为，虽然这些优势真实存在，甚至短期内还比较显著，但是应该不会长久。毕竟，经济危机带来的很多其他问题都让人们对 MBA 教育更为担忧，凸显了批评人士反复提到的 MBA 教育存在的缺陷，挑战着业已形成的教育发展趋势，从而进一步推动各院校进行课程改革。

例如，一直以来，一流商学院的卖点之一就是学生更容易获得高收入、高层次的职业。正如第 2 章指出的，学生往往希望通过在商学院学习而获得投资银行、私募基金和对冲基金的高薪职位。但即使在经济危机发生前，我们的访谈对象就指出这些领域的公司招聘 MBA 学生的热度已经逐渐降低。由于经济大幅下滑，学生去这些公司工作的机会愈加渺茫，很多职位甚至已经不复存在。据估计，截至 2008 年 12 月的 18 个月期间，华尔街有 24 万人被裁员。[6]这些行业的薪酬也大大缩水，而且法律还规定了某些职位的薪酬上限。在金融行业萎缩的背景下，商学院必须改弦易辙，拓宽就业渠道，教学生掌握新的技能，开设一套不同于以往的课程。所有这些都将引导商学院进行课程改革，在第 5 章和第 6 章中会有详细描述。

同时，在职 MBA 和 EMBA 这些近年来入学人数激增的项目现在面临的压力也越来越大。由于企业减少了对这些项目的支持，很多学员认为前景不妙。对商学院来讲，这个曾经的增长引擎——如第 2 章所述，过去 10 年来，尤其是在那些排名中等的学院，它们曾经势头强劲——现在也开始出问题了。[7] 为了吸引和留住学生，商学院需要想办法应对第 4 章所提到的各种批评和担忧，考虑改革课程方案，提升 MBA 教育的价值。

我们认为，商学院逐渐被推向一个十字路口，必须认真审视自己的价值主张。在经济危机之前是这样，危机之后更是如此。世界正在改变，MBA 学位与生俱来的安全感随之消失了。正如最近一篇报道指出的："商学院的校园一直是梦想的摇篮，但却今非昔比。"[8] 对 MBA 毕业生而言，高薪工作不再有保证，两年学习的机会成本——尤其对那些目前有工作而且不打算换行的人来说——越来越大。为了跟上变化的节奏，商学院必须重新思考那些曾经最引以为豪的理念，重新审视培养方案，选择新的道路进行变革。

我们的主要结论是，商学院如果要培养优秀的领导者和企业家而不是只擅长分析的人，就必须做两件事：一方面，重新审视所讲授的事实、框架和理论（"知"）；另一方面，调整课程方案，注重培养技能、能力和技巧等管理实践的核心要素（"行"），以及价值观、态度和信念等形成管理者世界观和职业认同感的主要因素（"省"）。我们认为，MBA 入学人数和招聘方式的变化，以及来自院长、教师、企业高管、学生和公众越来越多的担忧，都使这些调整成为必然。

自从福特基金和卡内基公司发表研究报告之后，商学院在项目中引入了更加严谨的学科思维。尽管这种转变对项目的促进作用得到了认可，但仍然导致了一些问题。商学院通常对所教理论的局限性、将理论付诸实践时可能遇到的挑战和复杂情况、周密有效地应用理论所需的技能和态度，以及准确评估特定环境并得出正确结论所需的批判性眼光和判断能力强调得不够。在 MBA 教育中只有更多地侧重"行"和"省"，才能避免由于缺乏技能、态度和信念而导致行动不力。

创新性思考就是一个很好的例子。仅仅"知"道头脑风暴、实验等创造力训练并不能使 MBA 学生在工作中真正"做"（即"行"）到创新性思考。必须深入创新过程，在创新过程中不断练习——怎样知道客户的想法，怎样激发创造性思维，怎样检验和实施创新方案。同样，管理人员非常需要自"省"，因为他们要通过与人协作、借助他人才能完成组织的目标。为了持续不断地激励和影响他人，管理人员必须认真思考和反省自己的优缺点、价值观和态度，以及自己的行为对别人的影响。没有"做"事的技巧，知识就变得毫无价值。而如果不懂得自"省"，就很难展现道德素养或专业素养。

纵观各 MBA 项目，我们找到了八个尚未满足的需求，很多都与"行"和"省"有关。对于 MBA 项目来说，每一个需求都意味着一个创新和变革的机会。这些需求是：

- 拓展全球视野：面对不同国家在经济、体制和文化上的差异，了解、分析和实践最佳管理方式。

- 培养领导技巧：理解领导者的责任；掌握鼓励、影响和引导他人的多种方法；学习进行绩效评估和给出批评性反馈的技巧；认识自己的行为对他人的影响。

- 磨炼整合技能：从多个角度思考问题，本着全局观界定问题；学习如何在多个部门观点相左时做决策；在混乱不清的情况下依靠判断力和直觉作出分析。

- 了解组织现实，有效执行决策：在存在隐藏动机、潜规则、帮派和争议的环境下，影响他人并执行决策。

- 创造性、创新地行动：找到问题、界定问题；收集、归纳和提炼数据；培养衍生思考和横向思考能力；不断探索和学习。

- 批判地思考，清晰地沟通：有条理地、连贯地、令人信服地陈述观点；清晰地罗列证据；区分事实和观点。

- 了解企业的角色、责任和目标：在财务目标和非财务目标之间取得平衡，同时协调股东、员工、客户、监管机构和社会等各相关方的需求。

- 了解模型和市场的局限：学会质疑假设、前提和新出现的模式，严格控制风险；寻找可能出错的地方；了解导致决策失误的错误来源以及防范其发生的组织保障；了解旨在防范社会危害的监管措施与鼓励创新和效率的市场激励机制之间的冲突。

商学院要在上述方面取得进步，必须投入更多精力，继续探索新的教学方式，只有通过亲身实践和体验式教学才能更好地培养相关技能。有些学院采用反思练习法，在老师的个别辅导下培养学生的领导技巧、目标导向和认同感。有些学院则以小组的形式培养学生的创新性、整合性或批判性思维。实地调研和行动学习教学法可以培养学生的全球视野，让学生了解执行中可能面临的各种挑战、知识与实践之间的差距，以及学以致用的难度。

然而，机遇和挑战总是如影随形。一方面，教师需要掌握理论和实践适用的各种技巧，扩展研究方法和研究领域；另一方面，分组体验教学和行动学习会增加教学成本，这都是学院需要解决的难题。不过，我们认为这些巨大的挑战并非不可逾越，我们也为学院独自或携手应对挑战提出了很多建议。

简而言之，这是《MBA 教育再思考》一书的立论前提。为了阐明论点，我们把本书分为两篇。第 I 篇主要描述目前商学院所处的大环境。这部分是主题性、归纳性的，重点关注影响商学院及其举措的诸多因素。我们谈到了供需关系反映出来的 MBA 市场情况的变化、目前 MBA 项目的结构和课程方案、业内外人士反复提出的批评和担忧，以及一些学院为此开始推行的课程创新和项目变革。第 II 篇更加详细、深入地阐释了上述问题。该部分包括六个案例研究，每一个都针对一个特定的学院。每个学院在应对第 I 篇提到的各种影响因素时都有上佳表现，堪称典范。这些案例研究表明，各个学院在面对相似压力时选择了不同的方向和道路，按照各自特有的传统和价值观创新求变。本书最后一章总结了各种经验教训，并根据我们观察到的趋势和变革，基于我们自己的理解，为商学研究生教育提出了一系列建议和方案。

　　我们对 MBA 教育的发展前景信心满满。商学院一直以来都非常灵活，适应力很强。我们认为，商学院已经展现了应对挑战的能力。全球经济危机加大了变革的压力，而与此同时，危机所导致的资源短缺又加剧了变革的难度。我们相信，尽管存在这些困难——或者更确切地说，正是由于这些困难——各商学院开始重建自己的价值。

第 I 篇

MBA 教育的现状

我们必须先了解供给和需求的根本动因，才能了解商学研究生教育面临的各种挑战。MBA 学位或许是一个独具特色的产品，但也免不了接受市场的考验。第 I 篇从宏观和微观层面考察这些市场因素，并详尽描述了影响目前 MBA 项目的诸多变化。

第 2 章开篇分析了整体形势，着重介绍商学研究生教育呈现的三大趋势：(1) 从常规的两年全日制项目发展为形式多样的各种项目，包括一年制 MBA 项目、在职 MBA、EMBA 以及各类专业硕士学位项目；(2) 雇主越来越怀疑 MBA 学位的附加值；(3) 更多的学生和雇主不再看重 MBA 学位。越来越多的本科毕业生直接被企业录用、得到内部晋升并继续工作，有了这些良好的职业发展机会，他们没有动力选择离职攻读 MBA 学位。这些因素都削弱了 MBA 项目的市场需求。从第 2 章中列举的相关数据可以看出，在排名中等的商学院，两年全日制 MBA 项目的学生数量都在大幅减少。

第 3 章详细研究了商学院的课程方案，重点考察了 11 所一流商学院的 MBA 项目。这项研究在广度和深度上都远胜以往的大多数研究，从内容、教学方法、体系架构和目标这四个方面对各项目进行了综合比较。以往的研究结论认为各 MBA 项目都大同小异，而我们的研究结果则表明实际情况要复杂得多，学科基础课和必修核心课程确实有很多共同点，但在项目结构、课程组合、选课灵活性、总体目标和侧重点上则有明显的差异。第 3 章指出，这些差异会给学生带来非常不同的学习体验，学院也可以以此宣称其项目与众不同。然而，这些差异并不足以平息对 MBA 项目最普遍的质疑——项目过于注重分析，不能完全反映重要的企业需求，而且忽视了一些必要的专题和技能。

第 4 章详细分析了这些质疑，同时提出了一系列机遇和需求。这些内容有两方面的来源：一是一些学者发表的关于 MBA 项目的公开评论；二是我们对院长和企业高管的访谈。本章首先简要回顾了历史，追溯了 MBA 项目的起源和发展历程，描述了其在大学中的微妙定位，以及福特基金和卡内基公司对商学教育的尖锐批评，随后，MBA 项目的内容和重心逐渐发生改变，变得严谨和学术化。由于这些变化，人们对 MBA 教育越来越担忧，包括学生对学习的投入下降、课程过于侧重分析等。本章随后根据受访者的反馈总结出八个面向未来的需求：（1）全球化；（2）领导力开发；（3）整合性；（4）组织现实；（5）创造力和创新思维；（6）口头和书面沟通能力；（7）企业的角色、责任和目标；（8）了解市场和模型的局限性。正如院长和企业高管所言，这八个需求中的每一个都是有效的领导力所必备而现在的商学研究生教育项目没有充分讲授的。以前曾有研究提到过一部分需求，但我们的研究更细致、更充实，辅之以大量访谈的内容和实例。第 4 章提出了一系列改进商学教育的建议，这些建议主要来自商学教育工作者和商学院毕业生的雇主。

第 5 章和第 6 章描述了各学院为满足上述需求而进行的项目调整和课程改革，具体细节在第 II 篇的案例分析中有详述。这两章在主题和分析层次上有所不同。第 5 章主要讲述商学院如何应对培养全球视野、领导力、伦理和整合性的挑战；第 6 章则主要讲述商学院怎样回应教学生理解组织现实、开发创造性思维、加强口头和书面沟通能力、思考企业的角色和目标以及理解市场和模型的局限性等挑战。总体而言，学院为满足前三个需求所做的努力比较多，推出了很多举措，有些比较简单，也比较容易实施，另一些则比较复杂，要求也更高，还有一些则需要持续投入巨大精力，花费很大的成本。对于每项需求，第 5 章都详细分析了各种应对措施的成本和收益，并列举了一些 MBA 项目进行实例说明。

相比之下，第 6 章中描述的应对措施还不够成熟。各学院在很多方面尚在探索之中。比如，体验式教学常常被认为是培养学生理解组织现实的最好方法，可是很少有学院真正掌握了这个方法。一切都还在摸索阶段，尚不成熟。很多学院也都在绞尽脑汁研究如何更好地培养学生的创造性思维、口头和书面沟通能力，让学生了解企业的角色和目标以及市场和模型的局限性。大部分情况下，我们能找到的最好的应对措施都不是在整个项目层面进行的综合调整，而只是在个别课程或项目上做的小小改进。因此，第 6 章没有全面分析各种应对措施，而是针对每个需求详细描述了少数前沿课程。这些实例只能起到抛砖引玉的作用，不能作为最佳答案。希望各学院能在此基础上创新和扩展，找到自己独特的解决方案。

第 2 章

MBA 市场形势的变化

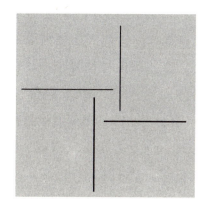

一眼看上去，管理硕士项目的市场显得非常健康。报名和入学人数不断攀升，学杂费稳步上涨，项目数量也持续增加。然而与此同时，种种令人不安的迹象却表明，MBA 项目——特别是传统的两年全日制 MBA——已经处在关键的十字路口。

● 金钥匙

先说说好现象。多年来，一系列指标都显示市场比较乐观。在美国，管理硕士项目已经被视为很多工作的"金钥匙"和体面的高层职位的敲门砖。无论是大型跨国企业的首席执行官（CEO）、高科技风险投资基金的合伙人还是财政部长、纽约市长这样有权势的政府官员，这些职位往往要求申请人具有 MBA 学位。在投资银行、战略咨询等领域，MBA 学位一直是必需的求职条件，非 MBA 毕业生不予录用。MBA 项目的报名和入学人数也因此不断增加。过去 30 年来，在美国获得各种各样商学硕士学位的学生人数增长了 6 倍多，从 1969—1970 年 21 561 人稳步增至 2006—2007 年 150 211 人。[1]

另外，在全球范围内尤其是印度、中国等新兴经济体，人们对攻读商学硕士学位的兴趣也日益浓厚。1997 年，世界各地的商学院一共推出了 74 个新的管理硕士项目。10 年后的 2007 年，仅在上半年就新推出多达 641 个管理硕士项目，其中 113 个出自北美，其余 528 个（占总数 80％以上）出自其他国家和地区。[2]尽管美国管理硕士项目目前录取国际学生的精确人数很难统计，但毫无疑问，市场需求一直在上升。近年来，参加管理类研究生入学考试（GMAT）并借此申请美国顶尖商学院的国际学生人数急剧增加——这是市场需求的直接反映，因为尚无证据表明学生同时向更多学院提交申请。1998 年，提交 GMAT 成绩申请硕士项目的学生中 24％是国际学生，其中印度学生和中国大陆学生各占 5％。截至

2007 年，这一比例已升至 42%，其中 21% 来自印度，8% 来自中国大陆（见图 2—1）。然而 2009 年，部分受金融危机和难以申请学生贷款的影响，部分由于其他国家高质量 MBA 项目的逐渐增多，在美国攻读 MBA 学位的国际学生人数出现多年来的首次下滑。[3] 这究竟是一时的背离还是长期颓势的开始，只能留待时间来证明。

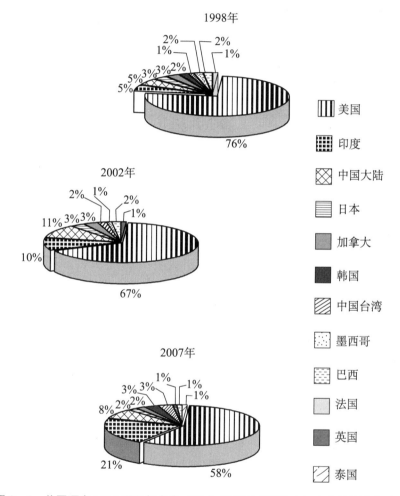

图 2—1   美国顶尖 MBA 项目报名者（提交 GMAT 成绩的人）来自的国家和地区
资料来源：美国研究生入学管理委员会。

近年来，学杂费也相应上升。2000—2006 年间，美国顶尖公立学校商学院的 MBA 项目对美国本地学生收取的平均总费用（学杂费）几乎翻了一番，对国际学生的收费则上涨了 75% 左右。私立学校的商学院或独立商学院 MBA 项目的收费标准比公立学校要高很多，在同一时期也上涨了约 50%（见图 2—2）。当然，由于给学生提供各种奖学金和资助，实际收取的学杂费一般有所减少，但这些数据足以表明 MBA 教育事业繁荣兴旺，市场不断扩大，需求也稳定增长。

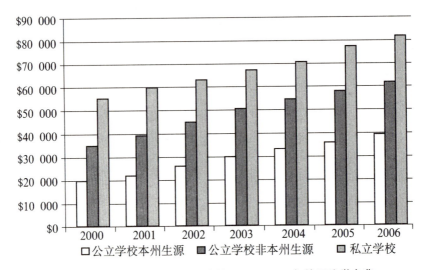

图 2—2　美国前 20 名 MBA 院校 2000—2006 年的平均学杂费

资料来源：AACSB 和《商业周刊》年度 MBA 调查。

◉ 项目形式的多样化

　　然而，我们不能单凭上述数据就断言 MBA 教育事业风平浪静。事实上，MBA 项目的发展酝酿着重大变革，尤其是传统的两年全日制住校 MBA 项目，作为长期以来商学研究生教育的主导模式，正在失去其原有地位。20 年前，只要提及商学硕士课程，人们一般都是指两年制 MBA 项目。而如今，各种替代项目日益普遍，包括一年制 MBA 项目、一年制专业硕士项目、在职MBA 项目、EMBA 项目、网络 MBA 项目、企业培训开发项目等（本章的附录列举了一些美国顶尖商学院所开设的商学硕士项目）。目前，已获 AACSB 认证的商学院所开设的 MBA 项目中，只有 40％是传统的两年全日制项目。[4]

在欧洲，一年制 MBA 项目已经成为 MBA 教育的主要形式。[5]如表 2—1 所示，在 31 所欧洲一流商学院中（均为《金融时报》和《经济学家》信息部公布的全球 100 强），2/3（22 所）的学院都开设了一年制 MBA 项目，另有 4 所商学院的 MBA 项目学制甚至不到一年。只有西班牙 IESE 商学院和伦敦商学院的 MBA 项目仍然沿用学制两年左右的全日制形式。由于很多一年制 MBA 项目录取的学生具有更深厚、更广泛的商业背景和经验，许多雇主和招聘单位认为欧洲一年制和两年制 MBA 项目的毕业生差别不大。

表 2—1　　　　　　　　　　欧洲 MBA 项目

1. 南特高等商学院（法国）：12 个月
2. 布拉德福德管理学院（英国）/提亚宁堡斯商学院（荷兰）/提尔堡大学（荷兰＊）：12 个月
3. 城市大学卡斯商学院（英国）：12 个月
4. 克兰菲尔德管理学院（英国）：12 个月
5. 西班牙巴塞罗那高级管理学院（EADA）（西班牙）：11 个月
6. Esade 商学院（西班牙）：12/15/18 个月
7. 里昂管理学院（法国）：12 个月
8. 法国巴黎高等商学院（法国）：16 个月
9. 西班牙纳瓦拉大学 IESE 商学院（西班牙）：21 个月
10. 瑞士国际管理发展学院（瑞士）：11 个月
11. 帝国理工大学商学院（英国）：12 个月
12. 欧洲工商管理学院（法国和新加坡）：10 个月
13. 西班牙企业商学院（西班牙）：13 个月
14. 摩纳哥国际大学（摩纳哥）：10 个月
15. 剑桥大学 Judge 商学院（英国）：12 个月
16. 兰卡斯特大学管理学院（英国）：12 个月
17. 利兹大学商学院（英国）：12 个月
18. 伦敦商学院（英国）：15～21 个月
19. 曼彻斯特商学院（英国）：18 个月
20. 曼海姆商学院（德国）：12 个月
21. 诺丁汉大学商学院（英国）：12 个月
22. 荷兰尼津洛德大学商学院（荷兰）：12～15 个月
23. 伊拉兹马斯大学鹿特丹管理学院（荷兰）：12 个月
24. 牛津大学赛德商学院（英国）：12 个月
25. 米兰博可尼商学院（意大利）：12 个月

＊ 原文为德国，有误。——译者注

26. 都柏林大学斯默菲特商学院（爱尔兰）：12 个月
27. 巴斯大学管理学院（英国）：12 个月
28. 爱丁堡大学商学院（英国）：12 个月
29. 斯特拉思克莱德大学商学院（英国）：12 个月
30. 根特管理学院（比利时）：12 个月
31. 沃里克商学院（英国）：12 个月

注：根据《金融时报》或《经济学家》信息部 2008 年的年度调查，以上全日制 MBA 项目均名列全球 100 强。由于部分项目只出现在一项排名中，因此此表没有按照排名顺序，而是依照学院英文名称的首字母排序。项目学制信息于 2008 年 12 月 1 日采集自各学院的网站。

　　一定程度上，欧洲和美国在项目学制上不同是由历史原因和自身特质决定的。欧洲的很多商学硕士课程最初是在传统大学体制之外创设的，而且英国、爱尔兰、西班牙、荷兰等国的硕士项目一般都是一年制，因而不会面临很多压力。相反，美国的硕士项目，不管是文科还是理科，一直都是两年制，所以美国的商学院不得不将 MBA 项目设置为两年，以保证办学的正当合法性，与其他院系保持一致。不过，目前在美国，已经有少数商学硕士项目缩短了学制。西北大学、康奈尔大学、埃默里大学均为那些在入学前已修读过指定的核心必修课的学生（也就是说，大部分学生在本科阶段学的是商学专业）开设了一年制 MBA 项目。达特茅斯学院针对理科博士开设了一年制 MBA 项目。卡内基·梅隆大学和罗切斯特理工大学分别开设了学制为 16 个月和 18 个月的 MBA 项目。

　　与此同时，一年制专业学位项目的数量也在激增，尤其是金融专业和金融工程专业。[6]2007—2008 年间，全球共有 103 个金融硕士项目，其中 66 个是美国院校开设的，包括马里兰大学商学院、纽约大学斯特恩商学院、麻省理工斯隆管理学院、佩普丹大学和普渡大学的商学院等。在英国，剑桥大学、卡斯商学院、克兰菲尔德大学、帝国商学院、伦敦商学院、伦敦经济学院等也纷纷开设了金融硕士项目。尽管受经济危机的影响，这些项目的数量可能会减少，但是最终经受住市场考验的项目很可能一如既往地吸引众多学员，包括希望更快晋升的金融界人士，以及目前从事物理、数学和计算机科学工作且有意转行从事金融工作的专业人士。这种现象并不局限于金融专业，而是全面覆盖到了其他商学领域。2007—2008 年，全球共有 188 个管理学硕士项目、286 个会计硕士项目、1 819 个其他商学类全日制硕士项目。[7] 2009 年，曼彻斯特商学院开设了 26 个一年制专业硕士学位项目，专业涵盖企业传播和声誉管理、信息系统、电子商务技术、人力资源管理和劳资关系，以及运营、项目和供应链管理等。

在我们研究的 36 所美国商学院中，越来越多的学生倾向于选择在职 MBA 项目或 EMBA 项目，认为这种项目学习起来更加便利、机会成本更低：他们可以一边在当地学习，一边全职工作。各个学院也都非常支持在职 MBA 项目和 EMBA 项目的发展。正如一位院长所言（该院传统 MBA 项目的排名相当靠前），这些项目提供了"另外一种授课模式"。[8] 在职项目的形式多样，包括集中在周末授课的项目（如芝加哥大学布斯商学院）、集中在上午授课的项目（如佩普丹大学）、包含在校教学模块（如弗吉尼亚大学）或无须到校学习（如乔治·华盛顿大学）的网络教学项目等。值得注意的是，几乎所有的学院在职项目的录取率都比全日制 MBA 项目高得多。地处大城市的顶尖商学院的在职项目录取率接近 40%，而其他学院的在职项目录取率则达到近 80%。对于那些广受欢迎、录取率低的学院，在职 MBA 和全日制 MBA 学生的平均 GMAT 成绩相差无几；相比之下，在不太受欢迎的学院，在职项目的学生平均 GMAT 成绩则低 50 分左右。[9]

EMBA 项目的招生对象是中层管理人员，要求具备 10 年以上工作经验。由于类似原因，这些项目近年来也数量激增。EMBA 项目的录取率和平均 GMAT 成绩（如果要求报名者提交 GMAT 成绩）也和以上提到的在职项目类似。正如一位院长所言，在一流的商学院，"EMBA 学员的质量更高。他们更有行动力，而且勇于改变，知识和行业经验也更丰富"。EMBA 项目要求学员在指定的周末或集中几周时间到校上课，项目学制 16~24 个月不等。[10]

◉ 市场需求的下降

　　这些变化会带来什么影响？为更深入了解情况，我们分析了36 所美国顶尖商学院的数据。之所以重点研究美国商学院，是因为可以充分利用 AACSB 每年收集的各项综合数据。我们把研究范围锁定为 36 所学院，以便通过公共渠道了解各类排名情况（我们是根据《商业周刊》、《金融时报》、《美国新闻与世界报道》和《华尔街日报》近年来对商学院的各类排名平均值来确定学院综合排名的），排名详情见图 2—3 至图 2—6。

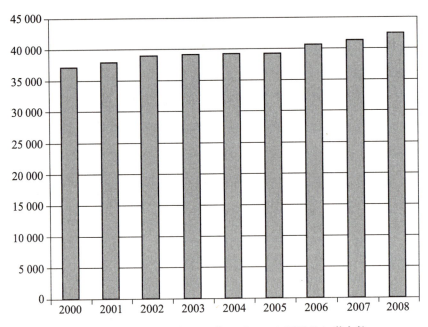

图 2—3　2000—2008 年美国前 36 名 MBA 项目总入学人数

资料来源：AACSB、《商业周刊》、《美国新闻与世界报道》和各商学院院长办公室。

　　这些数据表明，MBA 教育行业已经比较成熟，保持平缓增长（见图 2—3）。总体而言，2000—2008 年，美国 36 个顶尖MBA 项目的入学人数从 37 282 人增至 41 259 人，增幅 10.7%。如前所述，该增长主要得益于在职 MBA 项目和 EMBA 项目的发

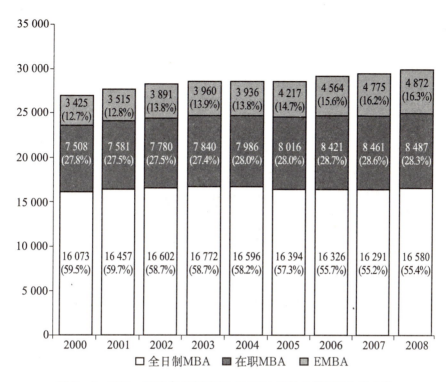

图 2—4　2000—2008 年美国前 20 名 MBA 院校各类项目入学人数

资料来源：AACSB、《商业周刊》、《美国新闻与世界报道》和各商学院院长办公室。

展。然而，对排名靠前的学院和排名靠后的学院分别进行统计后，我们发现情况截然不同。在排名前 20 的商学院（见图2—4），全日制 MBA 项目的入学人数基本稳定，从 2000 年 16 073 人增至 2008 年 16 580 人，9 年之中一直窄幅震荡。相比之下，在职 MBA 项目和 EMBA 项目的入学人数和所占比例均有较大增长：从 2000 年 10 933 人（占比 40.5%）增至 2008 年 13 359 人（占比 44.6%）。

排名相对靠后的学院（第 21～36 位），情况则大为不同（见图 2—5）。全日制 MBA 项目的入学人数从 2000 年 5 527 人大幅降至 2008 年 4 642 人。存在这种现象的学院不在少数。如图 2—6 所示，大部分学院，包括一些排名靠前的学院，全日制 MBA 项目的入学人数都在下滑。[11] 有些项目甚至不得不少开一个或多个班级。与此同时，全日制 MBA 项目的录取率却越来越高。正如一位院长所说，"很多比较优秀的，甚至知名的商学院都出现了招生困难的情况。"[12]

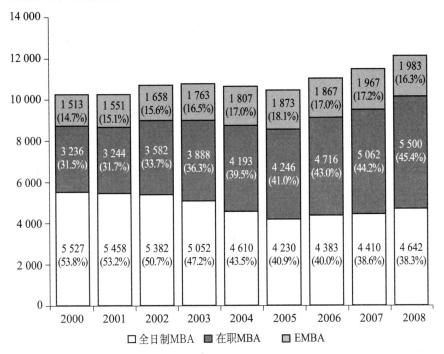

图 2—5　2000—2008 年美国排名第 21～36 的 MBA 院校各类项目入学人数

资料来源：AACSB、《商业周刊》、《美国新闻与世界报道》和各商学院院长办公室。

不过同一时期，这些学院的在职 MBA 项目和 EMBA 项目入学人数都有大幅增加，从 2000 年 4 749 人（占比 46.2%）增至 2008 年 7 483 人（占比 61.7%）。那么，这些学院又是如何满足逐年增长的需求的呢？与排名靠前的学院不一样，这些学院不是聘用终身教授或从现有团队中培养师资，而是大量聘用非终身制的兼职教授和实践型教授。2000—2006 年（我们只找到了这几年的数据），这些学院的助理教授人数从 381 人减至 367 人，副教授人数从 363 人减至 346 人，正教授人数从 499 人小幅增至 520 人，而讲师的人数则从 138 人激增至 189 人，涨幅超过 37%。

图 2—7 显示了 2004—2008 年欧洲顶尖商学院的全日制 MBA 项目（根据《经济学家》近年排名的平均值来确定排名）入学人数的百分比变化。尽管数据来源有限，但仍不难发现，与美国的

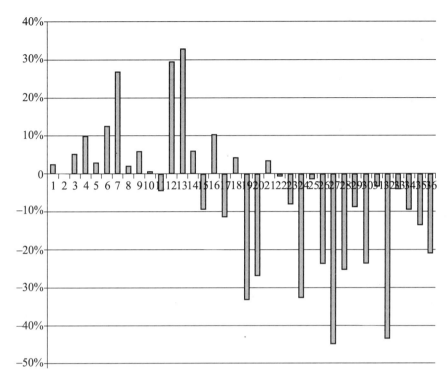

图 2—6　2000—2008 年美国全日制 MBA 项目入学人数所占比例的变化

（按项目排名顺序）

资料来源：AACSB、《商业周刊》、《美国新闻与世界报道》和各商学院院长办公室。

商学院类似，大多数排名第 16～31，甚至排名前 15 的欧洲商学院都出现了入学人数下降的情况。亚洲和拉丁美洲作为新兴市场，情况则大相径庭。虽然数据不全，但仍足以表明这些地区的全日制 MBA 项目入学人数增长强劲。

　　这些图表明全日制 MBA 项目的市场需求正在下降。排名靠前的商学院，全日制 MBA 项目入学人数保持稳定，在职 MBA 和 EMBA 项目入学人数小幅增长。而排名靠后的商学院，学生已经表明姿态。即便越来越多的在职项目聘用讲师而非终身教授来授课，在职 MBA 和 EMBA 项目仍比全日制项目受欢迎。我们认为，这种从全日制 MBA 到在职 MBA 和 EMBA 项目的转变是一把双刃剑。我们通过实地考察发现，很多时候，如果全日制项目入学人数减少，在职 MBA 和 EMBA 项目的规模就会随之扩大。

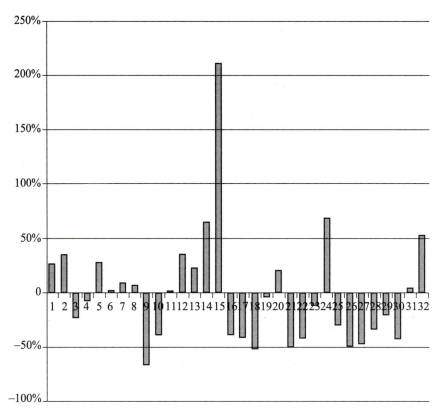

图 2—7　2004—2008 年欧洲全日制 MBA 项目入学人数所占比例的变化

（按项目排名顺序）

资料来源：《经济学家》。

这种转变虽然短期内可以保证学院的收入，但长期看很难做到可
持续，尤其是如果全日制项目入学人数进一步缩减，形势就更艰
难了。这是因为，以往经济稳步发展时，很多雇主会资助员工读
在职 MBA 和 EMBA；而经济衰退时，企业给予的资助也都大幅
缩减。进一步看，在职 MBA 和 EMBA 项目与全日制 MBA 项目
相比，在几个重要方面都有所区别。在职 MBA 和 EMBA 学员都
是边工作边学习，而且一般都不愿意换工作。比起希望跳槽或转
行的全日制 MBA 学生，他们的机会成本低得多，价值主张也很
不一样。很多院校可能会限制在职 MBA 和 EMBA 项目的规模，
不会任由其发展。毕竟，这类项目对风云变幻的经济形势依赖性
太大，而且学员可以投入学习的时间远远不够。此外，在职项目

的学生与全日制学生相比，不够多样化。

　　当然，问题在于，全日制 MBA 项目入学人数减少这个现象是否会蔓延至排名靠前的学院。对于这一点，大家意见不一。有些人认为，排名靠后的学院全日制项目人数锐减的现象只是周期性的，因为经济发展强劲时，一些杰出人才或成功人士不愿意舍弃现有工作全职攻读 MBA。根据这种观点，如果经济放缓，全日制 MBA 项目的市场需求将恢复增长。然而实际数据却截然相反。2001—2003 年经济低迷，这些学院的全日制项目入学人数却呈现下降态势，而且在 2008 年也没有明显恢复增长。

　　其他人认为全日制项目入学人数的减少将是一个长期趋势，排名靠后的学院只是开始，扮演着风向标和预测器的角色，这种变革将很快蔓延、影响到所有院校。根据这种观点，即便是顶尖的商学院，如果要逃脱这种命运，也必须尽快进行课程改革。还有一些人对这个现象有着不一样的解读。他们认为，这些数据表明了 MBA 项目从量到质的飞跃。根据这种观点，市场可能已经一分为二，排名靠后的学院和排名靠前的学院分别受到不同的市场因素的影响。在这种情形下，一流的商学院可以凭借其海内外品牌影响力、强大的师资、出色的教学和特有的附加值占据更大的市场份额，而排名靠后的学院则须退而求其次，通过其他方面打造项目竞争力。那么，MBA 教育行业的未来到底会怎样？

◉ 来自业界的声音：院长和雇主如何看待 MBA 学位

　　顶尖商学院两年全日制 MBA 项目的学生毕业后绝大多数都从事金融服务和咨询工作，部分原因是其他行业的公司无法提供有竞争力的优厚薪酬。这些行业的就业比例——至少在最近的金融危机之前——一直都比较高。以 2006 年为例，芝加哥大学布斯商学院全日制 MBA 毕业生中从事金融服务和咨询工作的比例分别为 52％和 22％；在哈佛商学院，该比例分别为 42％和 22％；在耶鲁管理学院，该比例分别为 46％和 15％。[13]过去 10 年来，由于金融服务和咨询行业的就业机会非常多，人们纷纷报名 MBA 项目——MBA 学位一直都被视为这些行业的敲门砖。对于那些已经有行业工作经验的人来说，一流商学院的 MBA 学位就像是定心丸，成为谋求更高职位的重要筹码，多年来都如此。

我们采访了一些一流商学院的院长，他们都很清楚 MBA 学位的价值：无论是金融行业还是其他领域，MBA 学生都能获得令人艳羡的工作机会，而其他专业的毕业生只能被拒之门外。在院长以及很多学生看来，全日制 MBA 项目日益成为"转行的跳板"。那些之前在普通行业、政府或非营利组织工作，希望转行到投资银行、私募股权基金、对冲基金或战略咨询公司的人一直把 MBA 学位视为不可或缺的金钥匙。有位院长提到，他之前所在的学院，近 80％的学生毕业后都转行了。

排名靠前的商学院面临一个问题，那就是有很多因素可能会导致金融服务和咨询领域的就业机会大幅缩减。经济危机之后，金融服务业（咨询业的情况稍好一些）提供的高薪工作机会大大减少，每天都有关于对冲基金倒闭和私募股权基金缩减投资的新闻。自然，这些行业提供的薪酬也开始大幅缩水，很多人对行业工作的热衷度锐减。因此，美国一流商学院 MBA 项目的卖点受到了直接冲击。另外，这些行业的很多公司都开始推行内部晋升机制。[14]部分原因在于，目前，相对于投资银行等业务而言，销售、交易等技术性工作对公司利润的贡献率很大，所以很多公司都劝优秀的年轻员工不要为了攻读 MBA 学位而放弃初级职位，告诉他们留在公司继续工作才会更有发展。两家金融服务公司的高管也表达了类似观点：

> 以前华尔街的传统做法是选送分析师读 MBA，现在已经不这么做了。我们不希望分析师离开公司，因为他们对公司非常有价值。目前，1/3 的分析师虽然没有读过 MBA，但

也晋升为全职经理。至于技术性岗位，与在商学院受到的训练相比，分析师还不如扎实地在华尔街公司工作，那样收获更大。

────────

虽然公司规模不断扩大，但除投资银行和投资管理业务，我们基本上已经不再聘用 MBA 毕业生，而是从顶尖院校招聘本科毕业生，推行内部晋升制度。为了提高他们的忠诚度，公司提供更丰厚的薪酬和更好的升职机会。

一家咨询公司的高级合伙人也提出同样的观点。我们特别问他，如果有位优秀的初级员工在这家公司工作了好几年，而且有意一直在咨询行业做下去，他是否会建议这个员工读 MBA 以便谋求更好的发展，他回答说："绝对不会。"

与此同时，金融服务公司和咨询公司也开始招聘非 MBA 毕业生，目前用人规模虽然不大，但一直在增长。金融危机之前，一家大型投资银行的董事总经理说他们每年仍然聘用 300～400 名 MBA 毕业生，而原本计划招聘 100 个拥有博士学位或同等学力的技术专家，最终却只招到 50 个左右。这些技术人员之所以越来越重要，是因为金融和战略领域需要越来越多的分析工作，而且正如一位资深金融高管所言，在一流的金融服务公司，"交易员越来越重要，他们认为读商学院的项目简直就是浪费时间。"一家顶级投行的高级经理说：

与以往相比，投资银行业现在需要招聘更多的技术人才，因为无论是我们的产品还是整个行业都日趋复杂。即便最注重量化分析的 MBA 项目都难以培养出这种高标准人才。所以，我们一直在花大力气招募商业、金融、数学、物理和运营专业的博士毕业生，尤其是擅长分析、能把复杂情况解析为数学模型的优秀人才。未来 10 年，我们将逐步减少雇用 MBA 毕业生的比例。

一家顶尖咨询公司的经理也表达了近乎一样的观点：

目前，我们招聘了大量非 MBA 毕业生担任高级经理。实际上，我们招聘的人员中，MBA 和非 MBA 各占50％。非 MBA 人员大都毕业于医学院、医师培训项目、法学院等，还有很多经济学、应用数学、物理、生命科学和计算机科学领域的博士毕业生。非 MBA 人员的比例不断增加，我们也在积极寻求招聘更多这类人才。

过去，每当有人质疑 MBA 学位的价值时，商学院院长和教师总会给出现成的回应：商学研究生教育可以让学员从激烈的竞争中脱颖而出，点亮他们的职业生涯。MBA 学生有独特的竞争力，在职业生涯中可以进入快速通道。他们或许不是最优秀的技术人员，但是长远来看，可以凭借广博的知识和出众的技能在职场上胜出。虽然在某些方面情况依然如此，然而在其他领域，已经今非昔比。至少在经济危机之前，那些从事金融服务行业、希望加快职业发展的人（亦即那些希望继续在同样的职能部门或领域工作，并且在该公司得到更快或更多晋升机会的人）不再认为有必要去读两年全日制 MBA 项目。一家顶级对冲基金公司的负责人和一家顶尖投资银行的高管都表达了相同的观点：

> 近几年来，情况发生了变化。一直以来，我们都从一流院校招聘年轻人，让他们从分析师开始做起。经过很多年，我们发现，在公司工作六七年而且至少有过一次晋升之后，他们总会遇到瓶颈——我们只好送他们到商学院进修，丰富知识架构、扩展视野，为下一步晋升打基础。可是最近，我们发现年轻的员工不需要攻读 MBA 就可以凭借出色的能力一鸣惊人。两年的商学教育就没有必要了。

在我们公司，相比那些 MBA 毕业后直接录用为高级经理的人，通过逐级晋升当上高级经理的人成为董事总经理的几率要大三倍。

至于金融危机是否会改变这些人对于 MBA 学位的看法，目前还不得而知。

　　总而言之，本章陈述的各种威胁因素表明，所有 MBA 项目，包括榜上有名的顶尖 MBA 项目，都面临巨大的挑战。入学人数不理想，学位的附加值受到质疑；尤其是两年全日制 MBA 项目，与其他项目形式相比，形势更艰难。为更好地分析传统 MBA 项目的发展机遇，我们考察了 11 所一流商学院 MBA 项目的结构和内容（第 3 章），并且与院长和企业高管进行了深入交谈，了解他们对项目存在哪些不足以及应该如何改进的看法（第 4 章）。

附录　一流美国商学院开设的硕士项目

（按项目数量由少到多排列，数量相同时按学院英文名首字母顺序排列）

哈佛商学院

全日制 MBA：2 年

达特茅斯塔克商学院

全日制 MBA：2 年

弗吉尼亚大学达顿商学院

全日制 MBA：2 年

EMBA：23 个月，1/3 的核心课程网上授课；每月一次集中在周五、周六上课

斯坦福大学商学院

全日制 MBA：2 年

斯隆硕士项目：10 个月，全日制，对象为中层管理人员，授予硕士学位

宾夕法尼亚大学沃顿商学院

全日制 MBA：2 年

EMBA：在职（24 个月），两地上课（费城和旧金山）

耶鲁管理学院

全日制 MBA：2 年

医疗管理领导力 EMBA 项目：与耶鲁大学医学院和公共卫生学院合办，学制 22 个月

明尼苏达大学卡尔森管理学院

全日制 MBA：2 年

在职 MBA：2～7 年

EMBA：21 个月

俄亥俄州立大学菲舍尔商学院

全日制MBA：2年

在职MBA：2～5年

EMBA：18个月

卡内基·梅隆大学泰珀商学院

全日制MBA：2年或16个月（暑期上课而非实习）

在职MBA：一般3年

远程MBA：一般3年

芝加哥大学布斯商学院

全日制MBA：2年

在职MBA：周末和晚上上课，2.5～5年

EMBA：20个月，三地上课（芝加哥、伦敦和新加坡）

威斯康星大学商学院

全日制MBA：2年

在职MBA：晚上上课，3年

EMBA：2年

佐治亚理工学院管理学院

全日制MBA：2年

在职MBA：晚上上课，2～6年

技术管理EMBA：19个月

国际EMBA：17个月

哥伦比亚大学商学院

全日制MBA：2年

EMBA（纽约上课）：20个月

国际EMBA（与伦敦商学院合办）：20个月

伯克利-哥伦比亚EMBA（与加州大学伯克利分校哈斯商学院合办）：19个月

埃默里大学 Goizueta 商学院

全日制MBA：(1) 2 年；(2) 1 年，要求商学或经济学专业本科毕业，或选修过统计、财务会计、公司财务和微观经济学课程

MBA：晚上上课，24～33 个月

EMBA：16 个月

加州大学伯克利分校哈斯商学院

全日制 MBA：2 年

在职 MBA：周末和晚上上课，3 年

伯克利-哥伦比亚 EMBA(与哥伦比亚大学商学院合办)：19 个月

财务工程硕士项目：1 年

康奈尔大学约翰逊商学院

全日制 MBA：2 年

快速通道MBA：1 年，要求具有高等学位、优秀的领导潜能和定量分析技能

EMBA：22 个月，每隔一周周末上课，授课地点为纽约地区

康奈尔-女王大学（加拿大）EMBA：17 个月，双学位

印第安纳大学凯莱商学院

全日制 MBA：2 年

在线 MBA：2～5 年

信息系统硕士项目：2～3 个学期，全日制

会计硕士项目：1 年，全日制

西北大学凯洛格管理学院

全日制MBA：(1) 2 年；(2) 1 年，要求商学专业本科毕业，或选修过相关核心课程

在职 MBA：2.5～5 年

EMBA：2 年（对象是中层管理人员）

纽约大学斯特恩商学院

全日制 MBA：2 年

在职 MBA：晚上和周末上课，2～6 年

EMBA：22 个月

Trium 国际 EMBA（与伦敦政治经济学院、法国 HEC 管理学院合办）：16 个月

加州大学洛杉矶分校安德森商学院

全日制 MBA：2 年

在职 MBA：33 个月

EMBA：22 个月

国际 EMBA（与新加坡国立大学商学院合办）：洛杉矶和新加坡两地上课

财务工程硕士项目：1 年

杜克大学福库商学院

全日制 MBA：2 年

EMBA：

跨大洲 MBA：16 个月

国际 EMBA：18 个月

EMBA 周末班：20 个月

歌德 EMBA（与法兰克福大学歌德商学院合办）：双学位，22 个月

北卡罗来纳大学凯南-弗拉格勒商学院

全日制 MBA：2 年

MBA（周末上课）：20 个月

MBA（晚上上课）：24 个月

国际 MBA：21 个月

会计硕士项目：1 年，全日制

乔治敦大学麦克多诺商学院

全日制 MBA：2 年

MBA（晚上上课）：3 年

国际 EMBA：18 个月

乔治敦-ESADE EMBA：16 个月，分 6 个模块教学，每个模块 11 天

领导力硕士项目：在职，13 个月

华盛顿大学奥林商学院

全日制 MBA：2 年

在职 MBA：3 年，晚上上课

EMBA：周末上课，圣路易斯和上海两地，18 个月

金融硕士项目：1 年

会计硕士项目：1～2 年

密歇根大学罗斯商学院

全日制 MBA：2 年

MBA（晚上上课）：3～4 年

EMBA：20 个月，每月一次集中在周五、周六上课

国际 MBA：16 个月，限企业资助的管理人员

会计硕士项目、供应链管理硕士项目：学制均为 1 年

麻省理工斯隆管理学院

全日制 MBA：2 年

斯隆创新与全球领导力伙伴项目：1 年

制造业领袖项目：与工程学院合办，2 年，MBA 或普硕学位

系统设计与管理项目：与工程学院合办，13～24 个月，普硕学位

生物医疗企业项目：与哈佛-麻省理工卫生科学与技术部合办，3 年，MBA 或普硕学位

得克萨斯大学奥斯汀分校 McCombs 商学院

全日制 MBA：2 年

在职 MBA：33 个月，周一、周二晚上上课

在职 MBA（休斯敦）：2 年，每隔一周周末上课

在职 MBA（达拉斯）：2 年，每隔一周周末上课

EMBA：2 年，对象为中层管理人员

EMBA（墨西哥城）（与蒙特雷高等理工学院合办）：2 年

得克萨斯公共会计硕士项目：12～18 个月，全日制

南加州大学马歇尔商学院

全日制 MBA：2 年

在职 MBA：33 个月，晚上上课

EMBA：2 年

EMBA（上海）：在上海交通大学上课，21 个月

IBEAR MBA：12 个月集中授课，全日制国际管理专业

会计硕士项目：1 年，全日制

企业税务硕士项目：全日制 1 年，或在职 2 年

医疗管理硕士项目：12 个月，在职

工商管理硕士项目：分为全日制和在职两种，针对已有 MBA 学位、希望继续深造的学员，学制 1～5 年

罗切斯特大学西蒙商学院

全日制 MBA：21 个月，快速班 18 个月

在职 MBA：平均学制 3 年

EMBA：2 年

科学硕士项目：全日制（9～11 个月）或在职（15 个月～3 年），分为以下九个专业：

会计

管理信息系统

财务

企业管理

市场营销

制造管理

医疗管理

服务管理

技术转让与商品化

第 3 章
详探课程方案

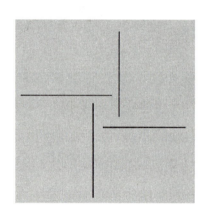

课程方案包括课程和教学资料，是教学项目的主体。课程方案主要有两个作用：一是"制定各种制度和要求"；二是"传达……【院校】……对教育的理解"。[1]课程方案通常包括必修和选修两大部分，其中最重要的是"所有学生都要学的核心课程，【因为】……这些课程教的是基础知识，可以为学习和实践提供参考，培养团队精神"。[2]

毫无疑问，课程方案的设计是多种多样的。设计课程方案时，最基本的考虑因素是内容：覆盖哪些学科和专业？开哪些课？涉及哪些概念、理论、技能和思维方式？其次是教学方法：怎样讲解知识和培养技能？如何知道学生掌握和理解的程度？第三是体系架构：怎样划分必修课和选修课，安排教学结构和顺序，细分专业方向，确定联合学位或双学位项目的范围和构成？最后，最重要的是要考虑教学目的：课程方案要达到的总目标和教育目的是什么？

◉ 标准化还是差异化

在某些情况下，比如小学教育和中学教育，这个问题的答案通常由监管机构和认证机构决定，其结果是造成了各学校的课程高度同质化，至少在一个大的地域范围内如此。而本科、硕士和博士项目则截然相反，课程方案的主要内容都是灵活设计、有针对性的，标准化或统一化的压力很小。即便如此，仍有一些因素在推动课程的同质化。很多院校倾向于效仿相应领域的佼佼者，有些认证机构也会强加一些标准，而且社会压力和教育趋势也时常把课程推向标准化。大学对必修课态度的转变就是一个很好的例子。1890年，美国大学的必修课平均占总课程的80%左右。而到1940年，随着学生兴趣的多样化，课程数量逐渐增多，专业领域大大增加，必修课占比降至40%。[3]

MBA 项目同样面临这种压力，尤其在福特基金和卡内基公司发表研究报告之后的几年中，各学院都开始按照研究报告中描述的课程模型来改变自己的课程内容。这种标准化的压力是巨大的。两项研究的指示性都很强：不但列举了它们认为应该开设的具体课程，甚至规定了每门课程的学时。[4]根据 1988 年发表的一份有关商学院的详细研究报告，这"培养了一刀切的思维……【而且】……各学院唯恐与他人不同，只好无奈地跟风"。[5]

当然，问题在于这种同质化今天是否还存在；如果存在的话，程度如何。过去 20 年中，商学教育迅猛发展，各学院为了争夺学员和教师展开激烈的竞争。竞争通常会促进产品和服务的差异化。很多主流媒体都提到"最近的 MBA 改革潮"和"特色商学院"的崛起。[6]与此同时，主要受商学院排名的影响，各学院在课程上互相效仿的现象越来越多（在第 4 章中详细探讨）。一位学者指出，其结果是产生了一批几乎一模一样的 MBA 项目，课程都是基于"同样的设计理念"，几乎没有什么大的差别。[7]两位院长给出了类似的评论：

> 受排名驱使，大家对别人在做什么都特别感兴趣。各个学院的核心课程极度雷同，结果导致学生的商品化和批量制造。

———————

> 当我们的毕业生认为顶尖 MBA 项目之间毫无区别并把所有的项目都看作进修学校时，差异化的问题就产生了。

◉ 以往对 MBA 课程的研究

以往的研究所提出的很多论据与论点并不相符。1999 年的一项研究使用统计方法，依据核心课程和关注领域把 25 所美国一流商学院的 MBA 项目分为六大类。[8]研究还指出，顶尖的五个 MBA 项目各分属一类，说明它们之间差异很大，而且没有哪一类比其他类更优越。然而，如果我们对这项研究所使用的核心课程数据进行更详细的研究，就不难发现它们之间其实有极大的相似性。25 所学院中有 23 所开设了以下六门必修课——财务、财务会计、营销管理、微观经济学、运营管理和组织行为学；另外两门课程——宏观经济学和管理信息系统——也是超过 15 所学院的必修课。而且，必修课的数量占项目总课程的一半左右，基本上在 40%～55% 之间。这在总体上是不能视为差异化的。

最近一项对美国前 50 名商学院所做的研究得出了类似的结论。[9] 该研究也根据不同主题将学院分成了六类。同样，除了跨学科练习、实地调研体验项目和团队竞赛等少数几个特色课程，各类之间的差异很小。作者对学院的分类主要基于一些必修课的细微差别，比如是否包含沟通、伦理、全球化、信息技术或领导力等课程。其实，这些学院惊人地相似，50 所学院中有 30 所属于同一类。当时，至少 85% 的学院将以下七门课作为必修课：市场营销、公司财务、财务会计、运营和供应链管理、企业战略、管理经济学和定量分析（包括统计学），至少 50% 的学院将以下五门课设为必修课：管理/成本会计、管理信息系统、管理沟通、组织行为学和宏观经济学。当然，各项目的具体情况有所不同，但总体上是标准化的。

尽管上述研究有参考意义，但还是具有局限性，都没有对 MBA 项目进行综合的多维度的分析。尤其是，它们对课程方案的定义都非常狭隘，几乎只关注课程的组合，很少甚至完全没有涉及教学方法、体系架构和教学目标。很多重要的问题都没有回答：怎样设计核心课程的结构和顺序？学生是否分成班级或小组？如果是，他们在一起多长时间？学生可以有哪些选择？比如，第一学年的学生是否通过了资格考试就可以免修某些必修课，是否可以选择不同级别的必修课（初级、中级或高级），或者有选择性地学习必修课？以往的研究都没有回答这些问题，也完全没有涉及课程内容和教学方法。各学院也许都有相似的必修课，可是这些课程到底有多大差别？这些课程的内容和课时是否相同？课程的覆盖范围和重点有没有区别？不同的项目是否使用不同的教学方法？它们对教材、参考文章、案例和练习的依赖有多大？

研究这些差别是非常重要的。我们可以依据差异情况分析目前对商学教育的各种评论，验证下一章中将提到的院长和企业高管对 MBA 教育的担忧，了解目前的差异化程度和项目运作情况。没有这些信息，我们将无法详细比较各 MBA 项目，判断它们的相似度或差异度。

◉ 详细考察 MBA 项目

为解决上述问题，我们详细分析了 11 个顶尖 MBA 项目 2006 年和 2007 年的课程情况。项目所在学院包括：卡内基·梅隆大学泰珀商学院、芝加哥大学布斯商学院、达特茅斯塔克商学院、哈佛商学院、欧洲工商管理学院、麻省理工斯隆管理学院、纽约大学斯特恩商学院、西北大学凯洛格管理学院、斯坦福大学商学院、沃顿商学院和耶鲁管理学院。这些都是排名很靠前的学院，其中五所被编入第 II 篇的案例研究。我们先访问每所学院的网站和在线课程介绍，然后对教师和院长进行访谈。加上他们发来的一些背景资料，我们由此收集了关于培养目标、体系架构、课程设置、课程内容和教学方法等方面的详细资料。[10]除了对这些项目进行总体分析，我们还重点关注了三门核心课程——财务会计、战略和组织行为学/领导力——这三门课分属不同学科领域，分析方法和成熟度也各不相同。我们比较了这些课程的内容、学时、教学材料和教学方法。我们尽可能将数据标准化，进行常规分类以便更好地进行比较；有时，如果个别学院数据不全或不一致，我们就会把这些学院排除在分析范围之外。当然，这不可避免地会存在主观判断。

我们希望解答三个问题：（1）现在一流商学院的课程到底相

似度有多大？ （2）如果存在差异的话，哪方面的差异最显著？
（3）有没有什么新兴的趋势可以预示 MBA 课程的未来或发展方向？以下是我们的一些主要研究成果：

- 内容方面——尤其是核心课程和涉及的领域——我们发现各项目都非常相似。各学院的必修课大致相同，覆盖的领域也大同小异，有时，它们甚至使用相同的教材，布置相同的文章和案例。大多数核心课程都强调"基础知识"，涉及同样广为接受的概念、框架、工具和技能。不过，各学院在各门核心课上采用的学时和强调的重点大不相同，核心课程覆盖的领域也有所不同。

- 教学方法方面——尤其是对案例、练习和习题集的使用——各学院大不相同。有的学院大量使用单一的教学方法，比如课堂教学或案例教学，而另一些学院则使用各种不同的教学方法。这些差异会因不同课程和领域的成熟度而有所不同。

- 体系架构方面——尤其是结构、顺序和要求——我们发现差异很大，主要表现为：必修课的比例、课程的顺序、必修课排序的灵活度、经验和专长不同的学生是否有不同的必修课、课程的整合程度；第一学年是否开设选修课，有多少选修课；是否允许学生在第二学年进行专业方向细分，是否有综合课程或练习等。不同的组合形成项目之间的差异化。有时，学生在学习方式和学习深度方面的体验截然不同。而另有一些差异，我们尚不清楚其教学意义。

- 目标方面——项目愿景或教学目标——我们发现异同并存。所有的项目都寻求同时为学生提供初入职场和职业发展的教育，通过广泛而深入地讲授基本商业知识培养通才和专才。所有项目都致力于培养学生的"硬"技能（分析能力）和"软"技能（组织能力和管理能力），尽管在这两方面侧重程度不同。然而，各项目在主要方向和重心上经常有很大差异。很多学院通过一两个主题来彰显项目特色，比如对全球化、综合管理或整合性思维的关注。在第Ⅱ篇案例研究中，我们会详细探讨这些差异。

● 趋势方面——很多项目共同的大方向——我们发现各项目都致力于增强灵活性，尽量更早地给学生提供更多选择。由于雇主越来越倾向于从暑期实习生中招聘学生，学院相应在第一学年开设了更多选修课，让学生有更多专业细分的机会。很多项目还根据学生的基础和经验的不同增设了不同级别的课程。分组活动也越来越多，大多数 MBA 项目都给学生提供了团队活动和行动学习的机会，不过在总课程中占比较小。各项目还在国际化、领导力开发、整合性思考和课程顺序等方面进行了创新。但在其他方面我们没发现有什么动作：对提高课程实用性的呼声反应冷淡。在沟通、创造力和执行力等方面，各学院还在犹豫到底应该投入多大精力，只有一小部分学院开发了相应的必修课。在管理会计和公司财务等传统领域也存在同样情况，学院对这些课程是否应作为必修课仍存在分歧。经济危机使很多商学院更加关注风险管理、决策的系统影响、机构和公共监管的角色以及培养负责任的领导者等问题。不过，现在我们还不能过早断言这些努力是否会给 MBA 课程内容或结构带来深远或重大变革，目前主要还只是在个别课程中增加了几堂与危机相关的课。

项目设计

我们调查的 11 所学院中有 10 所都开设了两年制项目，其中第一年主要讲授核心课，第二年主要讲授选修课。欧洲工商管理学院是唯一的例外，开设了一个学制 10 个月的项目。11 所中的 10 所都把新生分成不同的班（或者叫组、群、团），每个班的学生在一段时间内会一起上课。班级的学生人数不一样，芝加哥大学布斯商学院的项目每班 55 人，哈佛商学院每班 90 人，另有 7 个学院每班 60～70 人。项目不同，每个班一起上课的时间也不一样，有的一年（哈佛、沃顿和耶鲁），有的一学期或一学季（麻省理工、纽约大学和斯坦福），有的则只一起上一两次课（芝加哥大学布斯商学院和西北大学凯洛格管理学院）。欧洲工商管理学院的项目学制 10 个月，其中有 6 个月学生要按班级一起上课；而达特茅斯塔克商学院则在春、秋两个学期把学生分成不同的班上课。11 所学院中有 9 所进一步把新生分成更小的组，每个组 4～15 人不等，学生按组一起做项目（有学分）、参加体验式练习以及进行课前准备等。

项目的学期设置也很多样化。6 所学院把一学年分成两个学期，4 所学院把一学年分成几个学季，而欧洲工商管理学院则把项目划分成若干阶段（每个阶段为期八周）。[11]西北大学凯洛格管理学院和沃顿商学院等要求学生在第一学年入学前必须在暑期参加学前培训，包括哈佛商学院在内的其他学院也开设了入学培训课，不过学生可以自愿参加。由于学期设置不同，各项目的必修课数量和学时有所差异，分配给核心课程的总时间也不同。

项目的详细对比情况见表 3—1。各项目开设的必修课数量 8～20 门不等，主要安排在第一学年。由于各项目班级设置和学期长度不同，依据"必修课周数"来对比各个项目是最有说服力的。这个数据显示了学生学习必修课的总时间。据此，各项目可分为三类。斯坦福大学商学院、沃顿商学院、欧洲工商管理学院和哈佛商学院必修课周数最多，学生近一半的时间花在必修课上。[12]必修课周数最少的是麻省理工、纽约大学和耶鲁管理学院，学生学习必修课的时间只占项目总时间的 1/3 甚至更少。其他学院则介于两者之间。[13]这并不是核心课程体系的唯一区别。各项目在安排必修课和引入相关专题的顺序上也差异很大。例如，斯坦福大学商学院最近对 MBA 项目进行了调整，课程顺序与大多数其他学院完全不同。一般情况下，学生第一学年先上学科基础课再上专业课，最后学习广泛的、整合性的专题。而斯坦福大学商学院的 MBA 学生则先上"全球管理和战略领导力"等整合性课程，然后学习基础课和专业课。

表 3—1 项目结构

学院名称	必修课数量	必修课周数a	核心课程的顺序	核心课程是否分为不同的难度级别	核心课程是否可选	第一学年选修课数量	第二学年必修课数量	专业划分
卡内基·梅隆大学泰珀商学院	15	120	严格	否	2选1	4~6	1：管理游戏b	多个方向，一个专业
芝加哥大学布斯商学院	10	110	灵活	是	6选4	很多	无	3~14个专业
达特茅斯塔克商学院	15	119	严格	否	否	1	无	无
哈佛商学院	11	160	严格	否	否	无	无	无
欧洲工商管理学院	13	200学周中的104周	严格	否	否	≥10.5c	不详	无
麻省理工斯隆管理学院	8	90	严格	否	2选1	设在第二学期	无	1
纽约大学斯特恩商学院	9	104	适中（4门严格，4门灵活）	否	7选5	1~3	职业责任b	3~22个专业
西北大学凯洛格管理学院	10	120	适中（5门严格，5门灵活）	定量分析课程分为2个级别	否	3~4	价值观和危机决策b	最多3个专业
斯坦福大学商学院	20	≤169	严格	12门课均分为3个级别	否	0~1	综合研讨课b	可研修（只颁发结业证书）
沃顿商学院	18	≤165	适中（14门严格，4门灵活）	只有财务会计和公司财务有分级	否	无	无	1~17个专业
耶鲁管理学院	17	109	严格	否	否	1~3	无	无

注：a. 除非另有说明，统指320学周内的数量。

b. 综合性课程。

c. 由于欧洲工商管理学院的 MBA 项目学制只有10个月，因此该数据与其他10所院校的第一学年选修课情况没有可比性。其项目分为五个阶段；核心课程贯穿各阶段；前两个阶段不安排选修课，第三、第四两个阶段安排四门选修课，第五阶段安排三门选修课。

　　根据灵活性和选择性的不同，各项目也可以分为三类。7 所学院排课非常严格，对核心课程的顺序和开课时间都作出了明确规定。另外 3 所学院则允许变通，我们认为其项目"比较灵活"，因为只规定了部分课程的顺序，其他方面可以有更多选择。而芝加哥大学布斯商学院则是 11 所学院中最灵活的，学生可以按任何顺序、任意组合，在任何时间学习核心课程。第 7 章我们将详细探讨芝加哥大学布斯商学院的做法。

　　同样，各项目的学生在第一学年选课时的灵活性也不一样。卡内基·梅隆大学泰珀商学院、达特茅斯塔克商学院、欧洲工商管理学院、纽约大学斯特恩商学院、西北大学凯洛格管理学院和沃顿商学院允许学生用选修课或更高级的课程替代必修课。有 4 所学院为学生提供了不同级别的核心课程，不过仅局限于技术性或分析类课程。而斯坦福大学商学院的大量核心专业课都非常灵活，我们将在第 12 章详细探讨其个性化的做法。11 所学院中有 9 所在第一学年开设了选修课，学生可以选修财务和市场营销等课程，以增强暑期求职的竞争力。正如几位院长指出的，现在越来越多的学院开始把第一学年的课程设置得更灵活，开设更多个性化的选修课，从而更好地应对就业压力，提高学生暑期求职的竞争力。[14]

　　有几所学院已经正式开始让第二学年的学生进行专业方向细分，其他学院也都跃跃欲试，因为目前，大多数学院在核心课程结束后就对学生没什么硬性要求了。[15]很多学院第二学年的选修课多达 90～100 门。如表 3—2 所示，各学院还开设了令人眼花缭乱的双学位、联合学位和专业硕士学位项目，MBA 学生可以同时修读法律、医学、公共政策、设计及其他专业。各学院选择这些项目的学生比例有所不同：卡内基·梅隆大学泰珀商学院、芝加哥大学布斯商学院和哈佛商学院低于 5％；麻省理工斯隆管理学院和西北大学凯洛格管理学院高达 18％（其双学位项目或专业硕士项目通常涵盖工学内容）。

表3—2　　　双学位、联合学位和专业硕士学位

学院名称	参加项目的学生比例	法学硕士/MBA	医学硕士/MBA	MPP, MPA, 文学硕士/MBA/MSPPM	公共卫生或医疗硕士/MBA	其他
卡内基·梅隆大学泰珀商学院	2~3	与匹兹堡大学法学院合办	—	与卡内基·梅隆大学 H. John Heinz III 公共政策和管理学院合办 MSPPM	MBA/医疗政策与管理	计算金融硕士 软件工程硕士 城市与环境工程硕士 定量分析经济学硕士
芝加哥大学布斯商学院	4	与芝加哥大学法学院合办	与普利兹克医学院合办	与芝加哥大学 Harris 公共政策学院合办 MPP		MBA 及地区研究或国际关系硕士 与社会服务管理学院合办文学硕士
达特茅斯塔克商学院	5	与佛蒙特法学院环境法律项目合办	与达特茅斯医学院合办	与哈佛肯尼迪学院合办 MPA 与约翰霍普金斯大学 Paul H. Nitze 高级国际关系研究学院合办文学硕士	与达特茅斯医疗政策与临床实践学院合办	与达特茅斯 Thayer 工程学院合办工程管理硕士 与塔夫茨大学 Fletcher 学院合办 MALD
哈佛商学院	3~4	与哈佛法学院合办	与哈佛医学院合办	与哈佛肯尼迪学院合办 MPP 或 MPA-ID	—	—
欧洲工商管理学院	0	—		—	—	—

续前表

学院名称	参加项目的学生比例	法学硕士/MBA	医学硕士/MBA	MPP, MPA, 文学硕士/MBA/MSPPM	公共卫生或医疗硕士/MBA	其他
麻省理工斯隆管理学院	18	—	—	与哈佛肯尼迪学院合办 MPA 或 MPP	MBA/生物医学企业项目的医疗科学硕士	制造业领导人项目硕士 麻省理工斯隆创新与全球领导力伙伴项目（理学硕士）系统设计与管理硕士
纽约大学斯特恩商学院	4~5	与纽约大学法学院合办	—	开办政治专业硕士/MBA 与纽约大学公共服务学院合办 MPA	—	法语硕士 美术硕士 生物学硕士 法国巴黎高等商学院与纽约大学斯特恩商学院联合 MBA 学位
西北大学凯洛格管理学院	12~14	与西北大学法学院合办	与西北大学范伯格医学院合办	—	—	管理与制造业硕士（MMM）含 MBA 和工程管理硕士（MEM）双学位，该项目与西北大学麦考密克工程学院合办
斯坦福大学商学院	10	与斯坦福大学法学院合办	与斯坦福大学医学院合办	与斯坦福大学人类科学学院合办 MPP	—	环境和资源硕士/MBA 教育专业硕士 "学生可以申请斯坦福大学其他专业或其他学校的双学位 MBA"

续前表

学院名称	参加项目的学生比例	法学硕士/MBA	医学硕士/MBA	MPP, MPA, 文学硕士/MBA/MSPPM	公共卫生或医疗硕士/MBA	其他
宾夕法尼亚大学沃顿商学院	8~9	与宾夕法尼亚大学法学院合办	与宾夕法尼亚大学医学院合办 MBA/MD；与宾夕法尼亚大学牙科学院合办 MBA/DMD；与宾夕法尼亚大学兽医学院合办医学硕士、MBA/VMD 及 MBA/理学硕士；与宾夕法尼亚大学护理学院合办 MBA/MSN, MBA/博士学位	沃顿商学院高级国际研究 (SAIS)		与工程和应用科学学院及艺术科学学院合办工程生物技术硕士/MBA；与工程和应用科学学院合办工程 MBA/MSE；与设计学院合办 MBA/MArch, MBA/MLA, MBA/MCP, MBA/MHP；与社会政策和实践学院合办社会工作硕士/MBA
耶鲁管理学院	7	与耶鲁大学法学院合办	与耶鲁大学医学院合办	与耶鲁艺术科学研究生院合办 MBA/文学硕士	与耶鲁公共卫生学院合办	与耶鲁森林和环境研究学院合办 MBA/工程管理硕士或林业硕士；与耶鲁建筑学院合办 MBA/MArch；与耶鲁戏剧学院合办 MBA/艺术硕士；与耶鲁神学院合办 MBA/MDIV 或 MAR；与耶鲁艺术科学研究生院合办俄罗斯与东欧研究 MBA/文学硕士；与耶鲁艺术科学研究生院合办博士项目/MBA

从上述对比中可以得出什么结论？总体来说，我们会发现 MBA 项目有极大的多样性。在某些方面各项目的确很相似，比如项目初期开设一系列必修课，随后开设选修课，进行班组教学，课程体系模块化等。可是除此之外，很难再找出还有哪些共同点。目前，还没有一种主流的、公认的项目设计模式，教学方法也绝不是"一刀切"。可以说，找不到两个一模一样的 MBA 项目。不过详细研究课程设置和课程内容后，我们可以得出略微不同的结论：MBA 项目在某些重要方面非常相似，而在另一些方面却迥然不同。

课程设置

表 3—3 给出了必修课的基本数据。大多数学院都开设了以下八门必修课：财务会计、金融学（侧重资本市场）、微观经济学、战略、组织行为学或领导力、运营、市场营销和决策学或统计学。除了少数例外——在哈佛商学院，微观经济学和决策学不是必修课；在麻省理工斯隆管理学院，战略和运营不是必修课——大部分学院的必修课都是相同的，而且大都是分析性、专业性课程，可以称为"一级核心课程"。其次，近一半的学院都开设了以下必修课：管理会计、公司财务、宏观经济学、伦理学和传播——可以称为"二级核心课程"。这些课程有时作为必修课，有时不算，依项目情况而定。最后，还有一些课程——包括综合性课程、演讲技巧、团队项目和谈判等——只在很少的学院作为必修课。这些课往往涉及实际管理技巧，但大都不作为主流课程，因此可以称为"边缘核心课程"。[16]

耶鲁管理学院重新调整后的课程设置则不同。其重点并没有放在市场营销、财务和战略等传统专业课上，而是围绕企业内部（如员工和创新者）和外部（如竞争对手和客户）的利益相关者来设置课程。其项目旨在培养学生从整合性的角度看待这些不同群体。例如，学院邀请具有多个学科背景的教师来讲授有关客户

表 3—3

必修课

学院名称	会计		财务与金融		经济学		战略	组织行为学/领导力	全球商业		运营	市场营销	决策学/统计学	商业伦理	传播	演讲	团队项目	谈判	其他
	财务会计	管理会计	公司财务	资本市场	微观	宏观			微观	宏观									
卡内基·梅隆大学泰珀商学院	1	1	1/2	1/2	1	1	1	1	—	—	2	1	2	1	—	1	1	—	—
芝加哥大学布斯商学院	1	1	—	1	1	1	1	1	—	—	1	1	1	—	—	1	1	—	—
达特茅斯塔克商学院	1	—	1	1	1	—	1½	2	—	1	1½	1	2	—	1	—	1	—	—
哈佛商学院	1/2	1/2	1	1	—	—	1	2	—	1	1	1	—	1	—	—	—	1	—
欧洲工商管理学院	1	1	2	—	1	1	1	2	—	1	1	—	1	1	—	—	—	—	—
麻省理工斯隆管理学院	1	—	—	1	1	—	—	1½	—	—	—	1	1	—	—	1/2	1	—	—

续前表

学院名称	会计		财务与金融		经济学		战略	组织行为学/领导力	全球商业		运营	市场营销	决策学/统计学	商业伦理	传播	演讲	团队项目	谈判	其他
	财务会计	管理会计	公司财务	资本市场	微观	宏观			微观	宏观									
纽约大学斯特恩商学院	1	—	—	1	1	1	1	1	—	1	1	1	1	1	1	—	—	—	—
西北大学凯洛格管理学院	1	—	—	1	1	—	1	1	—	1ª	1	1	2	1	—	—	—	—	—
斯坦福大学商学院	1	1	1	1	1	—	2	3	1/2	1/2	2	1	2	1	1	—	—	—	2
宾夕法尼亚大学沃顿商学院	1	1	1	—	1	1	2	2	1	1	2	2	2	1	1	—	—	—	—
耶鲁管理学院b	1	—	1	1	1	1	2	5	—	—	1	1	1	—	—	—	—	1	1

注：▨＝要求学生二选一；▦＝要求学院开设一门全球化课程作为必修课；▤＝要求学生七选五。1/2＝课程内容涉及两个学科。

a. 2008 年 6 月，凯洛格管理学院开设了一门全球化课程作为必修课。
b. 耶鲁管理学院于 2006 年秋季学期引入了一套全新的核心课程方案（见第 11 章），我们把"投资人"归为财务与金融领域；把"竞争与创新"归为战略领域；把"综合领导力视角"、"员工"、"人际互动"归为组织行为学/领导力领域；把"职业发展"和"团队管理"归为运营学；把"顾客"归为市场营销领域；把"运营学"归为运营领域。

的课程，整合了市场、运营和会计等相关领域的知识。也有很多学院像耶鲁一样开设了"个别问题界定"、"创新者"和"批判性分析思考"等课程，并将其纳入必修课，以便让学生掌握一些新的认知技能，而这些技能恰恰是传统的 MBA 课程所忽略的。

我们详细研究了财务会计、战略、领导力/组织行为学这三门专业课的内容和形式，基本数据详见表 3—4 至表 3—6。[17]财务会计这门课通常安排在第一学期或第一学季（见表 3—4），所有学院的学生都要上 13～25 堂课（平均 19 堂课）。课程内容则大同小异。11 所学院都讲解现金流；11 所学院中有 10 所讲授会计准则和会计周期、财务报表分析、长期和短期资产、长期和短期负债；11 所学院中有 8 所讲授并购和交叉持股问题。有 4 所学院使用同一本热门教材，还有 3 所使用相同的另一本教材。[18]然而，各学院在某些专题上投入的时间和讲解的角度有所不同。有的学院从普通财务工作者的角度讲解会计学，另一些从分析师的角度讲解，还有一些则从管理人员的角度讲解。学院的教学方式也不一样，尤其是对案例研究的依赖程度和对课堂讨论的重视程度不同。在这方面，哈佛商学院是最突出的。它们在财务会计课的所有课堂上都采用案例教学，学生的课堂表现占期末成绩的 40％。而西北大学凯洛格管理学院则截然相反。它们从不布置案例，学生的考试成绩占期末成绩的 90％。其他学院则介于两者之间，综合使用文献阅读、案例、练习和习题集来传授知识和评定成绩。

战略这个领域还不太成熟，课程情况也因此显得更多样化（见表 3—5）。11 所学院中有 9 所要求学生上一门战略课——7 所把战略作为核心必修课，2 所把战略作为核心选修课。开课时间也不同，有的在秋季学期，有的在冬季学期，有的则在春季学期。这反映了各学院对战略课定位的差异——有的认为它是引导性的，有的则认为是总结性的。课时差别也很大，在 11～30 节课之间，平均 16 节课。案例教学在这门课中的使用远超财务会计。

表 3—4　核心课程——财务会计：主题、课堂数量和教学方法

学院名称	会计准则和会计周期	收入确认	损益表	财务报表分析	现金流量表	长期资产	短期资产	长期负债	短期负债	股东权益	并购和交叉持股	其他（导论、考试、总结、特殊专题）	总课堂数量	教学方法[a]
	S	S	S	S	S	S	S	S	S	S	S	S		
卡内基·梅隆大学泰珀商学院	2	0	1	1	2	0	1	2	0	2	2	2	15	R/P: 9 C: 4
芝加哥大学布斯商学院	2	0	1	1	2	3	4	5	0	1	0	3	22	R/P: 10 C: 9
达特茅斯塔克商学院	1	1	2	4	2	1	1	3	1	2	0	1	19	R/P: 3 C: 15
哈佛商学院	2.5	2	0.5	5.5	1	1	0.5	3	0	2	2	3	23	R/P: 0 C: 20
欧洲工商管理学院	3	1	1	2	1	1	1	1	1	1	1	3	17	R/P: 6 C: 8
麻省理工斯隆管理学院	2	2	0	2	1	3	1	4	1	1	1	6	24	R/P: 13 C: 6
纽约大学斯特恩商学院	4	0	1	1	3	1	1	1	0	0	0	3	15	R/P: 8 C: 3

续前表

学院名称	会计准则和会计周期	收入确认	损益表	财务报表分析	现金流量表	长期资产	短期资产	长期负债	短期负债	股东权益	并购和交叉持股	其他（导论、考试、总结、特殊专题）	总课堂数量	教学方法[a]
	S	S	S	S	S	S	S	S	S	S	S	S		
西北大学凯洛格管理学院	4	0	3	2	2	2	4	2	1	0	0	2	22	R/P: 20 C: 0
斯坦福大学商学院	5	1	0	6	1	3	2	2	0	1	0	4	25	R/P: 6 C: 14
宾夕法尼亚大学沃顿商学院	1	1	2	0	1	2	2	3.5	0	0.5	0	2	15	R/P: 8 C: 4
耶鲁管理学院[b]	3	0	3	3	3	0	0	0	0	0	0	1	13	R/P: 11 C: 2

注：S＝课堂数量，R/P＝阅读/习题，C＝案例。
a. 大多数学院的"总课堂数量"比"教学方法"一栏所列课堂数量要多一些，其他课堂形式包括讲解、视频、评估、考试等，这些形式都不要求事先阅读材料。
b. 参考 2007 年会计 621 教学大纲。

表 3—5

核心课程——战略：主题、课堂数量和教学方法

学院名称	行业分析	竞争优势	定位	资源基础理论	能力基础理论	竞争动力	多元化	公司经营范围	全球范围	其他（导论、总结、考试、特殊专题）	总课堂数量	教学方法[a]
卡内基·梅隆大学泰珀商学院	S	S	S	S	S	S	S	S	S	S	—	—
芝加哥大学布斯商学院	—	—	—	—	—	—	—	—	—	—	—	—
达特茅斯塔克商学院	1	0	1	0	0	6	0	2	0	1	11	R: 1 C: 9
哈佛商学院	2	0	4	0	0	4	1	0	0	5	16	R: 0 C: 12
欧洲工商管理学院	3	3.5	4.5	0	0	7.5	2.5	1.5	2.5	5	30	R: 0 C: 28
麻省理工斯隆管理学院	1	3	2	2	0	1	2	0	1	1	13	R: 4 C: 8
纽约大学斯特恩商学院	1	1	1	0	0	2	4	1	1	3	14	R: 0 C: 12

续前表

学院名称	行业分析	竞争优势	定位	资源基础理论	能力基础理论	竞争动力	多元化	公司经营范围	全球范围	其他（导论、考试、总结、特殊专题）	总课堂数量	教学方法[a]
	S	S	S	S	S	S	S	S	S	S		R: 8 C: 9（此为所有案例数量。有 11 堂课每堂课都分为上下两段，后半段用来进行案例学习）
西北大学凯洛格管理学院	2	2	2	0	0	6	0	2	0	5	19	
斯坦福大学商学院	1	1	1	0	0	2	3	0	0	10	18	C: 17
宾夕法尼亚大学沃顿商学院	2	3	0	1	0	1	2	1	0	3	13	R: 1 C: 11
耶鲁管理学院	0	4.5	1	0	0	2.5	0	1	0	3	12	R/E: 8 C: 4

注：S=课堂数量，R=阅读，E=练习，C=案例。"总课堂数量"一栏所列课堂数量要比"教学方法"一栏所列课堂数量要多一些，其他课堂形式包括讲解、视频、学者来访、评估和考试等，这些形式都不要求事先阅读材料。
a. 大多数学院的"总课堂数量"比"教学方法"

大多数学院把案例作为最主要的教学材料，不过有的把案例当作授课核心，有的则只是用案例来讲解理论。不足为奇的是，战略课的课堂表现占总成绩的比例远高于财务会计，个人案例写作和团队项目同样如此。只有一本教材被两个以上的学院同时使用。[19]但即使这样，该课程所涵盖的内容还是大同小异。9个项目的战略课都涉及动态竞争、范围、多元化和多业务战略；9个中有8个都涵盖了行业分析和战略定位视角；9个中有7个涉及竞争优势。与财务会计类似，各学院在具体专题上分配的课时及关注的重点不一样，在单一企业还是集团企业专题上的侧重点也不同。然而，所有学院的战略课的分析性都很强，主要以产业组织理论和微观经济学为基础。[20]

领导力/组织行为学是最多样化的（见表3—6）。11所学院都要求学生学习相关课程，很多项目甚至要求学习多门课程。课程名称包括"管理组织"、"组织流程"、"领导个人和团队"、"工作中的人员管理"等。课时在14～59节课之间，平均约31节。[21]所有学院都在一定程度上依赖案例教学，但在调查、练习、模拟等体验式教学和行动学习方法的使用上则有所不同。芝加哥大学布斯商学院和斯坦福大学商学院大量采用体验式教学，而哈佛商学院和麻省理工斯隆管理学院则很少采用。各学院在该课程的着眼点和定位上也有很大不同。有的侧重于组织理论和行为；有的侧重于领导力的理论、技能和培养；有的则侧重于团队和团队协作。有些学院花很多时间讲授人力资源管理和人际关系相关专题，其他学院则不然。

总体上，通过对各学院课程的分析，我们可以发现在主要专题内容方面，尤其是对成熟的学科，各学院有很大的共性；但在课程的覆盖范围、侧重点、角度和教学方法上则有很大差异。尽管各学院的财务会计、战略、领导力/组织行为学这几门必修课在基本主题上有很大重叠，但在以下方面则有所差别：课时长度、观点、内容范围、讲授主要专题所花的时间，以及对课堂授课、案例讨论、习题集和练习的依赖程度。

表3-6 核心课程——领导力/组织行为学:主题、课堂数量和教学方法

学院名称	课程名称	组织行为	人力资源管理	团队	领导力	沟通	人际关系	决策	其他(导论、考试、总结、特殊专题)	总课堂数量	教学方法[a]
		S	S	S	S	S	S	S	S		
卡内基·梅隆大学泰珀商学院	组织管理	4	1	1	1	0	1.5	0	5.5	14	R: 8 C: 11 Si: 1 Pr: 1
芝加哥大学布斯商学院[b]	组织管理;领导力的效力与开发(和另外一门核心课程,未计入本表)	3	0	7	5	3	3	1	5	27	R: 10 C: 8 V: 2 LOE: 3
达特茅斯塔克商学院	如何领导组织;综合管理分析	9	0	2	5	0	3	2	5	26	R: 11 Su: 2 C: 8 Pr: 1 N: 1 E: 1

续前表

学院名称	课程名称	组织行为	人力资源管理	团队	领导力	沟通	人际关系	决策	其他（导论、总结、特殊专题）	总课堂数量	教学方法[a]
		S	S	S	S	S	S	S	S		
哈佛商学院	领导力的效力与开发（是"创业管理与领导责任"课程和"企业的一部分"课程的一部分，这两门课未计入本表）	12	0	6	8	0	6	0	6	38	C: 24 E: 2 V: 2
欧洲工商管理学院	如何领导团队；如何领导组织	8	1	4	6	2	3	0	6	30	R: 11 C: 9 P: 1 V: 2 Si: 1 Su: 2 E: 2
麻省理工斯隆管理学院	组织流程（与两门必修课紧密相关："领导力与个人效力"和"辅导与团队合作"，这两门课未计入本表）	7	1	2	2	14	3	1	2	32	R: 14 C: 11 D: 1 E: 1

续前表

学院名称	课程名称	组织行为	人力资源管理	团队	领导力	沟通	人际关系	决策	其他（导论、考试、总结、特殊专题）	总课堂数量	教学方法[a]
		S	S	S	S	S	S	S	S		
纽约大学斯特恩商学院	组织管理	8	0	2	0	0	4	2	7	23	R: 9 C: 8 E: 1 V: 1
西北大学凯洛格管理学院	如何领导组织	6	0	2	2	0	6	2	3	21	R: 7 C: 5 V: 2 E: 3 Si: 1
斯坦福大学商学院	领导力实验室；组织行为学；团队管理；人力资源（后三门课未计入本表）	0	2	2	4	0	2	0	2	12	C: 5 E: 3 Si: 2
宾夕法尼亚大学沃顿商学院	工作中的人员管理；领导力与团队合作基础（还包括沟通管理、伦理和责任等相关课程，未计入本表）	6	4	4	3		3	1	7	28	R: 21 C: 14 E: 6 P: 2

续前表

学院名称	课程名称	组织行为	人力资源管理	团队	领导力	沟通	人际关系	决策	其他（导论、考试、总结、特殊专题）	总课堂数量	教学方法[a]
耶鲁管理学院	综合领导力视角：员工；人际互动；团队管理；职业发展	S 7	S 6	S 8	S 10	S 6	S 0	S 0	S 22	59	R：36 C：19 E：8 V：4

注：S=课堂数量，R=阅读，C=案例，Si=模拟，Pr=演讲，Su=调研/调查问卷，N=谈判，E=体验/练习，V=视频，P=论文，D=麻省理工斯隆商学院团队日，学生们"在企业分组工作一整天"比"教学方法"一栏所列课堂数量要多一些，其他课堂形式包括讲解、视频、学者来访、评估和考试等，这些形式都不要求事先阅读材料。

a. 大多数教学方法比"总课堂数量"的要求。

b. 芝加哥大学布斯商学院的必修课"领导力的效力与开发"（LEAD）项目包含大量练习，无法简单地根据上面的主题进行分类。学生还可以选修 2~3 门领导力/组织行为学课程来满足覆盖广度的要求。表中我们仅以"组织管理"（深受学生欢迎的课）为例详细分析其教学大纲。

　　达特茅斯塔克商学院的肯特·沃马克（Kent Womack）教授对顶尖 MBA 项目的核心财务课程进行过调研，得出的结论也是课程既有共性又有差异，稳定性和变化并存。[22] 2001—2005 年，金融必修课在专题内容和侧重点方面变化很小。投资组合理论、资本资产定价模型和资本预算一直是各学院投入时间和精力最多的专题。该课程花很多时间讲解现值等基础知识，让学生在学习更难的内容前打下坚实的基础。期权、资本结构和股利政策等专题的讲授时间略有增加，而股权价值评估的讲授时间则有所减少。债券估值受到的关注度仍然非常有限。课堂上约 1/4 的时间用于案例研究，而大量时间用于讲课。有两本书依然是大多数学院采用的教材。然而，在上述方面，各学院也出现了一些显著差异。核心财务课程的学时也有较大变化。2005 年，课时数在 24～80 小时不等，平均 44 个学时。总体趋势是学生需要花更多时间学习金融课程。事实上，2001—2005 年，顶尖 MBA 项目中要求学生修读两门财务课程的项目比例从 20％上升到了 50％。

　　综上所述，MBA 项目课程既有标准化又有差异化。多数课程内容相似，但又有着各种各样的变化和组合。在一流 MBA 项目中，学生接触很多相同的专题，学习很多相同的课程，但每个专题和课程各有其独到之处。各个项目的结构不同，教学方法也不同。在本书第 Ⅱ 篇大家将会看到，各项目的培养目标不同，因而体现出不同的准则和特色。芝加哥大学布斯商学院的特色是灵活自主和扎实的学科基础；哈佛商学院的特色是综合管理视角；欧洲工商管理学院的特色是全球化；斯坦福大学商学院的特色是个性化，根据学生的经验和技能设计课程；耶鲁管理学院的特色则是整合性。因此，即便开设的课程和讲授的专题一样，各项目在本质、形式和基调上也能做到差异化。

　　由于内容和目标不同，各项目的体系架构和教学方法也会不同。例如，案例教学适合哈佛商学院的综合管理理念，与使用其他教学方法的项目相比，学习模式有很大不同。而且，哈佛商学院的项目体系架构也增强了项目的定位和重心。其 MBA 项目实行分班教学，每班 90 名学生，在一年的时间里学生都一起上课。由于学生之间非常熟悉，因此他们在处理复杂、模糊、有争议的问题时会更游刃有余。而其他一些项目不太依赖案例教学等基于讨论的教学方法，所以倾向于小班教学，确保学生一起上课的时间不太长，以便充分利用小组学习的优势，避免因为学生待在一起太久而导致气氛沉闷、表现不佳。

核心课程的灵活性不同，学生的体验也会不同。灵活的核心课程设置可以让背景和基础不同的学生有更多选择。这种课程设置通常可以激发学生潜能，提高学生的学习热情。其弊端是不能经常把经历和观点各异的学生聚在一起上课，不利于开阔视野。相反，严格的核心课程设置可以给学生带来共同的教育体验，更有利于培养整合能力。

毋庸置疑的是，这些体系架构、教学方法和项目设计上的不同会给学生带来不同的学习体验。每种方式都各有利弊，也都有其坚定的支持者——享受其 MBA 的学习过程并把成功归功于项目特色的 MBA 校友，或者根据特定的体系架构和项目设计来授课的老教师。我们认为，没有一种方式是完美的，设计项目时必须权衡利弊。同时，我们坚持认为，学院如果不改变课程本质，就不需要在调整和改革项目的结构和设计上花费太多时间。如果只改变班级规模、课时长度和必修课数量等细节而不思考总体目标，是不会增加教育价值的。

虽然各项目在很多方面存在差异，但一流商学院的 MBA 项目长期以来有一个共同点，这一点在近几年受到的质疑和关注越来越多，那就是：MBA 教育的分析性和技术导向。下一章我们将探讨这个话题。

第 4 章
忧虑重重

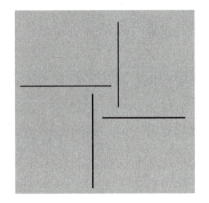

我们必须回顾一下 MBA 教育的历史，才能更好地理解其目前存在的问题。商学研究生教育始于 19 世纪晚期，一直备受关注。20 多年前，有位院长曾经说过："虽然褒贬不一，但是和其他任何专业相比，MBA 教育受到的关注都是最多的。"[1]出人意料的是，这么多年来，关于 MBA 教育争论的焦点并没有多大变化。无论是质疑还是认可，人们总是围绕着一个主题：怎样在学术和实践之间取得平衡。

◉ "两种文化"问题

对于大学里的商学院而言，学院的发展是一个肩负远大使命、贯穿文化交融的过程——在整个大学体制下谋求教学的合法性。[2]最早的一批大学下的商学院包括沃顿商学院（1881 年）、芝加哥大学布斯商学院（1898 年）、加州大学伯克利分校哈斯商学院（1898 年）、达特茅斯塔克商学院（1900 年）、西北大学凯洛格管理学院（1908 年）和哈佛商学院（1908 年）等。这些学院都是为了提供更严谨、更系统的商学和管理教育而成立的，与传统的学徒制职业培训和私立商业学校有着天壤之别。教师由学校统一管理，他们需要认同学校的价值观，在从事教学、科研和学术研究活动时，不能有任何偏见、先入为主的意识形态或商业目的。很多商业精英也参加这些学院开设的项目，期望借此获得业界认可和社会地位。

这样，各种争议就接踵而来。有些学术带头人欢迎商界人士加入大学，而另一些则表示不屑。商学院很快就发现自己陷入两难境地。它们必须想方设法让那些偏好学术研究的人获得更多理论知识，与此同时又要照顾到职场专业人士的需求，注重实践。这两种文化有各自的体系、规范和标准，都想成为主流："一方是纯学术研究的膜拜者，一方是组织绩效的捍卫者。"[3]教学和科研的重心到底应该是什么？课程内容应该突出分析工具还是管理问题？应该侧重严谨性还是实用性？

最终，严谨性获胜。1959 年，福特基金和卡内基公司发表了著名的研究报告[4]，尖锐地批评商学院远远没有达到人们对于学术性的期望。有位专家描述道："由于涉及面过广……而又缺乏商业领域自身的成熟题材，很多项目的内容不连贯或者缺少内在逻辑。"[5]商学院的课程内容大部分比较狭隘，仍然类似于职业教育，而且提供给管理人员的建议常常不切实际，相关的研究和理论也不深刻、不全面。研究报告认为，唯一的解决方式就是更多地参照传统的文理学科进行项目设计，这样才能培养学生具备"精湛的分析能力"，让他们"通过基础学科的学习更熟练地掌握分析和研究工具"。[6]

这些报告，以及接下来一些顶尖商学院开展的科研项目和课程改革，引发了一系列重大变化：分析性课程数量激增，研究型教师大幅增多，与应用数学、经济学、统计学和社会心理学等传统学科的契合度更高，对基于理论的严谨的学术研究更为推崇。[7]所有这些都使商学院在现代研究型大学中更好地立足，但也随之带来一系列问题。商学院的教师和其他学科的教师越来越趋同。他们毕业于传统的博士项目，精通最新的科研方法，背负着在顶级学术期刊发表论文的压力，可是商业知识却往往很欠缺——甚至对商业没什么兴趣。[8]批评人士认为，这使商学院很快"迷失了方向……商学研究生教育的关注点……【变得】……越来越局限——与企业人员越来越脱节"。[9]

这种观点有几个依据。[10]由于商学院倾向于以学科为基础来设置，很多人认为商学院的研究对于管理人员以及解决实际问题而言意义不大。无论是最畅销的商业图书还是广受推崇的管理理念，作者多是咨询师或企业高管而非商学院教师。最近一项对世界上最重要的 50 个管理创新（当然，归类比较主观，包括品牌管理、战略业务单元和拓展训练等概念）所做的研究披露，没有一项创新源自学术研究或者科研项目。[11]为什么？因为年轻的教师在现有的激励机制下做出了自己理性的选择。为了晋升职称，他们需要发表很多学术论文，而不是面向普通大众的畅销书或文章，后者即使再受欢迎也加不了分。对教师的职业发展来讲，学术论文至关重要，而出书和写文章毫无意义。而且，因为顶级的学术期刊更注重理论和方法的严谨性，比较轻视解决实际问题和管理课题的应用性，所以很多年轻学者只能投其所好。[12]

批评人士认为，这导致"理论与实践之间的鸿沟"越来越大，出现了两个观点迥异、互相独立的派别。[13]学术界内部的一些批评非常尖锐：

> 商学院都跟风形成了学术派别，他们发表了一大堆学术论文，对日常管理中遇到的各种挑战却只字不提。[14]

> 那些所谓的顶级学术期刊基本上已经沦为学科内部的交流平台，如果用实用性或关联性来衡量我们的研究，恐怕会统统不及格。[15]

我们采访的很多企业高管都赞同这些观点，说他们对商学院的研究不怎么感兴趣。有位经理说得很直率："我从来不把商学院的研究用于实际，我的同事们甚至提都不提。"

绝大多数院长都反对这些批评，他们认为商学院的研究成果确实是实用的、有针对性的。[16]他们还举了很多例子。好几位院长都指出，不管怎样，现代财务理论对实践有着深远的影响。关于战略、会计和组织行为学的最新研究已经编入教材或发表在《哈佛商业评论》、《斯隆管理评论》和《加州管理评论》等广受企业人士欢迎的期刊上，这些研究对实践都有着积极影响。[17]

我们认为上述两种观点都有失偏颇。诚然，实用的研究并不少见，但是我们认为，商学院还需要多下工夫，建立实用、可行的模型，弥补学术研究和企业管理人员知识需求之间的差距。可惜，很少有人面向企业人士来归纳和阐释学术研究成果。基于实践的研究应该探索管理实践，启发管理人员如何应对各种紧急事件和复杂情况，可是这种研究却少人问津。通常，很多研究仅局限于一门学科，或者并不着眼于探讨问题和解决问题，对管理人员需要应对的各项挑战只字不提。最近 AACSB 的一篇研究报告也提出了很多相同的观点。[18]

出于相关的原因，批评人士认为 MBA 教育对于学生的职业生涯来说价值有限。大部分课程都强调分析能力和量化技巧，而不重视难以评测的组织能力（软能力）。这种教育方式的好处是可以教学生如何分析和解决复杂的问题，比如评估潜在收购价值、平衡装配线或新产品定位等，同时教给学生会计、财务、市场营销、运营和战略等方面的重要专业知识。学生可以学会商务语言和商业架构。特别是在那些非常依赖案例教学的学院，学生还能学到一种新的思维方式：如何确定基本假设、评估备选方案、表达和坚持立场、评估计划和方案，以及更宏观、全面地处理商业问题。尽管这些都是企业高管和院长高度认可的，有几位还称之为 MBA 教育最重要的价值，但仍有很多人认为 MBA 教育的价值理应不止于此。

为什么呢？因为学生学会的是如何分析而不是如何行动。他们学到的是处理问题的技巧，可是关于如何实施解决方案却知之甚少。他们具备了商业知识，却对管理的艺术和技巧一无所知。[19]"MBA 教育，"一位院长说，"培养出来的是技术官僚，提着一个大工具箱却无法完成组织需要他们完成的任务。"另一位院长补充道："我们在教学生我们这些老师知道怎么做的事情。我们扮演的是分析师的角色。我们并不擅长教学生怎样实际运作——激励员工的积极性、组建团队或建立共识。大部分老师从来没在学术界以外有过团队合作的经验。"

虽然教师的研究方向不同，而且需要保持学术前沿的地位，但各类分析性课程仍然沿用多年前的基本概念和框架：决策树、五个战略因素、现金流量表和资本资产定价模型。当然，诸如实物期权、行为财务学、供应链管理和持续竞争优势等新概念已经逐渐纳入课程方案，可是一些院长认为很多课程方案并没有太多变化。其中一位院长说："20世纪六七十年代的商学教育确实是领先于实践的。当时，课程方案经常调整，和现在可不一样。"[20]

另外，很多公司为了保证经理团队与时俱进，经常组织企业内训，并且选送管理人员到商学院进修短期专业课程。批评人士认为，这样一来，前沿的业务架构、理念或技能就不是近期入学的MBA学生所专享的了。一位院长表示："20年前，人们认为MBA学生给企业带来了附加值。如今，MBA的价值发生了结构性的变化。现在，我们必须深入研究、开发新概念，让人们看到MBA教育的改进。要标新立异，就不能总说些老套的行话。"很多经理也这么认为，谈到了知识在业内各企业之间的迅速传播：

> 目前，MBA学生给公司带来的前沿知识已经大不如从前。投资银行的知识已经商品化，很多信息可以通过各种渠道获得。

> 我们聘用MBA学生，并不是因为觉得他们可以给公司带来前沿的研究成果。咨询行业的知识早已商品化。

结合近期发生的经济危机，上述两段引言让人更加忧心忡忡。虽然在投资银行业和咨询业，关于关键的业务架构、概念和技能的知识可能已经比较普及，但是知识基础仍然比较片面，不够完整。经济危机之后，企业高管和院长发现了MBA教学中的很多漏洞，尤其是在风险管理、内部治理、复杂系统行为、监管和企业/政府关系、具有社会责任感的领导力等应用领域。批评人士还质疑MBA毕业生的心智和视野，认为他们学的是一整套没什么新意的技术性、分析性课程。很少有学生了解所学理论的局限性和两难情境的复杂性，而且学生往往不具备精确分析数据、得出正确结论所需的思辨能力。

总而言之，这些质疑和批评都给MBA教育敲响了警钟。商学院为了更好地在学校立足，越来越倾向于依照学科进行设置，所以研究和教学越来越偏离企业高管和学生的需求。对此，企业高管和学生都作出了意料之中的理性回应：企业高管认为 MBA 毕业生往往还需要在实践中再进行培训，学生则对课业越来越漠视。

◉ 学生课业投入的下降

许多商学院的教师和院长都抱怨说学生对学习越来越不感兴趣，投入学习的时间和精力也越来越少。MBA 学生不再把学习当作重心，而是投身于其他各种活动。一位院长不禁问道："你上一次听 MBA 学生说'我是因为课程设置而来这里的'是什么时候？"学生不再像以前那样用心学习了，对此，教师备感无奈和忧虑。几位院长提到，学生的总学习时间——上课和课前准备的时间——逐年下降。在某学院，每周课时已经从 1975 年45～50小时减至 2003—2004 年 30 小时。另一所学院发现，学生开始准备第二天课程的时间越来越晚（因此备课的时间肯定越来越少）。还有一所学院，有个几百人的年级居然成立了至少 65 个学生社团，这就意味着班里基本上每个学生都能有机会当社团干部。学生并没有潜心学习，而是花大量的时间参加社交活动和招聘会、组织社团活动、努力寻找满意的工作。正如一位院长所言："学生现在的想法已经变了，他们认为应该'少学点，多赚点'。"

这种转变是由几个原因造成的。一方面，它反映了商学院排名变得越来越重要、越来越有影响力。[21]1988 年，《商业周刊》首次公布商学院排名。随后，《华尔街日报》、《金融时报》、《美国新闻与世界报道》等其他媒体很快跟风。根据很多排名规则，薪水、职业发展前景和雇主的评价在打分时占很大比重。这就造成了一个恶性循环，排名高的学校意味着就业理想、毕业生晋升快。学生和大部分人一样非常看重这些因素，在选择项目时就会以此为依据。而商学院在各种营销活动中和宣传资料上也频繁强调这些优势（尤其是最近名次上升时），从而更助长了以就业为导向的风气。渐渐地，理想的招聘和就业情况变得越来越重要。

此外，一些雇主改变了原有的招聘方式，这也促使很多项目都把职业发展当作至关重要的一环。很多一直青睐两年全日制 MBA 毕业生的公司都把招聘时间大大提前了，甚至在项目开始没多久就启动招聘程序。这表明，在招聘过程中，用人单位越来越看重学生的工作经验和个人综合素质。很多雇主的说法印证了我们的结论：

> 10 年前，我们公司的全日制 MBA 毕业生中 50％是从暑期实习项目中招聘的，而现在这个比例已经达到 85％～90％。目前，我们已经把暑期实习视为全职工作，希望实习的学生接受录用。

> ————————

> 我们一般在第一学年下学期招聘暑期实习生，所以 MBA 学生之前的工作经验尤为重要。在我们评估学生之前，商学院没有多少时间塑造他们。

> ————————

> 和过去相比，暑期项目变得重要多了，逐渐成为我们的主要招聘渠道。目前，我们 75％的时间都用于招聘暑期实习生，另外 25％用于招聘第二学年的学生。20 年前，情况完全相反。现在我们一般只是为了填补职位空缺才招聘第二学年的学生。

这种提前招聘的现象说明公司越来越看重 MBA 项目的招生质量。顶尖商学院吸引的往往是聪颖、勤奋、业绩斐然的学员，这些学员对商业有浓厚兴趣或者具备领导潜质——这恰恰是招聘企业最看重的素质。自然而然，学生对课业就不那么感兴趣了，尤其是那些开课时间较晚的课程，学生更是无心恋学。

　　同时，学生对课业投入的下降还反映了学生结构方面的变化：学生越来越多样化，很多学生没有传统的专业背景，千篇一律的基础必修课难以让所有学生受益。第 3 章提到过，大多数商学院第一学年开设的课程都涵盖了几近相同的专题、技能和理论。大多数学院无视学员的资历深浅，要求他们学习同样的教学资料。如此一来，那些有着丰富行业经验的学员（"火箭科学家"）经常和那些对商学基础知之甚少的学生（"诗人"）坐在一个课堂上。由于他们之间差别太大，尤其是在讲授财务、会计和战略等定量或分析性课程时，实在难以同时调动这两类学生的积极性。如果课程内容过于简单，资深的学员就会觉得枯燥无味；如果很快开始教授高级内容，那些新手又会觉得跟不上。一位院长说，这对最高层的学员来说是很头疼的事，因为"吸引来成功人士却非得让他们上一整套死板的必修课，问题就来了——'核心课程到底能给这些学生带来什么附加值？'"

　　当然，值得一提的是，这种问题并不是所有的专业院校都有的。比如医学、牙科、法律等领域，绝大多数的初学者基本上都水平相当，他们在入学前对专业知识了解不深。之前的本科学习或工作经历只是让他们粗略了解了一些最基本的医学、牙科和法律知识。而商学院就不一样了，由于本科专业和本科毕业后的工作经历各种各样，学生的基本条件和知识储备相去甚远。

◉ 机遇和需求

　　尽管人们对 MBA 教育的附加值有诸多担忧，其未来的发展仍然充满着无限可能。变革的呼声越来越高，要求 MBA 项目更贴近实践。院长和企业高管提出了一系列 MBA 教育的机遇和需求，他们认为，目前商学院在这些方面还比较欠缺，如果能深入研究、迎合这些机遇和需求，MBA 项目的影响力将大大提高。

所有这些议题都反映了当今不断变化的商业本质，也是对商业领袖必备素质的更广义的概括。接下来的几章会提到，很多领域已经开始改革，不仅涉及个别课程，还涉及整个 MBA 项目。

全球化

从需求来看，全球化首当其冲。众所周知，信息、资本和贸易往来日益全球化；巴西、俄罗斯、印度、中国等国家将成为未来的市场、服务中心和制造基地；企业必须学会更好地适应各国、各地区的法律法规、制度、商业惯例和社会规范。即便如此，一位院长说："还没有一所学院真正把握了全球化。"[22]企业高管也同意这种说法，强调说学生需要更高的"文化敏感性"和"文化认知"。他们认为，学生必须学会如何与价值观、行为习惯迥异的人自在、高效地共事。这就需要新的技能和敏感性，或者说"文化智能"——即理解来自不同国家和文化的人们陌生甚至经常是模棱两可的语言、手势和行为，并且恰如其分地应对的能力。[23]

院长和企业高管都强调，MBA 教育的目标绝不仅仅是把关于世界各种经济和政治体制的抽象的理论知识教给学生，而应该让学生更细致地了解在不同的社会、组织和商业环境下生活和工作的挑战和要求，做到应对自如。有时候，商业战略和管理风格是可以推广的，用单一的方法就可以走遍天下；而另一些时候则要根据当地的需求进行本土化。有些市场结合得非常紧密，可以视为无缝市场或"扁平"市场；有些市场则由于政治、经济或技术壁垒而相互隔离、泾渭分明。[24]如果学员希望日后能成功运作全球性业务，就必须具备判断形势、采取正确行动的能力。一些企业高管补充道：

> 第一代真正具有全球视野的人正是商学院现在培养的这些人。不过，如果"同一个世界"意味着不同的文化规范融合为一种单一的模型，那么"同一个世界"还没有真正实

现。学生要了解如何在不同的国家和文化背景下从事商业活动，学会问合适的问题。

———————

在美国以外的国家和地区，政府和非政府组织参与商业的情况越来越多。接触的人有各自的世界观，学生需要培养一种差异意识，这种意识他们可能还不知道。

———————

实际生活和工作中有一些简单具体的事情可以体现全球化——时差、旅行压力、视频会议前的联络等，还有一些则是涉及文化差异的问题难度更大、更复杂。如果想了解某种文化，看一下商业行为就知道了。比如，我们的日本分公司和其他分公司的做法就不一样。问题是：什么应该接受，什么不应该接受？什么情况下要容忍？什么事情即使理解，也还是要回绝？

———————

企业高管作为世界公民，应该具备真正了解全球问题的能力。他们不能用对一种文化的理解来回答所有问题。他们讨论问题时，我关注的是他们多快能根据具体情况给出方案。

这些观点表明，商学院现在还不能标榜自己可以培养学生的全球视野，事实上，很多方面仍然需要改进，无论是知识还是行动都面临着挑战。学生不仅要了解世界上不同的商业和经济环境，还需要一套概念、行为和人际交往能力，只有具备了这些能力，学生才可以在不同环境中取得成功，与不熟悉的有着不同文化背景的客户、同事、合作伙伴和供应商有效地共事。

领导力开发

领导力开发也是公认的需求。几乎所有的顶尖商学院都以"培养领袖"为使命，然而在培养领导力方面的实际情况却不尽如人意。部分原因在于该领域的知识相对欠缺——如一位院长所言，"研究基础还太薄弱"。由于缺乏稳固的理论基础，很多学院都不愿意积极推进领导力方面的教学和研究。尽管如此，企业高管还是列举了一些具体措施供 MBA 项目参考，以加强对学生领导力的培养。

或许有一点最重要，那就是要培养学生具备更强大、更准确的自我意识。这被视为领导力的起点，因为——正如一位高管所言——"要是连自己都不了解，又怎么能了解别人"。为此，MBA 项目必须让学生经常仔细反思自己的行为（尤其是在和他人互动时），总结经验教训并作出相应改变。[25] 几位经理基本上观点一致：

> 要清楚自己的行为以及别人的反馈，知道如何出现在别人尤其是同事面前，了解自己给他们留下的印象。多教教学生这方面的内容吧，这样他们就知道怎样通过自我意识了解到这些情况。

> ────────

> 自我意识非常重要。要成为企业领导者，首先得了解自己。现在 MBA 教育越来越侧重辅导、个人发展、领导能力和团队体验，这点我非常喜欢。

> ────────

> MBA 项目非常注重培养智商（IQ），却忽略了情商（EQ）。情商高的人其实更容易获得长远的成功。只有高智商和熟练的技能是远远不够的。问题主要在于缺少自我反思和自我批评。

> ────────

> 如果经常"照照镜子"，更经常、更全面、更及时地反思自己与其他人交流得怎样，所有的企业领导者都会因此而受益。

有位经理的话可以总结以上观点："无论用什么形式，只要

能让未来的商业领导者学会多多自省，那就给 MBA 教育加
分了。"

除了自我意识，MBA 学生的人际交往能力也备受关注。很
多企业认为 MBA 学生与人共事，尤其是团队合作的能力不强。
这是一个重大的缺陷，因为大部分研究认为"感染力"和"调动
他人的积极性"是领导效力的核心。[26]企业高管也持相同观点：

> 怎样领导团队？怎样让别人做该做的事？这都需要知道
> 如何调动别人的积极性。学生应该学会从心理学和人际关系
> 的角度来理解各种情境，光从认知角度来看问题是不够的。

> ————

> MBA 学生要学会团队合作。刚出校门时，他们就像是
> "摇滚明星"——比其他人表现得更优秀。可是工作几年之
> 后，单凭几年前的技能不再能打开局面。这时，他们就需要
> 改变：建立一个运作良好的团队、调动团队积极性和分配工
> 作。他们要擅长领导团队、听取意见和帮助他人，这非常
> 重要。

> ————

> MBA 学生不能光从个人的角度看问题，还要有团队合
> 作精神。让学生实现这个转变是非常重要的，因为在一个组
> 织中职位越高，人员管理工作就越多。领导者要依靠团队才
> 能取得成功。

> ————

> 学生需要更多的团队合作体验。同时，最好能给他们提
> 供培训和指导，创造各种反思机会，帮助他们认识未来在工
> 作中会遇到的各种棘手问题。

除培养自我意识和人际交往能力以外，很多院长和企业高管
都敦促商学院更多地关注对 MBA 学生的伦理教育。在经济危机
之后，这个需求的重要性已经凸显。一位院长说："人们不单单
是对商学院缺乏信任，而是实实在在地不信任……要重建信任，

商学院就必须……让学生认识到，原则、伦理和注重细节都是领导力的重要组成部分，强调领导者的责任——而不是权力和收益。"[27]

企业高管也表达了类似的担忧，希望商学院能使学生对未来职场中可能遇到的内幕交易、贿赂、非正当收入等涉及伦理的问题有所准备、有所思考，包括在企业裁员和重组时怎样更好地处理员工问题。有位经理说："我非常看重道德素养。学生要掌握基本原则……明辨是非，学会在困境中思考出路。"另一位经理说这种培训至关重要，因为有些 MBA 学生"完全是在利用公司……他们为了私利歪曲事实，拿工作当儿戏。我们要培养并增强 MBA 学生的责任感、忠诚度和正义感"。

院长和企业高管都提到了行动学习计划，认为这些计划是培养自我意识、人际交往能力和伦理素养的最佳方式。他们认为，学生要亲身体验才能更好地学会关键的领导能力，包括感染力、调动积极性、执行力以及在压力较大、竞争激烈的环境下保证行为符合伦理标准等。这就需要让学生着手做一些难度较大的实践项目。

学者对这种方式表示大力支持："现在，人们普遍认为管理人员可以通过实践和观察学会领导技巧，从直接的工作体验中学到更多……高管培训项目最重要的优势之一就在于越来越依托真实情境，特别是行动学习和辅导。"[28]有些 MBA 项目会要求学生分组到企业工作一段时间，在教师和企业导师的指导下一起挖掘问题、收集和分析数据、分配任务、完成任务、探讨解决方案，以及准备、演示和（尽可能地）执行整改建议。正如一位院长所言，这种方式有利于克服 MBA 教育的一个共同弱点："缺少能挑战思维的实地调研机会。MBA 学生更愿意讨论和争辩，而不是付诸实践。"而且，在实践过程中，共同的责任、具体的任务、紧迫的时间和挑剔的客户等一系列因素会使学生体验到实际工作中可能遇到的行为和障碍，从而有充足的机会学习真实的领导艺术。

整合性

一直以来，商学院都是按照专业和学科给教师和课程分类。第3章中已经提到，现在大部分 MBA 项目都开设了财务、市场营销、运营等专业课以及微观经济学、宏观经济学等学科基础课。每门课都是从相对狭窄、专业的角度来解答问题，很少有跨课程、跨领域整合或协调的专题。像在很多企业一样，孤岛思维也在商学院中蔓延。一位前任大学校长将其称为"'家得宝'（美国家居连锁店）教育模式"。在这种模式下，知识被过度细化，"分解成学科、次学科和次次学科"；课程方案"不过就是课程的堆砌"；项目也快变成"'学术超市'了……【因为】……每门课……就像水槽和木材一样堆叠在架子上，学生只能尝试着自己组装，把这些课程拼凑成有意义的整体"。[29]

遗憾的是，商业问题很难用专业或学科来界定。尤其是如果问题特别复杂，就需要从综合、整体的角度提出有效的解决方案：必须用多个镜头观察，并结合不同观点。[30]一位经理说：

> 商学院在跨学科方面做得很差。现在，很多商学教育都是孤立状态，完全根植于学科，跨学科解决实际问题的机会特别少，然而人们在工作中遇到的问题根本无法用单一学科的知识来解决。设想一下，假如你负责一项并购交易，需要衡量价值、互补性和品牌冲突，考虑税务和生产问题，提出融资方案并对交易方案进行评估。你带着本《蓝皮书》（交易分析报告）与拟并购方的 CEO 进行会谈，可是报告并没有详细分析这些重要问题，那你就等着被炒鱿鱼吧。

企业高管和院长都指出，在应对可持续发展、创新和全球经济危机等最紧迫的商业挑战时，跨专业和跨学科的视角确实至关重要。自不必言，对于企业高管来说，这种整合性视角极为重要，因为他们经常需要在不同职能部门互有竞争的需求之间进行权衡。

　　我们的受访者对于整合性有着各自不同的理解。有些人认为它是一种思维方式，与归纳非常类似，"把不同来源的信息整合为一体的能力"。[31]在商业环境中，"具有优秀整合能力的人会明白公司的各个部分怎样组合才能更好地协作，以及不一样的组合方式会带来怎样的结果。这些部分可以是职能部门、独立的产品线、事业部或者不同的地域"。[32]第二组受访者认为，整合性是一个逻辑过程，由多个步骤构成。在这个过程中，"脑海里会同时有两个截然相反的心智模式，以此为基础总结出一套更好的模式"。第三组受访者认为，整合性是有序地、线性地运用多个视角或观点的能力。像一位企业高管所说的，"是一种用不同功能的镜头观察同一个问题，从各个角度看待问题的能力"。[33]第四组受访者认为，整合性是以问题和解决方案为中心的视角。这种视角尤其有利于 CEO、业务部领导或总经理等复杂企业的管理者，他们监管着多个职能部门，并根据企业的综合盈亏情况接受考核。"一个组织就像是一团缠在一起的橡皮筋，用力扯其中一根，其他的也都会跟着受力。处理具体问题时，管理者必须认识到问题本身和大局是相互影响的。比如，销售部某个问题的处理方式可能会影响到整个公司的运营。有效的管理者在思考和解决企业面临的问题时必须有全局观。"[34]

　　尽管人们普遍认为商学院需要至少讲授一种（或多种）形式的整合性，不过院长和企业高管还是给出了几个提醒。他们反复提及的一点是，对整合性的重视不能以忽视、减少基础知识为代价。一位院长说："整合性不能替代深入的知识。每个 MBA 学生都应当对关键的专业领域有所了解。有了基础知识才可以进行综合理解，就像厨师需要调料、工程师要学微积分、桥梁设计师要懂物理一样。"

　　第二个提醒是在讲授整合性时，要避免过于依赖团队教学。不同学科的教师给同一个班的学生上课，分别讲授不同内容，却

很少把一些重要概念、框架或参考文献串起来讲解——这种方式
被描述为"会产生问题","纸上谈兵、不怎么实用","很难实
施",而且"基本上屡试屡败,协调成本太高"。虽然院长几乎都
不推崇团队教学,但我们认为现在下定论为时太早。目前,很多
学院正在实验创新的团队教学方式,教学上确实可以给课堂带来
更多视角。不过,我们也认为请不同系别的教师合作教课,实施
起来确实比较困难。

院长给出的最后一个提醒是把握好平衡:可以引入一些本质
上突出整合性的课程或教学方法——他们多次提到了案例教学和
综合性课程或练习——但是要注意,正如一位院长所言,"没必
要太过于强迫,学生自己也在进行整合"。

组织现实:权利、政治和执行难度

一些资深经理说,MBA 学生虽然工作过好些年,居然还是
对组织抱有天真的幻想。他们对执行和行动的看法高度理性,却
没有意识到"组织……从根本上来说还是政治性实体"。[35]刚毕业
的 MBA 学生总是低估隐藏动机、潜规则、长期忠诚度、幕后帮
派等潜在政治因素可能造成的影响。他们缺乏把事情搞定的执行
能力,因为他们不了解基本的组织流程:分清轻重缓急、做出决
策,然后完成任务。[36]就像一位经理所说的,"他们还不太会下这
盘棋"。另外两位经理补充道:

> MBA 学生不清楚企业如何运作,也不怎么了解怎样做
> 决策。商学教育应该有所改进,让学生知道书本上的答案不
> 一定适用于实践。他们应该更注重流程,留意政治和权力。
> 换句话说,应该更关注组织的现实情况。

> MBA 学生还比较稚嫩,尤其是在解决问题的时候。学
> 生需要知道为什么合理的计划没有付诸实施、逻辑正确的观
> 点不被接受、别人明明口头答应了却不去做。他们得了解当

一项提议影响别人的预算和组织时，别人会怎么想。他们还要弄明白谁才是自己的领导。这些方面的内容在 MBA 课程里很少提及。

这些说法表明，如果 MBA 学生能更深刻地理解权力、政治和执行的现实，雇主会觉得他们更有价值，而着眼于实际问题的行动学习计划无疑非常重要。通过这些计划，学生能亲身体会到发起提议、解决老大难问题和引领变革有多困难。他们还会学到管理的细节、推动组织行动的技巧以及变革的常见障碍。一位经理坦率地说："按管理能力来打分的话，MBA 学生只能得个'良好'，这个成绩可不够好。"

某种程度上，这个问题反映了组织形式的一个重大转变——逐渐从以往的高权威、少冲突转变为现在的低权威、多冲突。[37]组织的内部环境和外部环境都体现了这种变化。数十年来，大公司一直高度结构化和层级化，职能和部门划分清晰、独立，上下级界限分明，职务和职责明确。在这里，冲突和矛盾会及时受到关注并尽量得以化解。[38]而如今，许多国际企业已经转型为矩阵型和网络结构，两个主管、跨职能团队、多个部门组成的委员会、职责交叉的委员会等很常见，甚至公司最高管理层也这样。一位公司高管认同这种说法，他半开玩笑地说："身居高位并没有我想象的那么孤独。"

在这种背景下，冲突的计划、多种职位和对立的观点就频频出现了，仅凭行政命令是解决不了这些问题的。事实上，这些矛盾常常被特意纳入整个组织结构，员工和团队不得不出面解决难题。比如，越来越多的公司采用矩阵式结构，就是为了关注那些相互冲突但又各有其合理性的目标，确保能明智、认真地作出决策。什么情况下要优先满足区域经理而非业务部主管的需求？什么时候要强调职能计划——追求制造的规模经济、合理调整供应链、统一人力资源工作——以及什么时候可以让业务部根据特殊业务需求改变职能政策？经验丰富的企业高管更多地通过谈判和探讨而非指示和命令来解决这样的问题。[39]

一些受访者强调，MBA 学生需要学会如何更有效地执行，因为影响力对于解决分歧来说太重要了。一位经理说："我觉得 MBA 毕业生没有那种折中意识。在我们公司，极少的情况是我们选择了一个正确的决策。一般情况下，我们只是挑一个还不错的方案，然后在执行过程中使其成为正确的决策。"一家咨询公司的高层认为学生需要"出色的办事能力"。他说："企业的那些大人物都是执行力非常强的。"一家大型消费品公司的经理也说："我们需要的是影响力大、能清晰表达怎样执行决策的人。我们想知道应聘者是不是可以在矩阵式组织中领导团队。"硅谷一家公司的经理也表达了同样的观点：

> 我和同事们在一起谈论的话题都是如何影响别人。在劝说、谈判和表达观点时，要有足够的影响力。在大公司，你必须能在各部门之间发挥影响力，而不能依靠发号施令。即便风险投资家也不能强行要求一家公司的 CEO 做任何事。人们必须学会推销自己的观点。

一位院长是这样总结这些观点的："企业高管希望学生懂得如何执行决策，因为一个决策即使再完美无缺，执行不力的话也不会有好结果。可是学生往往分析得太多却不适时出击。遗憾的是，这方面没有谁能教得好。"

外部环境也存在类似的挑战。现在，随着积极的股东和非政府组织的兴起，大型国际企业经常受到消费者联合抵制和负面报道的威胁，也面临着其他影响品牌或声誉的挑战。[40]对抗已经成为一种常用技巧，很多维权人士把公开冲突视为达到目的的最主要的手段。公司往往对这些组织无能为力，可又不得不频频应对它们的投诉和要求。同样，受全球经济危机的影响，公司高管曝光更频繁了，对法制和监管的呼声也越来越高。学生需要知道这些情况，学会应对新的商业挑战。一家大型跨国公司的负责人说："对我来说，最大的挑战是怎样和对手打交道。应该离他们远点还是和他们直接对话？我应该信任哪一边？因为角度不同、立场不同，他们反对我，反对我的公司。必须了解他们的计划，擅长沟通，这样才能取胜。"

创造力和创新思维

很多企业高管和院长认为 MBA 学生分析能力很强，但是缺乏创新思维能力。面对界定清晰、有针对性的问题，MBA 学生可以游刃有余地运用试算表、决策树、金融模型和强大的统计方法。可是目前，新兴行业、新生市场、最近开始调控或解除调控的行业等普遍面临着各种挑战，包括非结构化问题、模棱两可的数据、瞬息万变的市场环境和信息泛滥等。面对这些问题，批评人士指出，MBA 学生就不太能应付了，他们现有的工具和技术储备是不够的。[41]他们应该掌握一套新的技能：发现和界定问题；收集、归纳和提炼海量数据；发挥创造力和想象力；提出、测试和改进各种设想。

目前，MBA 项目的授课和案例分析很少涉及这些技能的训练。讲课只是一种被动学习的形式，很少提及不成体系的问题应当如何解决。相比之下，案例分析这种方式更有优势，不过内容和范围都是提前设计好的，教师把问题分解为几个便于处理的部分，还给学生提供基本测算所需的数据。很多时候，教师已经在作业题上注明了问题。然而，很多商业情境隐匿、复杂多了。可以用"模棱两可"来描述这些情境，因为对同一个情境可以有各种理解，一切充满着未知数。[42]在这方面，可以采用案例研究，但是，应该用不同的方式来撰写和使用案例，应更广泛地描述商业环境，进行更多开放式的探讨，而不要事先确定待讨论的问题。实地调研和项目作业等其他教学方法自然更侧重于培养发现问题的能力和创新思维。几位经理认为，对于企业和 MBA 教育的未来而言，在非结构化环境中的工作能力是至关重要的因素。

信号噪音问题的增多让我们很苦恼。学生写商业计划时总是被各种信息弄昏了头，他们不知道怎样在计划和提案中梳理出最关键的数据。

———————

学生要学会如何处理紧急情况。他们得知道行动的最佳时机——什么时候太早，什么时候太晚。

———————

最重要的是，商学院要让学生知道商业世界变幻莫测并做好相应准备。学生要学会应对完全没有处理过的问题。他们太依赖模型和基于数据的思维方式了。他们很少有独到的想法，也不善于从零开始。

———————

今后，MBA 学生要学会评估新生事物的重要性。他们应该了解绿色技术、清洁科技等新趋势，始终走在潮流前沿。他们不需要无所不知，但是要知道相关信息来源和归纳、提炼信息的方法。

相应地，商学教育面临几个相互关联的挑战。首先，正如一位院长所言，学生要会通过"觉察机会和界定项目"来发现并界定关键问题。管理挑战和商业机会很少贴着标签找上门来。学生必须通过分析环境来梳理、界定挑战和机遇，并评估其重要性。这些能力很重要，但是常常让位于分析能力。一位知名学者表示：

过去 20 年来的研究成果给人们提供了很多有效的分析技巧，可以帮助解决管理问题……可是管理者的职责不单单是处理已经界定清晰的问题，还要找出需要解决的问题……对很多管理者和学管理的学生来说，仅学会解决问题是远远不够的，他们还有其他重要任务：识别问题、确定问题优先级、调动有限的资源解决问题等……这些任务是管理者最重要的决策责任之一，用常规的思路是完成不了的。[43]

经理指出，只有具备"预测"、"知道到哪里找资料"和"综合归纳"等技能，才能出色完成这些任务。新兴行业，尤其是依赖前沿新技术的行业，充斥着零散的、难辨真假的信息，这就带来了第二个挑战——信息处理难度大。一位资深经理说："如果一个市场还没有形成，那么要分析市场形势就难了。"[44]在这种情况下，另一位经理说："发现问题就是发现需求。很多时候，未来就在眼前，只是我们还没有意识到。MBA 学生不善于挖掘和发现市场机会。他们应当学会收集信息——经营和拓展信息渠道，找到业内专家并向他们学习。"

一旦发现问题或机会，学生应该创造性地利用机会解决问题。经理强调说，应该多提供一些项目培养学生的"发散性"、"创新性"和"横向"思维，鼓励学生提出"变革性的设想"。他们还表示，根据他们的经验，创造性需要"有能力、有意愿挑战看似正确或者无法改变的权威和规则"。最重要的是，他们提醒学生"改变别人对 MBA 的印象，不要习惯说'我看别人这么做过，没什么用'"。他们希望学生"更有冒险精神"，愿意"走进来说，'咱们试试吧'"，敢于承担风险和面对失败，吸取经验教训，然后从头再来。韧性——从失败、挫折和绝境中重拾信心的能力——是至关重要的成功因素。经理认为，所有这些能力和技巧都只能通过实践习得：不断应对和解决不常见的开放性问题。有位经理说："未来将取决于创新和创造力。那么，应该怎样教学生应对未来不可预知的世界呢？应该让他们置身于完全陌生的情境。"

口头和书面沟通能力

管理是一个社交过程，管理人员的"工作就是不断地与人打交道——讨论、倾听、打电话、开会、解释、争论和谈判"。[45]要获得成功，就需要有逻辑地、连贯地、有说服力地准备方案，进行演示，找准定位并与其他同事沟通。他们必须有主见，充分有力地列举论据，分清事实和观点，自始至终保持逻辑性和连贯性。清晰的思考和有效的沟通是密不可分的。

然而，很多 MBA 学生在这些方面表现平平。[46]企业高管和院长也这么认为。一位企业高管说："即使是从最好的商学院招来的学生也不擅长沟通。"另一位也说："沟通技巧实在太差。不懂得如何沟通就没办法管理团队。"一位院长表示："学生缺乏沟通能力。他们不知道怎样在众人面前陈述观点，也不知道怎样坦率地表达自己的担忧而又不咄咄逼人。"学生的书面和口头表达能力都不强，而企业更看重的是口头能力。这并不奇怪，因为"几乎所有关于管理者的时间分配的实证研究都着重指出，管理者大量的时间花在口头沟通上"。[47]几位经理认为 MBA 学生尤其缺乏演说技巧：

> 学生从来不在一开始就说最重要的信息。我经常需要听他们陈述商业计划，我给他们五分钟的时间，可是听完第一分钟我还是找不到接着听四分钟的理由。我认为，理想的陈述应该清晰、准确、简练。

> MBA 学生的演说能力很弱。他们没什么自信，也不和听众进行眼神交流。他们应该尽快陈述关键内容，给听众合适的信息量。

> 学生应该掌握讲故事的艺术。他们得学会有说服力地、简洁地推销自己的观点。

案例教学法可以克服上述不少缺点，但效果也不是特别理想。尤其是在第一学年，通常是 60～90 个学生一起上必修课，教师的点评一般很简短，每堂课上能有一次以上发言机会的学生很少。只有第一个发言的学生有比较充足的时间全面陈述观点，可还是会频繁地被教师打断或转移话题。当然，案例教学可以培养学生的演讲才能以及参与讨论的能力，不过要想提高学生展开论述或缜密辩论的能力，案例教学就无能为力了。

　　我们在经济危机之前进行的第一轮访谈中，院长和企业高管都强调了以上六个方面的需求。经济危机之后，我们再次采访了几位院长和许多高管。他们重申了这些机遇的重要性，并且补充了以下两方面的内容。

企业的角色、责任和目标

　　一直以来，企业高管就受到公众的监督，最近几年更是如此。公众对高管人员的高薪、暗箱操作、会计违规等问题一直极为关注；而随着全球经济危机的加剧，他们认为公司高层应该为经济低迷和接踵而至的失业率激增承担主要责任，他们质疑公司高管的动机、决策和选择。公司领导者是纯粹受私人利益驱使，还是会同时权衡其行为可能造成的社会影响？美国国际集团和美林证券等公司的高管明明由于商业决策失误导致公司需要政府救援，却仍然获得数百万美元的奖金，这更加剧了公众对公司的强烈的不信任。民意调查显示，企业和企业领导者在公众心目中的形象已经一落千丈。随之而来的一切都在意料之中：政府干预扩大、监管力度加强、对私营部门的控制更严。

　　面对这些变化，商学院纷纷开始自我审视和反省。目前，很多商学院意识到要重新审视企业的角色和目标，并且让学生明白公司除了对股东负责，还需要对客户、雇员和全社会等利益相关者负责。现在的 MBA 学生似乎也受到了启发，他们不但从盈利的角度考量企业的成功，还会体恤雇员工作和生活的需要，并充分意识到自己对环境和社会的责任。几位院长表示说：

　　　　目前，企业和社会是一个重大主题。现在这批 MBA 学生会迫使我们围绕这个主题进行变革。我们需要在商学教育中更多地引入社会责任。

────────

　　我们的压力会越来越大，必须把环境、伦理和企业责任方面的内容纳入课程体系。

———————

我们应该让学生更多地思考对行业甚至全社会的责任感，目前做得还很不够。

这些问题重新引发了长久以来关于企业目标和企业社会角色的争论。有些学者认为股东利益优先，另一些学者则认为应该由多个利益相关者综合决定。[48]争论的焦点是一个看似简单的问题：优秀的企业公民究竟指什么？[49]这个问题显然还需要更多研究，不过毫无疑问的是，这场经济危机让社会更迫切地需要有责任感的企业领导者，也需要 MBA 学生更加深入地探讨这些问题。

风险、监管和约束：了解市场和模型的局限性

不出所料，经济危机之后，我们在 2009 年进行访谈时，企业高管和院长都提到 MBA 项目对风险和风险管理涉及太少。他们说：

应该更多地关注风险和治理问题。我们培养的学生很聪明，但还不像期待的那样懂得生存、精明干练。

———————

战略和创业课程中所讲授的都是正面、乐观的内容，其实还需要让学生对潜在的风险和失败有更多的了解。

———————

我们需要了解风险。如果把风险细分为职能模块，视野就会受限，个别问题并不能整合成宏观问题。

几位企业高管特别提到了对风险建模的担忧，尤其是多家金融机构经理的建模。经济危机之前，他们根据最近的房价数据得出预期房价的概率分布，并以此为基础作出决策。他们并没有考虑到长期趋势，过于依赖数据模型来评估风险，而忽略了良好的判断力。另一些经理则提到了激励机制与冒险并追求短期收益的

关系。他们认为，这还是一个关于慎重和适当约束的问题，应该教学生以长期价值最大化为目标来设计激励机制，那么，设计薪酬制度和相应的治理机制时对管理者行为应该有怎样的假设呢？激励机制应该发挥怎样的作用，可能带来哪些意外的后果呢？

　　几位院长和企业高管都强调要对宏观经济问题有更深刻的理解。他们尤其提到要让学生反思"失落的年代"，比如 20 世纪 30 年代的美国和 20 世纪 90 年代的日本和拉丁美洲，让他们更好地了解投机泡沫是何时发生、怎样发生的。最近的这次经济危机也警示，学生对资本主义经济的公有—私有本质的了解与监管和制度在形成企业赖以运行的市场方面所扮演的角色之间存在差距。企业高管和院长说：

> 我们需要更多地涉及监管问题，尤其要侧重政治经济的角度。

> 必须了解企业和政府的关系，监管就是一个很好的例子。未来，政府政策会更严苛，干预会更多。学生应该更多地了解公共政策的进展。

　　最后，人们还担心 MBA 教育往往让学生误以为学到的知识是放之四海而皆准的。商学院理应提醒学生所讲授的各种模型和框架有不完善、不完整的地方，可是在这一点上究竟做得怎样，批评人士是有所质疑的。这已经不是一个新议题了。1974 年，获得诺贝尔经济学奖的弗里德里希·冯·哈耶克以"知识的虚伪"为题发表获奖演说，列举了打着科学的幌子可能给社会科学带来的危害。[50]他认为，社会现象比科学现象更加复杂多变，更依赖于环境和形势，所以科学方法的应用给物理学带来了巨大的进步，但不一定让社会科学如此受益。

　　管理究竟在多大程度上是基于市场和经济学规律的科学，多大程度上是受人类行为、判断和意图影响的艺术或手艺，这并不是我们想探讨的。科学的角度能让我们更深刻地了解管理实践，并且继续采用这种科学的方法。与此同时，我们也认同院长和企业高管的观点，应该教学生对模型进行辩证思考。模型是复杂现象的简化，它们能提供思路而非答案；作为工具，它们有助于提出问题，而后则需要更细致地反复研判。

◉ 重心的转移

总而言之，上述评论和担忧都提醒我们，要认真地重新审视MBA 教育。像通常一样，企业本身并不会消除两种文化之间的鸿沟，也不会产生技能熟练、自我意识强的领导人。但企业迫切需要这样的领导者来处理全球问题，创造性地应对模糊不定的环境，在复杂的、多层级的组织中执行决策，在面临风险时谨慎行动。第 2 章中提供的入学人数数据表明，两年全日制 MBA 项目面临巨大挑战，而且近来，尤其在排名一般的学院，在职 MBA和 EMBA 项目面临更大的压力。为应对这些挑战，商学院应当考虑对课程设置和教学方法做出重大调整。

同样重要的是视角的根本转变。有一个由美国陆军设计的领导力框架已经应用于西点军校的一系列课程改革[51]，从中可以更好地理解这种转变。根据这个框架，领导力有三个相互联系的关键元素："知"、"行"和"省"。[52]职业教育，无论是以军官、医生、律师还是以商人为培养对象，都应该以这三个元素为核心。第一个元素是知识：使人们从根本上了解一个行业或行业实践的数据、架构和理论，包括每个企业领导者必须知道的内容——资产和负债的区别、行业结构的决定性因素、资本收益率的意义和计算公式、市场营销的 4P 等。第二个元素是技能：让人们在特定领域内有所建树的能力和技巧。每个企业领导者都应该能做到——作为团队成员执行任务、管理和实施项目、开展绩效评估以及发表有影响力的演说等。第三个元素是价值、态度和信念：

构成个人性格、世界观和职业认同感的承诺和目标。每个企业领导者都应该反省和知道对与错的界线、对待他人的更好方式、企业的目的和目标以及体现正直、诚实和公平的行为。

自福特基金和卡内基公司发表研究报告以来，大多数 MBA 课程方案都强调"知"而忽视"行"和"省"。某种程度上，这也是不得已的。商学院必须创造和传播知识，证明自己能够开发和传授有充足依据的概念、理论和技能，从而打消人们对其学术严谨性的合理顾虑以及对其在大学中地位的质疑。商学院做到了这一点，只是对很多领域的知识涉及有限。比如，尽管销售职能对公司而言非常重要，商学院却很少教学生怎样有效地销售。还有一个问题，批评人士认为，现在的课程内容越来越偏重技术性和分析性，对管理人员而言指导意义不大。我们前面关于风险、监管和约束的讨论表明，金融模型和经济模型通常比较简化，只聚焦在少数关键问题上，而真实的商业世界是纷繁复杂的。把知识应用于实践、了解理论的局限性、掌握基本的判断力和技能、挖掘自我认知等内容至关重要，但现在的课程方案离这些越来越远，导致"知行鸿沟"长久存在。[53]

那么，有没有什么教学方法可以更好地在"知"、"行"、"省"之间取得平衡？在这方面，我们认为案例教学比普通的授课方式更好（当然，不可否认，这个评价是带有主观色彩的）。我们中有人曾在别的文章中写道："案例提供了有关联性的实际事例，可以和企业高管之前的工作经验相结合；通过真实的、具有可比性的情境教学生各种概念和理论框架；用事件和丰富的故事来提高学生的注意力、加深学生印象；激发学生主动参与的积极性；把学习知识与决策和行动结合在一起。"[54] 此外，还可以通过案例教学满足本章中提到的多个需求。例如，可以利用案例教学生从总经理的角度思考问题，让学生了解各种组织现实因素，提高口头表达能力等。但是，要在教学中融合"知"、"行"、"省"的所有内容，则需要更多举措。商学院必须不断地试验新的教学方法（包括由辅导员指导的反思练习），培养学生的领导能力；开展团队项目，培养学生的创新性、整合性或批判性思维；推广体验式教学，让学生拓展全球视野并了解执行过程中面临的种种挑战。我们在第 5 章和第 6 章会详细介绍各个学院所做的努力。

总之，本章中提及的各种担忧体现了大家对 MBA 教育的共识——需要更细致地讲授知识及其局限性，并加入更多"行"和"省"的元素。受访者呼吁进行大刀阔斧的课程改革。学生不仅要知道什么是企业管理，还要知道如何管理、为什么要管理。学会和来自其他国家的同事协作、提高创造性解决问题的能力、增强克服挫折的信心、培养对个人行为不良所引发的问题的洞察力——这一切都需要有教师指导的练习和反思。[55]

当然，专业知识和学科知识仍是商学教育的根基。每位受访的院长都坚持认为严谨的学术研究对于 MBA 教育的使命和生命力而言是不可或缺的。很多人也担心商学教育会重新回到过去的"专业学院模式"。我们认为这两种观点各有其合理性。我们在本章中讨论了知识、知识的运用和未满足的需求之间存在的脱节现象，接下来会介绍一些学院推行的实验和改革。我们认为绝对有必要重新调整 MBA 项目的发展方向——在很大程度上，这项工作已经在进行。过去，标准的教育模式基本上只是单一讲授分析性课程，而现在正逐渐被创新和差异化所替代。在帮助学生把知识应用于实践、技能培养和个人发展时，学院越来越关注行动力、执行力和判断力——以期培养能够创业、建业和守业的领导者和企业家。

第 5 章

迎接全球化、领导力和整合性的挑战

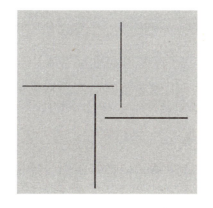

在第 4 章中，我们阐述了很多机遇和需求，很多院长和企业高管认为现在的商学院在这些方面做得不够。本章将研究一些最新进展，描述各商学院在全球化、领导力开发和整合性方面采取的新举措。所有例子都来自我们的案例研究和访谈。第 6 章会继续探讨有关问题，介绍各商学院在以下方面的课程创新：了解组织现实；培养创造力和创新思维；加强口头和书面沟通能力；思考企业的角色、责任和目标；了解市场和模型的局限性。

◉ 全球化："知"、"行"、"省"的统一

我们在第 4 章中提到了院长和企业高管眼中全球化教育的几个目标，这些目标包括：构建涵盖面更广的概念框架，培养更好的文化敏感性、文化意识和文化智慧等。可以将其纳入"知—行—省"框架来分析。第一，"知"的部分——帮助学生认识、分析和解释什么样的商业战略、销售策略和管理风格是全球通用的，什么样的又必须进行本地化以适应当地的需求；不同国家在政治和体制上有哪些区别；哪些市场是相互关联的，哪些市场是各自独立的。例如，格玛沃特（Ghemawat）提出了一个 CAGE 体系，用以分析不同国家在文化（C）、行政（A）、地理（G）和经济（E）方面的差异及其影响。[1]第二，"行"的部分——帮助学生学习管理多元化团队成员的技能，这些团队成员有不同的认知和期望。正如一位高管所说，"我能不能新招一位 MBA 学生，让她在美国远程管理或前往班加罗尔实地管理印度的一个软件开发团队？"第三，"省"的部分——帮助学生从内心更深刻地了解自己，了解不同的文化怎样塑造自己和他人的价值观、行为和人际交往。[2]例如，MBA 学生要学会观察肢体语言，了解文化背后的规则，从而获得隐性认识，更好地在不同于自身的文化和情境

中倾听意见和采取行动。

尽管很多商学院都认为应该推进 MBA 项目的国际化，但采取的策略各不相同。这些策略可以分为八大类，按操作难度从小到大排列依次是：

- 提高学院国际学生和国际教师的比例
- 在专业课中增加全球化内容
- 开设整合性国际管理课程
- 拓展国际交换生项目
- 组织短期访学团（为期数周或数月）
- 组织国际项目
- 建立全球研究中心
- 在国外建立校区

接下来，我们一一探讨这些策略的优势和劣势，并列举一些有代表性的例子以供参考。

策略一：提高学院国际学生和国际教师的比例

近年来，MBA 学生中国际生的比例逐年递增。2008 年，美国排名前 55 的 MBA 项目中，国际生占 34％，欧洲顶尖的 MBA 项目中这个比例是 85％（见表 5—1）。[3]国际学生使课堂讨论的观点更多样化，给学习小组和团队项目带来多种文化体验，使学生有更多机会接触来自不同文化背景的其他学生。在讨论美国的一个内幕交易案例时，如果有国际学生的参与，结合各自国家的相关规定和执法措施进行比较，讨论内容将更充分、更丰富。同样，在探讨绩效评估时，比较一下不同文化中的行为规范能得到批判性的反馈。欧洲的商学院，比如欧洲工商管理学院，由于国际生的比例非常高，学生能体验多元文化而非某一种主流文化。然而，要想招到大量合格的来自不同国家和背景的学生绝非易事。随着全球化进程的加快，各商学院需要在不降低招生质量的前提下扩大招生范围。

表 5—1　　　　《金融时报》2009 年全球 MBA 排名中的所有美国和
欧洲商学院学生和教师的国际化情况

	国际学生的比例（%）		国际教师的比例（%）	
	美国	欧洲	美国	欧洲
最高	56	99	63	100
最低	10	40	2	16
平均	34	85	26	46

资料来源：《金融时报》2009 年全球 MBA 排名。

　　商学院的国际教师比例也在逐渐增加。截至 2008 年，美国排名前 55 的商学院中，国际教师占比达 26%，而在欧洲顶尖商学院该比例则达到了 46%（见表 5—1）。[4] 这些教师具有国际背景，熟知世界各地的商业惯例和文化，可以给课堂带来更多国际经验和视野。然而，怎样吸引这些教师的兴趣，让他们积极参与国际化进程，却是 MBA 项目国际化的一大挑战。具体存在的问题包括：有些教师为了迎合一流学术期刊的偏好，热衷于研究基础学科或专业知识而非全球问题；在设计和实施全球研究项目方面缺乏培训；在全球范围内进行实证研究难度较大、花费较高。所幸的是，近几年这些问题有了很大改观。现在很多期刊都鼓励全球化研究，数据的质量和连贯性有很大改观，一些不同领域的优秀学者也纷纷开始进行全球化研究，这大大提高了科研质量和教学质量。当然，在这方面，商学院还有很长的路要走，而教师问题仍是一个挑战。

　　随着 MBA 项目国际生的增加，教师在教学上面临的挑战也越来越多，而如果学生背景单一，教师就不会遇到这些难题。文化相对论问题就一个很好的例子。欧洲工商管理学院有教师提到，"每举一个例子，都要考虑是否符合特定文化"，否则就可能有学生指出相关解决方案在别的文化里可能根本行不通。例如，多元化战略在发展中经济体中的价值要远远超过发达的市场经济体，因为发展中国家的产品、资本和劳动力市场都不健全，所以对品牌和企业声誉更加依赖。

策略二：在专业课中增加全球化内容

近些年，商学院在战略、市场营销和运营等核心课程中增加了全球化的内容。例如，截至 2007 年，美国商学院教的战略案例中有 34％涉及国际（非美国）市场或企业。但是，一位知名评论家指出，"很少有课程……讲授全球化战略的工具和概念……比如区位优势、区域决策、本地化和套利等"。[5]商学院现在还不能正式宣称自己是从全球的角度讲授企业功能，它们还需要在专业课中增加更多的全球化内容。当然，需要在两者之间进行权衡，探讨国际问题的课时越多，传授基本专业知识的时间就越少。

策略三：开设整合性国际管理课程

近来，各 MBA 项目开始推出一些课程，教学生从总经理的角度思考如何应对产品、劳动力和资本市场全球化时代的问题。比如斯坦福大学商学院在第一学年第一学季开设了一门课程，名为"管理的全球化背景"。根据其教学大纲，"该课程主要讲解驱动全球市场的政治、经济、金融和文化因素，旨在让学生了解构成世界经济的全球市场和地区市场。课程的重点是从市场角度给学生讲授基础知识和专业知识，教他们进入新市场时应该关注哪些问题，采取哪些行动"。另一个例子是 2009—2010 学年西班牙IESE 商学院的 MBA 项目将在第一学年开设的一门新课——"商业企业的全球化"（GLOBE）。该课程基于"连锁模型"（inter-lock model），为学生提供一个跨专业的交流平台，学生可以在接下来一年多的时间里，以此为基础学习其他课程。课程重点关注国家之间的差异及其对商业的影响，同时采用 CAGE 框架，"引导学生通过分析宏观环境确定管理策略，通过分析数据做出判断"。[6]无论是这种整合性方法，还是前面提到的在专业课中增加全球化内容，关注的都是"知—行—省"中"知"的部分。

上述两种方法哪种更好呢——是在专业课中增加全球化内

容，还是单独开设一门全球化的课程？MBA 项目负责人在这个问题上各执己见。和格玛沃特教授一样，我们认为两者相互补充而不是互相排斥。[7] 如果第一学年很早开设一门单独的全球化课程，学生就可以从全球化的背景、结构和视角学习后续的专业课，国际学生也会主动表达观点、介绍经验，否则，当某种理论、框架或方法在其国家并不适用时，他们在课堂上就不会提出来。单独开设全球化课程还可以帮助学生根据不同环境变通地运用专业知识。例如，不完善的资本、劳动力和产品市场对企业战略有什么影响？文化差异和有限的分销渠道对市场营销有什么影响？如果学生事先具备全球化的观念和思考方式，那么在专业课中增加全球化的内容就容易多了。

策略四：拓展国际交换生项目

第四个策略被哈瓦威尼（Hawawini）教授称为"输出模式"，即派学生和老师到国外交流，建立国际机构和国外校区，组织国际项目。[8] 很多学院都有交换生项目，选派学生到其他国家的商学院学习一学期或一个学季。这些交换生项目类似于本科生的"海外留学"项目，在国外，学生可以通过学习课程获得全球化的知识，并且与来自世界各地的学生合作开展小组项目，与企业和管理人员充分交流，从而掌握全球化技能。学生还可以通过与其他国家的学生相处树立全球化思想和文化意识。与之前讨论的其他方式相比，交换生项目更侧重"行"和"省"。交换生项目的主要问题是学生会错过自己学院开的课，这是一个机会成本。例如，如果学生学完了 MBA 项目第一年的所有必修课，然后通过交换生项目赴国外学习一个学期，那么他们就会错过一半选修课。很多学生觉得这个成本太高了。

像芝加哥大学布斯商学院这样的学院，其 MBA 项目的必修课设置非常灵活，因此学生更倾向于参加交换生项目。除了有一门关于领导力的必修课，其他的所有课程都是选修课，对学生选课的唯一要求是要覆盖经济学、定量方法、战略和组织学等 10 个领域。而且，如第 3 章所述，学生可以按任意顺序学习这些课程。这种灵活性大大降低了交换生项目的机会成本。目前，布斯商学院有 33 所交换生合作院校，派出交换生的比例已达 10%。

为促进交换生项目的发展，一些学院还为合作院校的建设和办学提供帮助。例如，西班牙 IESE 商学院（隶属纳瓦拉大学）在阿根廷、巴西、中国、危地马拉、肯尼亚、墨西哥、尼日利亚、秘鲁和菲律宾等 15 个国家帮助成立或支持多家商学院，IESE 与这些商学院分享案例和教学资料，在交换生项目和教师互访方面紧密合作。

策略五：组织短期访学团

短期访学团项目最近才开始流行，是商学教育国际化的又一方式。与交换生项目一样，参加项目的学生也可以深入体验不同的文化，不过这种项目时间短、不定期。访学团形式多样——有的在访问国外的企业或组织前，不要求学生做准备工作或事先阅读资料，也不要求学生做项目研究；有的则要求学生在出访前，在课堂上阅读背景资料，并进行其他准备工作；有的甚至还要求学生完成一个与访学有关的研究项目。耶鲁管理学院会在秋季学期腾出一周时间，由教师组织学生讨论寒假要访问的国家。学生会了解到关于目的国的综合情况，并通过外部专家了解企业如何在当地运作。随后，学生需要进行分组讨论，总结陈述该国的政治形势、经济问题和具体行业情况。到了寒假，一名教师会带领 25 名学生一起出访不同的国家和企业。回国后，学生必须写一篇论文探讨此次访学的某个主题，并且和其他学生一起讨论访学的心得体会。

院长和企业高管对访学团评价不一。大家都觉得有胜于无，不过还是普遍认为要想访学效果更好，就要让学生通过课堂讨论和项目实践更深入地了解到访国家，从而更多地关注"知"、

"行"、"省"。例如，某个学院的一组师生到中国访学，其中一天用于市场调研。每名美国学生都与一名会说英语的中国商学院学生搭档访谈一些中国消费者。到了晚上，在总结汇报时，一名美国学生对项目牢骚满腹，抱怨她的搭档不过就是个"翻译"。而另一名学生则对项目大加赞扬，认为和她的"搭档"合作非常愉快。这形成了鲜明对比，随行教师用这个生动的事例指出偏见和个人关系对合作的影响。

策略六：组织国际项目

有几所商学院专门设有国际项目和实验课程。访学团可以使学生对某个国家及其商业环境有大致的了解，而国际项目和实验课程则可以使学生深入研究某些特定项目，更好地了解国外商业活动的现实情况。例如，芝加哥大学布斯商学院有一个"国际创业实验"项目，要求学生为创建一家新的国际企业制定商业计划。除了课堂学习，学生还需要到中国等地访学 10 天，进行实地考察，撰写商业计划。与此相似，密歇根大学罗斯商学院有一个国际"跨学科行动项目"（MAP），第一学年春季，学生分小组有七周时间专门用于深入开展多个国际项目。例如为莱德系统公司（运输）在中国进行市场分析，制定成长战略；为阿贝尔医疗有限公司（医疗服务）如何进入捷克市场制定战略；为必和必拓公司（自然资源）评估在莫桑比克的一项可再生能源方案。七个星期中的大部分时间学生都是在项目所在国度过的。

这种国际项目有几个优点。学生可以亲身体验不同的文化和体制对商业活动的影响，增强对全球化课程知识的理解。更重要的是，学生能更清楚地了解不同国家的企业高管和员工是怎样思考和行动的。从心理学角度来看，这种项目的最有效之处就是让学生走出熟悉的环境，进入到一个陌生的环境中，在这个环境里合作企业或同事可能和他们有截然不同的期望、价值观和认知。开展国际项目的最大挑战包括合理安排教师时间，培训教师更好地指导学生，以及为项目提供资源保障。

策略七：建立全球研究中心

受访的院长和企业高管都认为非常有必要鼓励教师进行全球化研究和案例写作，因为这是 MBA 项目创新的原动力。有的学院组织教师去国外实地考察；有的与国外商学院合作，鼓励教师互访和合作研究；有的则在其他国家设立了国际研究中心并配备相应人员。例如，欧洲工商管理学院在伊朗、阿拉伯联合酋长国和南非设有研究中心；哈佛商学院在欧洲、拉丁美洲、亚太及南亚设有研究中心。哈佛商学院的研究中心有一位研究主任和一两位研究助理，他们和教师一起收集研究资料，或帮助教师进行案例写作或课程开发。最近哈佛商学院日本研究中心（设在东京）与一位教师的合作就很有代表性。他们一起开发了一个关于日本新日铁公司的案例，以此研究日本企业与客户、员工和社会等利益相关者（除股东以外）的关系。该研究中心首先确定一个值得研究的主题，接着找到一家愿意参与案例研究的企业并安排访谈，然后整理和翻译核心案例资料。

研究中心的目标是让教师了解特定国家或地区的最新商业进展和最佳实践，协助他们针对最新的国家或地区问题开展研究并撰写案例。研究中心还可以让商学院与当地的学术机构、校友和实业家建立关系。研究中心的最大优势是可以让更多领域的教师参与研究。至今，哈佛商学院的研究中心已经协助教师开展了多种多样的研究，课题包括跨国公司的企业文化与当地国家文化的冲突、世界各地推行的不同的资本主义哲学、在快速发展的经济体中怎样进行最好的管理等。研究中心的主要挑战是需要投入大量的财力和人力。

策略八：在国外建立校区

在国外建立校区并派驻人员对商学院来说是最高级别的全球

化策略。海外校区可以与当地企业界建立强有力的联系，在当地长期拥有强大的师资队伍，也可以让学生在当地生活很长时间，因此兼具交换生项目、国际项目和国际科研项目等方式的所有优点。它可以让学生深入了解不同的商业环境、体制和文化及其对商业活动的综合影响。欧洲工商管理学院是我们研究全球化的主要案例，因为它是唯一一所为全日制 MBA 学生建立海外校区的商学院，具体情况我们会在第 8 章详细探讨。（其他学院如沃顿商学院在新加坡，芝加哥大学布斯商学院在伦敦和新加坡都设有校区，但这些校区都只是为 EMBA 项目开办的。）

2000 年，主校区位于法国枫丹白露的欧洲工商管理学院在新加坡开设了亚洲校区，以期达成其"汇聚全世界的英才、文化和思想"的使命，成为名副其实的国际化商学院。新加坡校区设有全职教师，学生可以任选一个校区开始其 MBA 项目的学习。大多数学生都会在两个校区学习很长时间。大约 20％～35％的学生会在其中一个校区学完整个 MBA 项目（称为"固定生"）；35％～40％的学生前半段在一个校区，后半段在另一个校区（称为"转换生"）；还有差不多同样比例的学生最初和最后阶段在同一个校区学习，期间到另一个校区学习一段时间（称为"往返生"）。

有了新加坡校区，教师和学生就可以直接、经常、持续地深入研究亚洲的企业并开展各种项目。几位欧洲工商管理学院的教师高度肯定新加坡校区为其研究带来的好处。一位教师说："如果没有新加坡校区，我是不可能进行那些研究的，也不可能写出那些案例。"欧洲工商管理学院的学生也非常满意，因为在新加坡校区他们可以感受到不同的文化，增强文化意识和文化敏感性。一名学生说："亚洲校区的一切，包括案例、模拟训练和活动等，都受到了亚洲经济、战略和政治发展的影响。"其他学生则提到了新加坡校区带来的求职优势："分校区让我们有机会参加行业会议和聚会，认识一些企业家和嘉宾演讲人。"

尽管有这么多好处，目前还是只有欧洲工商管理学院为全日制 MBA 项目开办了海外校区。原因很显然：创建和运营这样一个机构需要大量的财力、时间和师资。欧洲工商管理学院仅为建设新加坡校区就花了 2 700 万美元。由于财力有限，大多数学院都表示，开办新校区的成本收益比并不理想。

商学院在国际化的道路上越走越远，从在 MBA 课程中增加全球化内容，到开展交换生项目、访学团和国际项目，再到设立全球研究中心和开办海外校区；教学重心也从"知"逐渐转移到"行"和"省"上来，不再仅仅局限于讲解企业在不同国家的运作方式，而是开始注重培养在多元团队中的工作技巧、文化敏感性和文化智慧。可是，在受益越来越多的同时，教师的时间成本和财务成本也不断增加。不同学院会综合考虑自己的成本收益比、目标、使命和重点战略选择不同的方式推进国际化进程。

● 领导力开发：　传统课程和体验式课程

如第 4 章所述，院长和企业高管认为讲授领导力时要强调几个重要元素，包括提高自我意识、培养人际交往能力、影响力和处理争议的能力等。这些要素可以根据"知—行—省"框架来进一步细分。"知"——让学生了解领导力理论、领导责任、影响和引导他人的各种方法，以及领导者必须面对的伦理道德问题。"行"——培养学生如何作为团队成员提高效率，进行绩效评估，形成观点，陈述观点，以及向别人提出尖锐的意见。"省"——让学生了解自身的优缺点、价值观和态度，以及自己的行为对他人的影响。

商学院越来越关注领导力，商学院的使命中也越来越多地提到领导力。很多商学院在使命的表述上大同小异，比如耶鲁管理学院（"培养企业和社会领袖"）、哈佛商学院（"培养改变世界的领袖")、斯坦福大学商学院（"培养有创新精神、有道德原则、有洞察力的工商领袖，改变整个世界"）、沃顿商学院（"培养商业领袖，促进产业和经济增长"）以及达顿商学院（"为社会的发展培养务实的领袖"）。[9] 还有一点也可以说明领导力越来越受重视，那就是"领导者"或"领导力"在《哈佛商业评论》中出现的频率。直到 20 世纪 90 年代早期，《哈佛商业评论》文章的标题和副标题中，这两个词都很少出现。与此形成鲜明对比的是，从 90 年代中期到 2005 年前后，这两个词在文章标题和副标题中出现的频率已经超过了"管理"和"管理者"（见图 5—1）。[10]

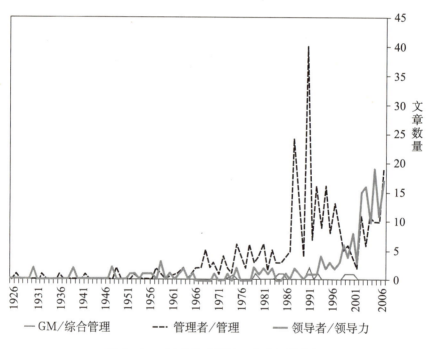

图 5—1　《哈佛商业评论》文章标题分析

资料来源：Benjamin C. Esty，"The Harvard Business School MBA Degree：Educating Leaders，General Managers，or Tradespeople？" working paper，2007.

　　讲授领导力的方式包括三大类，按操作难度从小到大排列依次是：

- 开设领导力课程
- 建立领导力实验室、开展小组项目

● 开设体验式教学项目

开设领导力课程

多年来，商学院一直把领导力当作组织行为学课程的一部分。最近几年来，安然公司和世通公司等丑闻不断，商学院随之拓宽了领导力的教学范围，增加了道德、治理和企业责任方面的内容。有些学院认为把这些内容融入市场营销、会计学和财务等经典专业课中，教学效果会更好；其他学院则认为最好单设一门领导力课程。和之前提到的全球化一样，在已有课程中纳入商业伦理内容会减少专业内容的授课时间。专业课的任课教师也不擅长讲解伦理问题，因为他们以前在博士学习阶段没学过相关内容，所以一些棘手的伦理问题往往得不到足够的重视。为此，很多学院单独开设了领导力课程，专门为学生讲授领导力的相关问题，比如伦理、价值观和企业责任等。

哈佛商学院的"领导力与企业责任"课程（LCA）就是一个很好的例子，我们在第 6 章中会详细探讨。这门课是第一学年第二学期的必修课，重点关注企业领导者对投资者、客户、员工、供应商和整个社会等各有关方的责任，以及在决策中需要同时考虑的经济、法律和道德问题。学生要面对一系列两难问题，比如当个人价值观与企业价值观发生冲突时该怎么办，怎样在盈利和社会道德责任之间取得平衡等。学生必须有自己的观点，并坚决维护自己的立场。该课程还包括很多反思性练习，帮助学生深入思考他们个人的领导哲学。

耶鲁管理学院的做法则有所不同。它们在项目早期专门设有一个小模块讲授领导力和伦理道德内容，让学生了解相关背景、结构和观念，为在后续课程中探讨伦理问题打好基础。其"领导力开发"项目（LDP）旨在使学生的行为与价值观和信念保持一致。2007—2008 学年，LDP 项目一开始就给学生布置了一份作业，要求学生为纽黑文市的一家公司设计发展理念，要求该理念必须反映当地的经济形势以及耶鲁管理学院培养企业和社会领袖的使命。作业还要求学生进行团队合作，从而让学生尽早掌握与同事合作的技能，通过影响团队决策来提高领导力，并交付最终结果。一位教师或高年级学生会对团队的讨论进行点评。最能有效学习领导力的时刻是总结汇报阶段，各组的 20 多名学生与辅导教师和高年级学生一起反思整个练习。引导课结束后，LDP 项目还有六次课。秋季学期的三次课主要通过价值澄清培养自我意识，春季学期的三次课主要侧重于行动。比如，其中一堂课的内容是要求学生反思 1 月份赴国外访学期间所在小组的合作情况。

很多学者认为在领导力领域缺乏"公认的理论框架和成体系的实证知识"。[11] 在访谈企业高管时，我们就此询问他们对 LCA 和 LDP 这类课程的看法。受访人对缺乏理论框架不以为然，认为课程只要设计得好，就可以让学生学会提出合适的问题、更清晰地思考"灰色地带"的问题。企业高管最担心的是，如果采用大班教学给学生讲授领导力，就很可能像会计课或财务课一样重在传授知识。他们认为，仅仅掌握概念和框架是不够的，培养领导力要靠实践，靠学生对自身价值观和态度的反思。

建立领导力实验室

商学院最近才开始建立领导力实验室、开展小组项目，专门用于培养学生的领导能力。但是多年前，不少机构早已开始为企业高层经理提供关于领导力的个人或团队培训，其中最著名的是创造性领导力中心（CCL）。该中心位于北卡罗来纳州的格林斯博罗市，自 1970 年成立以来，已经为 40 多万名高层经理提供了领导力培训。CCL 为领导力开发专门设计了一个模型，包括评估（A）、挑战（C）和支持（S）三个部分（简称 ACS 模型），具体细节将在第 9 章详述。ACS 模型鼓励学员进行实践和反思，将两者很好地结合起来，为领导力的培养和开发提供了范本。

在项目开始前的几周内，他们会把评估工具发给学员及其同事，用以了解学员的风格、个性和解决问题的方法。创造性领导力中心会处理和分析这些信息，并与其海量数据库中的基准信息进行比较。随后，他们把分析结果反馈给学员，并与学员探讨这些结果。ACS模型的第二部分是挑战。他们会创造或模拟一些高强度的工作环境，让学员不得不跳出安逸状态接受挑战，从而重新考察他们的能力、工作方式和效率。由于无法遵循常规思维，学员不得不挖掘新的能力，调整思维方式。ACS模型的最后一部分是支持，即在学员面对新的挑战时通过心理安慰增强其信心。培训过程中，服务人员、辅导老师和同伴们都会给学员提供支持。项目结束后，他们会鼓励学员继续建立人际网络，持续进行领导力开发，因为学员在彻底改变固有习惯，重建与领导、下属和同事关系的过程中，常常需要他人的认可和鼓励。

很多 MBA 项目设立的领导力实验室也有类似的目标，使用的很多技术和方法也和创造性领导力中心相同。有好几所商学院要求学生多次参与个人测评。入学前，学生须完成一个 360 度的测评，暑期实习结束后要再做一次测评，毕业数年后还要再做一次。他们还要进行迈尔斯·布里格斯性格分类法测评（MBTI）和 Thomas-Killman 冲突处理模式测评，以测试他们更倾向于哪种冲突解决方式。第一学年初，学生需要参加各种模拟练习，面对各种挑战，并在练习结束时参与讨论，获得评价。除参加实验室课程，学生还需要与同伴（辅导其学习的高年级学生）碰面，深入反思和讨论学到的内容。领导力实验室把领导力培养的范围从"知"扩大到"行"（比如怎样进行绩效评估、向别人提出尖锐的意见等）和"省"（比如了解优点和缺点、价值观和态度、自身的行为对别人的影响等）。

这些课程旨在鼓励学生在领导力实验室放心地尝试一些新的或者不熟悉的行为，直面挫折，听取辅导人员的反馈并作出改进。几个循环下来，学生会越来越了解自己，开始重新审视自己的态度和行为，形成自己的领导风格，提高倾听、鼓励和影响他人的能力。正如一位院长所说，这些课程"给了学生一面镜子，让他们看到别人对自己的评价"。

第 4 章中我们提到，组织的特点正在从以往的高权威、少冲突转变为现在的低权威、多冲突，现在最常见的是矩阵组织结构和网络结构。要在这样的环境中生存和发展，就需要具备同理心和深入理解他人观点的领导能力，以及说服技巧和求同存异的能力。这种"行"和"省"的能力只有在领导力实验室中才能学到，在传统的课堂上是学不到的。

然而，也有一些院长对领导力实验室是否真能培养领导力表示怀疑。有几位甚至认为，对那些不过二十几岁、工作经验有限的 MBA 学生来说，领导力其实是教不来的。正如一位院长所说，"他们在职业生涯中期'自然'会懂得领导力。大部分 MBA 学生现在还是一知半解"。受访的大部分企业高管都不同意这种观点，认为类似的培训确实非常有价值。很多人都提到自己或别人在公司的培训经历，认为由创造性领导力中心等机构提供的早期领导力开发培训让他们受益匪浅。一位经理这么评价："永远不算早，永远做不够。"还有一位说："在参加工作之前要全面了解自己，这样才能少走弯路。"

当然，领导力实验室也存在一些问题和困难，比如实施成本太高；由于依赖个人辅导，很难大规模而又经济地开展项目；使用的教学形式和方法差异很大。对多数教师而言，这是一个陌生的领域，所以学院需要对教师进行培训或者招聘熟悉这类教学方法的新教师（和辅导员）。小组项目形式意味着要求很高的师生比（和辅导员—学生比），而且学院需要提供大量硬件设施，必须设有多个小会议室，光有几间大教室是不行的。

开设体验式教学项目

体验一直是公认的磨炼领导力技能的重要方法。领导力产生于行动：只有在实践中，领导者才能学会怎样做出艰难的决策，赢得信任，带领大家实现共同的目标。通过体验应运而生的领导力更真实、更个性化。自然，院长和企业高管都高度肯定体验式教学在领导力开发中的作用。有些学院开设了户外体验项目，包括各种培养学生团队合作意识的分组项目；还有些学院则针对企业客户的实际问题开展小组项目。很多人认为，深入实际的高难度项目可以让学生学会团队合作，培养人际交往能力，激励他人完成任务，以及更好地解决冲突——所有这些都是领导力必需的基本技能。

为达到上述效果，项目的时间要求必须非常紧，还要有极其挑剔的客户。密歇根大学罗斯商学院的"跨学科行动项目"就是用这种方法培养和检验领导能力的，在第6章我们会详细探讨。各组学生"在有限的时间内面临真实的利益攸关的商业挑战"。他们学会"克服意想不到的困难"，"游刃有余地应对不同组织、观念和文化"。[12]在某项目中，学生意外地发现有个业务部门的经理对项目漠不关心，在这种情况下自然产生了很多冲突和异议，但团队还是想办法顺利完成了项目。

同理心是管理能力和领导力的至关重要的因素，然而相关教育却一直是个盲点。体验式教学中"省"的部分就特别关注学生同理心的培养。有些体验式教学项目让学生接触装配工人、行政人员和销售员等一线员工或中层员工，了解他们不同的期望、动力和诉求等，这些是通过其他方式永远都了解不到的。一位教师说："我们应该把同理心作为一种智力技能（而不是情感技能）来培养。一直以来有个技能总被忽略，那就是换个角度看问题。传统的课程教不了这些。"

体验式教学需要教师投入大量的时间。而且，很多教师以前只学过特定学科，所以无法很好地开发和讲授跨学科课程。正是由于这个原因，学院有时会聘请一些有实际管理经验的兼职教师和本院全职教师一起进行体验式教学，有时甚至直接让特聘教师独挑大梁。此外，体验式教学课程的组织、计划、协调和执行都需要大量的财力支持。

我们在第 4 章中提到，很多受访院长和企业高管都认为商学院需要在领导力开发方面做更多的工作，包括设立领导力实验室、推行分组模拟练习、提供个性化辅导和开展体验式教学。[13]这些教学方法可以让学生尝试不同的个人风格，并通过别人的反馈了解别人怎样看待自己。这是一种从"知"到"行"和"省"的转变，先学习别人是怎么做的，然后通过亲自体验学会怎样开展工作、激励他人和自我反省。为此，教师需要付出很多时间，学院需要建立更好的组织和辅导体系，并且付出更高的成本。尽管如此，很多学院仍然认为某些领导力开发方式非常有必要，事实上早就应该这样做了。

◎ 整合性： 从学生责任到学院责任

在整合性方面，MBA 项目的课程改革有两条路线。我们在第 3 章指出，很多项目减少了核心必修课，代之以更大的选择性和灵活性。即使像斯坦福大学商学院这样的学院，尽管有很多核心必修课，现在也允许学生选择初、中、高三个不同级别的专业课。芝加哥大学布斯商学院的项目也很灵活，学生可以按任意顺序在任何时间从五至七门课中任选一门，只要满足学科覆盖要求即可。这两个学院都表示，随着商业环境越来越复杂，MBA 项目需要给学生提供更丰富多样的课程。

其他学院则从不断变化的职场要求中看到了不同的需求：提高课程的整合性。以前，企业高管的职业发展通常是线性的，大多是在同一个领域和行业中逐级晋升，这使得传统的基于企业职能的 MBA 培养方案成为主流模式。在这种情况下，除了个别经理有跨职能的职责，或者极少数成了企业高层，大多数管理人员在他们的专业领域之外不需要掌握其他领域的专业知识。

　　过去 20 年来，全球化、信息技术和激烈的竞争改变了整个环境，企业管理人员的职业发展道路大大拓宽。今天的企业高管经常要面对很多跨职能的问题和挑战。我们在第 4 章指出，很多院长和企业高管认为传统的基于职能的 MBA 课程方案已经不适于应对未来的管理挑战。相反，他们认为应该设计整合性更强的项目。例如，耶鲁管理学院的"核心课程分委员会"（这个项目会在第 11 章中详细阐述）。报告指出："尽管现实的管理挑战已经不局限于单个学科或职能，我们的管理教育却仍然在分学科进行。教育和需求已经脱节了。"

　　为弥补这种差距，耶鲁管理学院和多伦多大学商学院等改革了 MBA 项目，把各学科的内容整合起来。它们认为整合性的课程才能反映现实的商业环境和企业运作方式。很多时候，各种决策和挑战不见得是市场营销问题或财务问题，而是一些界限并不清晰的跨学科问题，所涉及的领域通常与问题最初出现的领域迥然不同。最初看起来是定价问题（市场营销领域），实际上可能是产品或流程设计问题（运营领域）；一项收购决策（财务领域）要想取得成功，可能要求在文化和组织行为上进行重大变革（组织行为学领域）。

　　最基本的原则是，整合性的课程方案能把各种专业知识组合在一起，从而有利于解决问题，也能帮助学生提高综合分析问题的能力。在一门特定的专业课中，学生经常只在该课程的范围内界定问题：同样的问题，在市场营销课上会被界定为营销传播问题，而在战略课上则被认定为竞争定位问题。整合性的课程方案则可以让学生从不同角度看待问题，全面地界定问题。

　　整合性课程方案的最终目的是让学生学会基于多种视角来做出决策，而这些视角经常是相互冲突的。整合性教学远不止是讲授具体内容或框架，而是要求学生在混乱不清的形势下形成直觉并做出判断。例如，收购一家国外的公司在战略上也许很有价值，但由于营销和人力资源有限，管理起来会很困难。学生要学会评估这些矛盾的问题，想出最佳的处理方式。

整合性教学主要有五种方式，都要求教师把不同的专业课结合起来，不过在程度上有所区别。这五种方式分别为：

- 让学生自己整合学习专业课
- 将整合性思维融入专业必修课
- 开设整合性课程，讲授综合管理的观点
- 设计高度整合的课程方案
- 围绕整合性思考技能组织整个课程方案

让学生自己整合学习专业课

这种方式认为只要教授足够多的专业领域的内容就可以培养出整合能力强的管理人员或领导者，所以基本上不专门讲授整合性原则；其基调是"各部分的叠加就是整体"。采用这种方式的学院认为学生自己会找到课程之间的关联，形成自己的综合观点。有的学院还是会提供一些简单的整合性体验课程，打破课程的界限，激发学生的整合性思维。例如，市场营销和运营管理课的老师联合讲授新产品开发，学生不得不在矛盾的关系中找到平衡：一方面要通过产品多样化满足不同客户的多种需求；另一方面由于成本所限，必须考虑产品设计和制造中的实际情况。这种方式的问题是，学生仅仅靠独自思考是很难掌握整合性思考技巧的，只有通过辩论、讨论和反复练习才能充分锻炼这种能力。

将整合性思维融入专业必修课

这种方式并不设立单独的整合性课程，用到的案例也不包含其他专业的详细内容。每门专业课——在整个过程或特定阶段——都从综合管理的角度对某个主题进行分析，部分原因是相关案例或阅读材料的主角大都是事业部主管。这些课是从企业或整体部门的角度看待职能问题，详细探讨某种选择和决策带来的结果及其对其他领域的影响；从总经理或事业部主管（而非专家或专项职能负责人）的角度讲授各种工具和框架，教学生进行综合决策。西安大略大学毅伟商学院在课程中融入了"以问题为核心的"综合管理理念，这与哈佛商学院的做法比较类似，具体细节会在第 10 章中描述。

开设整合性课程

第三种方式是从综合管理的角度开设一门或多门整合性课程。整合性课程作为对相互独立的职能性课程的补充，通常在第一学年末开课，鼓励学生进行整合思考。很多学院的商业政策课一直扮演这个角色。相关案例几乎都是从 CEO 或总经理的角度描述或概述多个职能的内容，并重点讲解战略、组织和运营方面的跨领域决策。创业、领导力及商业伦理课程有时也扮演这个角色，其中有代表性的课程包括哈佛商学院的"创业管理者、领导力与企业责任"等，这在第 10 章会详细介绍。

有的学院用整合性体验项目替代传统的课程。例如，卡内基·梅隆大学泰珀商学院开创了一个商业模拟训练项目，要求第一学年的学生分组负责一个虚拟企业，在运营、市场营销、招聘等多个方面做出决策。这个项目分多次进行，各组学生互相竞争，最后评选出最佳企业。这种训练可以培养整合性思维，形成多维度的观点，不过，其效果在很大程度上依赖于最后阶段学生的反思和总结报告的质量。

设计高度整合的课程方案

所有课程或大部分课程不再按职能划分，而是按问题、主题或商业挑战来设置。项目中没有了财务、市场营销和战略等独立的课程，或者这些课程只占很少的部分，取而代之的是跨职能、跨学科的课程。在这方面耶鲁管理学院是佼佼者，第 11 章中将详细描述。它们调整了第一学年的课程，先是教一些基本的商业术语、概念、工具和方法，其后所有课程都从股东、客户、竞争对手、创新者和员工等企业内外利益相关者的角度展开。尽管每门课程都根植于一个专业领域（"投资者"课程侧重金融，"客户"课程侧重市场营销，"竞争对手"课程侧重战略等），但都会整合其他学科横向讲解管理问题。例如，"客户"课程在市场营销之外，还会从会计、财务、运营、组织行为学和政治学中汲取观点。再比如，一位会计学教授引用客户盈利能力的生命周期概念来讨论客户定位问题，由此我们可以一窥整合性课程的内容。

围绕整合性思考技能组织整个课程方案

多伦多大学罗特曼管理学院除整合专业知识，还认为整合性思维本身就是一种基本的管理能力，需要特殊的技能。换句话说，整合性思维是一项元技能，是综合应用其他技能的基础，比如用以整合两种或多种在财务或战略等专业课中所学的技能。罗特曼管理学院把整合性思考定义为"权衡互相对立的模式，不是简单地取舍，而是综合各自的优点创造性地提出一个更优异的新模式"。[14]整合性思考是罗特曼管理学院整个 MBA 项目的概念框架，旨在教学生全面思考问题、归纳不同观点。

罗特曼管理学院采用互动式教学，培养学生的整合性思维。首先，它们教学生创造模式而不是沿用现成的模式：它们鼓励学生运用各学科专业的语言，对复杂的商业问题形成自己的理解。[15]此外，它们还教学生果断地质询，快速准确地理解别人的思路和对商业问题的见解，分析自己和别人的防线和策略，找到达成共识的障碍所在。最后，它们教学生使用这些方法对问题进行衍生推理——不是断然肯定或否定一个方案，而是给出新的解释和行动方案。这种方式强调溯因思维（考察对某现象的认识是否符合已知证据或事实），而不是归纳思维（从有限的数据中找到普遍的规律）或演绎思维（在已知的前提下推断出特殊或一般结论）。[16]

开源操作系统 Linux 的例子可以用来阐释罗特曼管理学院的

这种做法。Linux 的出现创造了一种全新的商业模式。但这种商业模式并不是它与生俱来的，几位企业家通过整合性思考才实现了它的潜力。在现在的专有软件模式中，微软和甲骨文等软件公司高价销售软件，但不提供源代码。如果出现问题，客户需要致电软件公司的客服部门请它们解决问题，有时这种服务还要收费。这些公司经常对产品进行升级，这是它们提高或改进产品的唯一手段。Linux 致力于改变这一切，打破现有软件供应商的垄断局面，通过向终端用户公开源代码，使成千上万的程序开发人员和开发商都可以在终端用户拥有的平台上进行升级、改造和服务。然而，由于选择过多，开发商和终端用户遇到了很多问题：开发商之间的竞争使利润下降；很多 Linux 版本和模块不兼容，所以大企业不敢在产品中大量使用这个平台。专有模式和开源模式都有各自的问题。

来看看鲍勃·杨（Bob Young），小红帽软件公司的创始人和 CEO 的情况。他将上述两种模式的元素结合起来，既发挥了开源的优势，又为客户提供增值服务。[17]他并没有简单地在这两种主流模式中选择一种，而是决心建立自己的模式，并为整个行业建立一种新的商业模式。这种新模式必须解决三个问题：第一，尽管早在 20 世纪 90 年代 Linux 就可以处理大企业的应用问题，但由于相互竞争的免费版本太多而造成混乱，致使企业高管不愿意冒险使用 Linux。第二，只有软件提供商连续几年都能提供支持服务，企业才愿意购买其软件。第三，Linux 由近千个部件组成，每天都有很多部件要更新，系统管理员很难安装和管理这些更新。所以，开源领域任何一个"优秀的"商业模式都必须大大减少版本的混乱，还要降低供应商未来的不确定性和不同开发商之间进行协调的复杂性。

商业模式由一些因素及其因果关系或逻辑关系构成：谁依赖谁，依赖程度有多大？鲍勃·杨开始分析这些因素，用自己的理解分析它们的因果关系。他认为，如果有一种经过"认证的"

Linux 品牌被企业用户广泛接受，就会在客户中树立很高的信誉，并降低开发商之间的协调成本，因为这些开发商会在同一个平台上开发，从而确保软件的兼容性。应用软件的增多反过来又会增加软件平台对企业客户的吸引力，减少潜在客户对软件供应商未来不确定性的担忧。此后出现的小红帽 Linux，作为"Linux 内核的官方版本"，也把客户从混乱中解放出来，让他们知道了哪个版本将在几年后成为"正宗的版本"。当时套装软件盛行，很多小公司都是靠卖软件光盘赚钱，只是利润空间特别小。在这种情况下，鲍勃·杨下一步的做法让人大跌眼镜，但却非常简单：让小红帽 Linux 可以通过互联网免费下载。这个软件迅速流行起来，随之而来的好评和锁定效应很快创造了奇迹。随着销量越来越大，鲍勃·杨开始管理开发商对 Linux 的二次开发，帮助系统管理员管理和安装 Linux 的升级。

在这个商业模式的设计和执行过程中，鲍勃·杨展示了杰出的整合能力：他并没有沿用现成的模式，而是建立了一个新的模式，不但结合了开源模式的低成本和高适用性，还借鉴了专有模式下软件升级的可管理性，而这正是付费用户非常看重的。他采用溯因分析，要求模式适用于实际情况并考虑到现实的局限性，而不是从既定原则中推导出结论（演绎），也不是从其他软件商的经验中寻找答案（归纳）。他认真检验自己的模式，与终端用户、Linux 开发商及自己的开发人员反复沟通。后来他承认，当他告诉自己的开发人员要把公司辛辛苦苦开发出来的软件免费让大家下载时，他们都非常吃惊。在这个过程中，鲍勃·杨找到了一种开源模式下的盈利模式，而以前很多人都认为这种模式是不可能实现的。截至 2000 年，小红帽占据了全球 Linux 系统 50％的市场份额。

这种整合性思考的例子还有很多。Loblaws 公司的理查德·柯里（Richard Currie）引入"总统之选"高端自有品牌产品，实现了低价格、高利润。通用电气公司的杰克·韦尔奇把战略规划和预算截然分开，使雄心勃勃的发展计划不再受精打细算的预算限制。一般人认为，研发投入越高，创新成果就会越多。但宝洁公司的 CEO 拉夫雷（A. G. Lafley）打破了这一传统认识，创造了一种新模式——"外部创新，内部转化"。宝洁公司 50％的产品创新都来自公司外部人员，公司本身则专注于对这些创意进行开发、测试和商品化。这些领导者在决策中都发挥了整合性思考能力。[18]

罗特曼管理学院采用一系列教学方法来讲授整合性思维：课堂教学和讨论、练习和反思、角色扮演、与当地企业合作开展项目等。比如有一个练习要求学生对两篇论文的观点进行比较，一篇是米尔顿·弗里德曼（Milton Friedman）的"企业的社会责任就是提高盈利"（文章认为，企业只有一个社会责任，那就是在遵守游戏规则的前提下利用资源，设法提高盈利）；另一篇是苏曼特拉·戈沙尔（Sumantra Ghoshal）的"错误的管理理论正在危害管理实践"（文章批评了弗里德曼的观点，认为其对人性和机构的认识太过负面，只关注经济利益，而忽视了社会责任）。[19]企业高管作为股东的代言人，要使股东利益最大化，两篇文章对这种角色的结论是不同的。学生通过回答以下问题学习创建新模式：两篇文章的观点各在什么假设、条件和原理下才是正确或有效的？弗里德曼的论据与戈沙尔的论点能否结合起来？反过来呢？如果弗里德曼是错的，戈沙尔是对的，那么可以得出什么结论？反之呢？有没有更通用的理论可以用来认定这两种理论都是正确的，只不过适用条件不同？学生"果断地质询"，了解每个同学的模式和各自的理解，学会在互动中思考，既了解了同学的想法，又了解了同学们对自己的想法的评价。

罗特曼管理学院 MBA 必修课中有两门关键的整合性思考课程："整合性思考"和"整合性思考实践"。基础课安排在项目初期，讲解基于模型和数据的思维方式，学生在接下来的课程中会用到这种方式，并在实践课中用于解决实际的商业问题。第二学年还有几门选修课——"对立的思维"、"解决商业问题：整合性视角"、"学习如何学习"、"从整合性思考的角度进行管理"——这些课程都是建立在第一学年的基本整合性思考技能基础之上的。

整合性课程和整合性思考使 MBA 项目从"知"向"行"和"省"转变。显然，整合不同的课程和内容可以让学生掌握新的概念（"知"），而其重点一方面是培养能力和技巧，比如结合组织现实，认识矛盾所在，使用不同的思维方式和逻辑等，这些都能使企业高管更好地发挥才能（"行"）；另一方面是教学生处理复杂混乱的问题，制定更好的解决方案（"省"）。

尽管益处颇多，但整合性的课程方案还是面临几项挑战。很多学院都试图在课程中引入大量整合性内容，但由于存在诸多困难和矛盾，很多尝试都没有成功。最大的挑战是教师的时间和资源。教师至少要在不同的课程之间协调内容，找到适合整合性教学的机会。最关键的问题是能否在不过度占用教师资源和保护教师积极性的前提下进行整合教学。毕竟，现在的教师培养和奖励机制都鼓励教师在专业领域内深入探索，而整合性课程却要求教师广泛了解各个领域，讲授不擅长的专业知识。资深教师通常很擅长这种教学，也有很多相关经验，但占用他们太多时间会导致科研成果下降，也会减少对年轻教师的辅导。这些年轻教师由于管理知识不够广，在他们狭窄的学科研究中经常看不到各课程之间的关联性。大多数学术期刊也都只关注学科和专业内容。所以，在设计和讲授整合性、跨学科的课程时，教师能参考的整合性、跨学科的研究成果还很少。

有人也担心如果课程完全整合，讲授基本专业知识和技能的深度可能不够；或者学生学习整合性课程的时间会占用学习专业知识的时间。有几位院长担心学生在整合性课程中学到的财务、市场营销和其他核心专业知识不足，无法满足企业和职业发展的要求。而且，工作经验有限的学生或许难以领会整合性思想。这几位院长表示，学生至少需要掌握足够的基本专业知识，才能在整合性思考时更好地理解矛盾和冲突。

讲授整合性思考技能的教师必须教学生如何思考。教师在博士学习阶段学过探究模型、制作因果关系图、设计实验、检验假设等，所以对这些技巧比较熟悉。但教师也要学习一些新的技能，比如对比互相矛盾的模型，处理混乱复杂的冲突，而这些对很多教师来说很可能是一片空白。

即使如此，在商学院提高课程的整合性始终是一个挑战。随着学院的核心课程越来越多样、越来越灵活，学生需要学会怎样把这些课程拼接起来成为综合的整体。我们认为，除了少数学生数量不多的学院，完全整合的 MBA 项目应该不会成为主流模式，建议各学院考虑从前面介绍的其他形式中选择一种，然后根据自身情况精心设计课程，增强课程的整合性。

第 6 章
教学方法和课程设计的创新

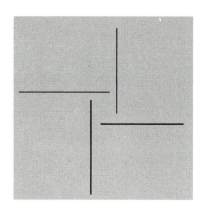

在第 5 章，我们讨论了很多学院在全球化、领导力开发、整合性方面对 MBA 教育进行的改革。这些革新性的举措覆盖整个课程体系，涵盖了大量课程和 MBA 项目。本章将着重讨论"小"范围的创新，即很多学院为应对第 4 章中提到的其他挑战和机遇而在单门课程和教学方法上的推陈出新。我们依次从以下几个方面进行探讨：批判性思维以及口头和书面沟通能力；创造力和创新思维；体验式教学；企业的角色、责任和目标；了解市场和模型的局限性。

◉ 口头和书面沟通能力："批判性分析思考" 课程

企业高管和教师一直认为批判性思维及其表现形式——口头和书面沟通能力是商学院毕业生在职业生涯中必须具备的重要技能。MBA 学生在入学前是否已经具备这些技能？如果没有的话，在商学院是否能学到这些技能？大家经常对此意见不一。越来越多的商学院开始强调这个领域的重要性，引入"思维和沟通课程"作为改革 MBA 项目的重要内容。比如，最近三年，斯坦福大学商学院的"批判性分析思考"、耶鲁管理学院的"个别问题界定"、华盛顿大学商学院的"领导者的批判性思维"等课程都是为了培养和增强学生的这些技能而开设的。这些学院都认为相关技能对于有效决策和行动来说非常重要。

企业高管和用人单位也这么认为。在他们看来，尤其在信息不全、模棱两可或信息泛滥时，MBA 学生应该能用独特的思维方式逻辑性地思考问题和阐述解决方案。他们希望招聘的就是具备这种能力的学生。两位受访者表示：

> 我们希望招的人可以用独特的视角处理错综复杂的问题或者解析表面清晰的问题，可以在使用别人看过的资料时像 X 光透视一样发现不同的问题。

我们想招的是那些对问题有独到见解的人，【这样】才可以破冰前行。

那么，到底什么是批判性思维？怎样才可以培养学生的这种思维？细看一下斯坦福大学商学院的"批判性分析思考"课程（CAT），就可以找到这两个问题的最佳答案。

所谓批判性地思考就是指清晰地推理。它是一种有条理的分析形式，适用于任何学科或领域。比如，阿伦斯（Arons）将批判性思维定义为"思考和推理过程，是分析和调查的根基"。保罗（Paul）和埃尔德（Elder）定义了八个基本要素：目的、问题、观点、信息、假设、概念、结论和结果。[1]CAT 课程也如出一辙，其目的是"培养学生的推理和立论技巧，让学生在阅读和聆听时能批判性地思考"。该课程"教学生思考因果推理、提合适的问题、更具批判性、找出论点背后的逻辑、揭示假设"，以此培养学生的这些能力。

CAT 采用小组研讨会形式教学。[2]一位学术型专职教师或者有丰富实业经验的兼职教师辅导一组学生，每组 14～16 人。该课每周一个专题，一共 7 次课。学生每周三晚上需要提交一篇 3 页的小论文（一般 1 000 字左右）。教授给论文打分后，在周五之前返给学生。

课程专门安排了写作辅导老师，他们审阅学生论文，给学生提出各种建议，大至结构，小至标点。辅导老师在最初的几周必须审阅论文，在课程的后半段则只会针对性地给最需要帮助的学生做辅导。此外，研讨小组每周四晚上或周五都要碰面讨论学生论文涉及的各个主题。

通过 CAT 的推荐书目，我们可以看出该课程希望培养学生的哪些能力。主要有以下三类资料：

● 写作参考书：《芝加哥格式手册》、《罗杰在线词典》和《简明英语手册：如何制作美国证监会信息披露文件》等。

- 关于推理的文献：雷蒙德·尼斯尔逊（Raymond Nicerson）的《关于推理的反思》、尼古拉斯·卡帕尔迪（Nicholas Capaldi）的《欺骗的艺术》，以及教师准备的对论点、证据的（误）使用和类比推理等主题的简评材料等。
- 描述商业环境、分析商业和非商业案例的图书：约翰·麦克米伦（John McMillan）的《重新创造市场：市场的自然史》、马尔科姆·哥拉德威尔（Malcolm Gladwell）的《闪烁：突发奇想的力量》和杰弗里·萨克斯（Jeffrey Sachs）的《贫困的终结：当代经济机遇》等。

CAT 每星期组织学生探讨一个真实案例，以此培养学生不同的推理能力。比如，2008 年的 CAT 课程第一周谈论的主题是谷歌在中国的运营，重点关注企业的社会责任和商业伦理。教师让学生思考以下问题：谷歌是否应该提供不同版本的搜索结果和新闻网站，过滤政府部门认为有害的信息？给中国用户提供有限的内容是否至少比完全不提供好一些？推理能力的基本要素是建立、交流和分析演绎论据。演绎推理也叫演绎逻辑，是一种非常重要的推理能力，是根据已知事实（前提）推理出结论的过程。如果前提为真，则结论为真。演绎推理可以揭示隐性前提和结论背后的逻辑。学生在其他课上还会学习归纳推理，即从大量相似的情境或事例中归纳出一般规律的推理过程。

授课教师和写作辅导老师从不同的维度考评学生的回答。是否清楚地陈述假设？推理过程背后是否还有隐性假设尚未阐明？是否从假设和证据中得到了正确的推论？有没有考虑到相关的原则和约束？学生是否知道什么情况下是无法得出推论的？学生的论文是否写得有条理、有逻辑性，足以支持其结论？全文的结论是否让人信服？格式和语言（句式结构、用词）以及语法等基本技巧（主谓一致、代词指称、标点）是否正确？小组讨论时，学生需要进一步探讨各自得出的不同结论，分析其逻辑和判断。

CAT 课程后期主要讨论实例，讲授不同的推理模式。比如，有一周的研讨主题是——1990 年前后，加州空气资源委员会（CARB）推出了《零排放法案》，要求汽车制造商积极生产电动汽车。然而不久后，CARB 对该法案的推行力度越来越弱，法案最终被取消，导致汽车制造商纷纷停止了电动汽车的生产。CAT 教师问学生：为什么会这样？其目的是让学生学会溯因推理，即评价理论与观察到的证据或事实的相符程度。溯因推理的关键问题包括：我们知道什么？是怎样知道的？为什么接受或相信？它们的证据是什么？是否清晰地知道还缺少哪些信息？是否想当然地相信一些事情？能否把事实和推测区分开来？有没有足够的证据支持我们的观点？[3]

CAT 的另一个重要专题是比较员工内在激励和外在激励的效果。教师给学生提供针对某大型跨国企业的员工所做的调研数据。员工按 1～7 评分，评价每类激励因素对自己和同事的影响。激励因素包括薪酬、表扬、做有意义的事、学习和锻炼新技能的机会等。八种因素中有四种是外在的（如薪酬和表杨），另外四种是内在的（比如做有意义的事）。调研数据基本上反映了同一个结论：员工都认为自己主要由内在因素驱动，而同事则更多地由外在因素驱动。教师要求学生回答：这些数据对公司的人力资源政策而言有什么借鉴意义？其目的是研究数据，尤其是调研数据的使用（和误用），着重探讨数据是否有可操作性。

CAT 课程经常让学生思考各种有争议的难题，很多时候探讨的都是商业话题：企业对社会有什么责任？企业文化和国家文化如何交融？什么时候市场表现好，什么时候不好？还有些时候，学生需要思考更广泛的社会问题：是否应该为公众提供免费的 12 年基础教育（从幼儿园到高中）？世界上最贫困的地区是否可以脱贫？一位 CAT 教师说："我们让学生接触有争议的话题，教他们如何看待贫困等复杂问题。根据不完善的信息归纳出令人信服的结论是一项挑战，但无论是学生还是老师，都从中受益颇多。"

通过这门课程，学生需要分析、写作和探讨一些商业或非商业情境下的基本问题和现象。这些问题都是跨学科、跨管理职能的。在此过程中，学生可以通过开发各种思维技巧来锻炼分析能力和说服能力，具体包括：面对不熟悉的问题能找到关键的因素；将问题分解为更多、更小的可管理的单元；了解前因后果；知道何时可以把简单的理论用于复杂的环境；找到合理、坚定的立场；用一系列推理技巧得出令人信服的论点；认识各种推理方法的局限性。

除了提高推理能力，CAT 还致力于提高学生的书面和口头表达能力。学生连续数周积极参加研讨和辩论，通过反复练习提高水平。此外，斯坦福大学商学院特意将 CAT 安排在项目初期，让学生在接下来的课程里能运用新学到的批判性思维和沟通技巧。

不过，批判性思维、逻辑推理、问题界定和沟通等方面的课程也有不少实际操作难度。这些课要求的师生比很高，需要一组写作辅导老师，因而成本较高。与侧重功能性教学的传统 MBA 课程比起来，这些课有些格格不入。另外，商学院教师的学术训练一直以来强调的是严谨的分析性思维，虽然学院表示会加大力度开发批判性思维等课程，但是——至少在商学范畴内——相关领域的研究基础并不深厚。这些课程要求教师"授课时不要局限于分析性思维等'硬'技能，而要糅合……目的（比如怎样开始界定问题）、观点（比如决策偏见理论）和结果（比如探讨执行建议后的结果）等'软'技能"。[4]

总之，如前所述，很多企业高管认为 MBA 毕业生在口头和书面沟通能力方面非常欠缺，而 CAT 等课程恰巧可以培养这种能力，包括：有效地推理和辩论；认真地读、写、听；检查结论是否前后一致；自信地思考和推理；以及，像一位教师说的，"看清楚这个充斥着套话和大话的真相扭曲的世界"。

◉ 创造力和创新思维："制造流行"课程

毋庸置疑，创新在推动国家经济发展和提高公司竞争力方面起着非常重要的作用。很多文章和图书都探讨了创新方法，并且以苹果、谷歌、强生和丰田等公司为案例说明创新是企业成功的孵化器。[5]然而，正如第 4 章描述的，很多企业高管和用人单位都认为不少 MBA 毕业生缺乏创造力和创新思维，主要观点包括：

- MBA 学生的分析能力确实比较强，可是绝大多数缺乏创造力和创新思维。
- MBA 学生缺乏创造力，他们只会沉浸在固有的思维模式里。商学院必须找到一种鼓励学生创造力的方法。
- 很少有学生能提出变革性的观点。在很多领域只有创新和创造力才能带来最高附加值，可是很多商学院在培养这些能力方面表现平平。

为什么商学院在这方面表现不佳？很多院长和教师说，这是因为创新性思维其实特别难教。本节将介绍一个教授创新的有效方法：斯坦福大学哈索·普拉特纳设计学院开设的创新性课程——"制造流行"课程（CIA）。

大多数商学院的课程都采用讲课或案例教学，而 CIA 的教学理念则是采用完全不同的方式来培养学生的创造力和创新思维。其学生有着不同的学科背景和经验，在教师和辅导员的指导下学习。与在大教室上课、布置分析性内容的作业相反，CIA 的教学方法强调让学生多练习、做各种项目和学习处理紧急问题。主要的活动不是纯粹的思考和辩论，而是让学生动手和总结，从实验和失败中学习提高。课程的重点是严格测试而不是严格分析，目的是培养学生的实际创新能力而不是对创新的理解。[6]

CIA 的基础是设计思维，"设计者敏感地意识到人们的需求，思考满足这种需求的方法，然后找到可行的技术，设计一种商业模式，生产一种满足需求的产品并创造市场机会"。[7]设计思维的核心是通过直接观察深入了解目标客户对产品（比如手机）的需求的能力。人们注重哪些方面、喜欢什么性能？为什么？他们为什么要使用这个产品？设计组集思广益，提出各种各样的设计方案，综合考虑外观、质地、性能、技术和易用性等各个重要因素。随后，他们通过制作原型、进行试验、借鉴市场已有产品等方式，给出多种设计方案作为备选。经反复实验，最终确认的设计方案集最佳性能于一体。CIA 这门课中，设计思维是以制造流行为目标的：设计的产品深受客户欢迎，成为一种时尚。

CIA 的根本理念是从做中学：坚信学习设计思维的最佳方式是实践。因此，CIA 是一门侧重行动、以项目为基础的课程。授课教师包括一位学术型专职教师和三位在设计思维方面有实践经验的兼职教师。24 个学生分成 4 个小组，每组学生的背景不一，分别来自产品设计项目、工程学院、商学院、法学院和文理学院等。每一组都有一位业内人士做辅导。

CIA 课程持续八周，学生一共要参加三个项目。第一个项目是教授设计思维的基本原则，让学生根据某个特定主题做项目，比如为什么有些人那么热衷于购买有机食品？为什么人们使用维基百科，而且很多人还积极编辑条目？为什么人们对 iPhone 这么追捧？课程希望通过这种项目让学生和真实用户交流并收集资料和证据，从而更好地了解这些行为、作出各种解释。从第二周开始，学生要做第二个项目：怎样吸引更多的人使用火狐（Mozilla公司的网络浏览器）？该项目持续三个星期，详细内容将在稍后描述。最后一个项目的重点是如何为某实体（比如，为个人捐赠者和社会企业家提供联络平台的非营利组织"全球捐赠网"）建立用户基础。

教师从来不规定学生做项目之前要阅读哪些资料，只会给他们发一些关于设计思维的课程资料：商务、市场营销、创业和变革等相关内容的网站链接，以及项目中需要的各种参考书，如奇普·希思（Chip Heath）的《什么样的创意才能全球通用》、威廉·吉布森（William Gibson）的《模式识别》、塞思·戈丁（Seth Godin）的《许可营销：将陌生人变为朋友，将朋友变为顾客》、埃弗里特·罗杰斯（Everett Rogers）的《创新扩散》和罗伯特·恰尔迪尼（Robert Cialdini）的《影响力》等。教师和辅导老师引导学生在做项目的过程中使用相关参考资料，目的不是要求他们提前阅读具体文献，而是让他们通过体验式学习学会自己制作计划、"自己想出解决方案"。[8]

仔细看其中一个项目就可以了解 CIA 是如何培养学生的创造力、创新思维和设计思维的。以 2007 年春季的火狐浏览器项目为例。学生需要分成几组，通过为特定用户群提供有针对性的产品（比如一个网站），在精通互联网的用户和火狐浏览器早期用户之外的用户群中增加火狐浏览器的下载量。除此以外，教师还要求各组学生考虑如何增加产品"黏度"——数周以后仍然继续使用火狐浏览器的用户人数。设计者把这种能激发人们寻找解决方案的问题或机会称为项目的"灵感"。[9]

第一阶段——了解和观察——学生挑选特定用户群进行观察并搜集证据。用户群可以由学生自由选择，辅导老师很少给出指导意见。有些组挑选的是有特殊爱好的用户群，包括宗教人士、养狗爱好者等；另一些则挑选了有共同习惯的人群，如 eBay 用户等。三天之内，学生与几组用户在网上联系或亲自见面，了解他们为什么不使用火狐浏览器，尤其是重点关注那些技术不熟练的用户。通过这种以用户和消费者为中心的、近乎从人类学的角度来进行的深入探究让学生找到了以下问题的答案：应该把哪些人定义为目标客户？他们需要什么？你是怎么知道的？最重要的是，学生回答这三个问题后便形成了可以付诸行动的观点。

例如，如果目标客户是 eBay 用户，那么认为"eBay 用户的需求就是浏览速度快"就远远不够了。这个观点的洞察力不够，因为只回答了前两个问题而没有回答第三个——没有指出如何吸引用户转而使用火狐浏览器。比较好的观点应该是："eBay用户要求浏览速度快，而且，根据观察，如果火狐浏览器可以更快地访问eBay网站，他们就可能会改用火狐。"这样一来，学生便可以确认首批用户（如可以推广这个概念的知名博主），找到吸引其他用户的方法（如设计一个有吸引力的网站）。

第二阶段是集思广益，探讨解决方案。一开始，小组的重点是讨论问题而非解决方案，通过回答以下问题让思路更开阔：应该考虑用哪些火狐浏览器插件？应该侧重网站的易用性、速度、外观还是给用户的整体感觉？这个阶段的目的是聚焦主要议题，但鼓励大胆设想，借鉴和改进他人的提议，运用整合性思维，让大家畅所欲言，不妄下判断。两天后，所有建议都被贴在教室的墙上，最后由全组成员，而不是组长个人，共同决定采用哪些提议。

第三阶段是快速制作、反复优化原型——建立、测试、学习、优化网站和插件。接下来的三天，学生制作和测试两三套原型。"制作原型……是为了了解提案的优点和缺点，找到改进的方向。"[10]学生通过设计原型来优化速度、易用性等各项所需性能，随后综合多个原型的最佳表现。通过对比、挑选原型，学生重新审视在第一阶段（了解和观察阶段）得出的观察结果和潜在用户需求。除用户以外，学生还需要考虑这些解决方案对火狐公司本身及其竞争对手的影响。第二阶段和第三阶段有时统称为构思阶段——"形成、发展和测试可能引导出解决方案的设想的过程"。[11]一位教师说：

> CIA课堂采用的是传统美术课的形式。用户、教师、企业导师和其他组的学生都对每一个原型提出意见和建议，这样，每组成员就可以更好地评估和改进原型。整个过程是带有反复性的，这也是设计思维的特点之一。

学生会了解反复试错、制作原型和快速实验的重要性，更快地加强认识，尽早低成本地排除不合适的方案，从而更快获得成功。他们还将学会多元视角、分享观点、不分地位和背景地尊重他人贡献以及团队合作的重要价值。

最后一个阶段是实施——测试结束后即让网站上线。数周内，火狐公司监控各小组火狐浏览器的下载量，各组成员每周向全班同学报告一次下载量。各组的结果之间存在显著差异。最成功的是那个以 eBay 用户为目标受众的原型，那组学生专门设计了一个插件，可以让用户直接通过火狐工具栏登录 eBay；而效果最差的是以养狗爱好者为受众的原型。各组学生和教师会多次碰面探讨项目结果，学生可以相互学习、听取教师的点评和建议。

CIA 的理念是"从思考到创建"，重点是让学生制作原型，所以教师在课上不讲授理论，而是让学生了解开发设计思维的多个步骤。学生学到的是基本的设计原则，即通过"亲力亲为"和经验反思来界定成功与否。[12]火狐浏览器这个例子表明，CIA 的教学方式可以让学生很好地掌握信息技术（IT）的应用。当今商业的重大变革之一就是 IT 技术对业务流程和企业运营的重塑。比如，互联网的诞生从根本上改变了企业调研客户需求、收集信息和协调行动的方式。IT 的发展还降低了企业测试的成本，让企业更快地获得反馈，并据此评估其措施产生的影响。教给学生这些技术的最好方式是让他们亲手实践和总结汇报，而不是讲课和辩论。

致力于培养学生创新思维和创造力的课程同样有实际操作难度。大多数商学院的课程都采用讲课或案例教学，而 CIA 等课程的教学方法则完全不同。教师可以从擅长设计思维的辅导老师那里学习这种教学法。然而，授课教师必须从侧重思考和辩论的分析性思维模式中跳出来，通过让学生亲自动手、总结汇报的方式，培养学生处理紧急问题的能力。由于将学生分成多个小组，授课教师投入的时间更多，教学成本也相应增加。

同时，这些着眼于培养学生创新思维和创造力的课程体现了教学重点从"知"到"行"的转变。比如 CIA 课程，学生通过对人的研究掌握一手市场信息，为决策提供有力的基础。他们着手实验、制作原型、获得反馈、重复这个过程，从经验中学习。课程重点不是讲授理论，而是教学生各种设计流程和原则，让他们在实践中进行尝试。就像游泳和骑自行车一样，学习创新思维和创造力的最佳方法是实践、反思和反复练习。光听课或讨论关于创新的案例都不能培养这种能力。学生只有在学校就使用实际情境不断磨炼和测试这些能力，将来在工作中才能更自如、更充分地进行发挥。

● 了解组织现实："跨学科行动项目"

第5～6章中有很多部分都涉及全球化与文化敏感性、领导力培养与自我意识、整合与整合性思维、创新思维，以及以客户为中心的设计等内容，其中反复提到的一个主题就是体验式教学。正如第4章所指出的，企业高管和用人单位对 MBA 毕业生不是很满意，认为他们对组织现实的了解有限，执行力比较差。本节着重探讨体验式教学的优点，这种教学方法有望大大拉近"知"和"行"之间的差距。

院长、教师和企业高管越来越认识到学习管理能力和领导力最有效的方式是实践而非传统的课堂教学，因此，MBA 项目非常热衷于体验式教学。最近几年，越来越多的商学院，包括密歇根大学罗斯商学院、麻省理工斯隆管理学院、康奈尔大学 Samuel Curtis Johnson 管理学院、西储大学商学院和哈佛商学院等，都在 MBA 项目中增加了体验式教学内容。密歇根大学商学院认为，"以行动为基础的教学方式能够把理论和实践结合起来，丰富了商学教育，加深了学生对分析性概念和工具的理解，增强了学生的信心和应用能力"。[13]

很多受访院长都对这种教学方式大为赞赏：

体验式教学是美国所有 MBA 项目的新亮点。

我们正在考虑进行课程改革，把所有必修课和选修课安排在前四个学季，最后两个学季专门采用实习课的形式进行体验式教学。这种方式或许能让商学教育更有实用性。

一些企业高管也认同这种观点。"光依赖严谨的分析是很难获得成功的。人们需要一种新的教学方式。以前的做法是和专家谈话、思考问题、制作计划、在课堂上分析、在总部工作、在会议上演示，这种做法太过谨慎。快速创新的能力就不一样了，一切都是从实践中得来。它是体验式的，需要进行严格的测试和实验。"

作为一种教学方式，体验式教学有着比较长的历史。最早进行该领域研究的学者包括约翰·杜威（John Dewey），库尔特·卢因（Kurt Lewin）和琼·皮亚热（Jean Piaget）等，他们都认为体验对培养理解力有重要作用。[14]不久后，戴维·科尔布（David Kolb）根据这些开拓性的研究发展了一套更全面的体验式教学理论，现在这项理论在管理教育领域的影响力越来越大。[15]

科尔布把体验式教学定义为"通过……获得经验和转变经验来创造知识的过程"。[16]基顿（Keeton）和泰特（Tate）进一步扩展了科尔布的定义，着重指出通过实习、勤工俭学和实地调研等方式进行的学习，其本质是体验式的，因为"学生直接面对各种现实情况……直接接触所学的东西，而不仅仅是在脑海里设想或思考现实的可能性"。[17]"直接接触"企业可以让学生了解组织现实。比如瑞琳（Raelin）解释说："通过体验来学习对于学员非常重要，因为一旦他们步入真实的社会，无论怎样尝试运用理论规则、使用先进的分析技巧或借鉴某个案例，他们都会遇到各种各样与组织现实相关的意外情况。"[18]

这些课程让学生通过处理"意外事件"获得真实体验，可以帮学生认识、理解并适应组织现实，用现实约束"打磨"理论知识。学生必须识别和界定问题，了解成文或不成文的规矩并且灵活处理，确定可行方案，作出明智的判断和决策。第4章中曾提到，很多人担心MBA学生太过注重分析能力，而对组织现实却浑然不知；对相关概念和理论非常了解，却不知道如何有效地把概念和理论付诸实践。体验式学习就是为了在这方面作出改进，期望能让学生所学的知识更实用。

科尔布的体验式教学理论认为有效的学习是一个循环过程，其中每个步骤都紧密联系："首先要在具体直接的体验中观察和思考，然后把观察的结果上升为理论，之后用理论指导行动，而在行动中又会产生新的体验。"[19]这个循环过程有助于学生理解怎样将课堂上学到的理论和概念用于真实的商业环境。

接下来，我们通过一个市场进入项目来详细解释科尔布的体验式教学模型：

1. 具体体验："学习者……应该全面、开放、不带任何偏见地亲自去体验。"[20]就市场进入项目而言，具体体验包括确定目标用户，通过与目标用户直接联系和亲自见面，深入了解他们的需求。

2. 反思观察："学习者……应该从多个角度反思和观察他们的体验。"[21]就市场进入项目而言，反思观察包括通过识别用户需求的模式、共性和趋势，进一步思考如何满足客户需求。

3. 抽象概念化："学习者……应该提出新概念，将观察结果升华为逻辑性很强的理论。"[22]就市场进入项目而言，抽象概念化在项目组成员集思广益的讨论中产生，讨论的内容包括市场定位中客户群的选择和差异化战略等。

4. 积极实验："学习者……应该运用这些理论作出决策并解决问题。"[23]就市场进入项目而言，积极实验是指针对客户测试各种市场策略，改进策略并反复实验，不断地从做中学。

体验式教学的挑战是争取让个人和团队都具备科尔布描述的所有能力。为了更好地了解这些挑战，我们考察了密歇根大学罗斯商学院的 MBA 课程。该学院从 1992 年开始一直在努力推进行动学习。

罗斯商学院的"跨学科行动项目"（MAP）课程让 MBA 学生在辅导老师的指导下，与很多企业一起合作开展多个实地项目。罗斯商学院专门找那些比较复杂、头绪繁多的项目让学生来做，要求学生找出问题，灵活处理企业内部政治并形成综合解决方案。虽然大多数学院也让学生进行类似的实际项目，但 MAP 无论在范围上还是规模上都有其独到之处。

MAP 课程是罗斯商学院 MBA 项目第一学年的一门必修课，每年 3 月和 4 月开课，为期 7 周。在此期间，学生没有其他任何课程。近年来，每年有 430 个学生完成了约 80 个项目。学生从 2 月就开始准备选课事宜，学院根据学生的个人意愿将其分配至不同的项目中，每个项目有 4～6 名组员。所有学生按个人喜好列出前 10 个最希望做的项目，学院根据最优算法给学生分配项目，最终一般能有 75％的学生可以做自己最想做的三个项目之一。大约有一半项目在美国进行，其他项目则分布在许多不同国家。最近学生在美国以外的国家从事的项目包括：

- Aravind 眼科医疗集团（非营利机构/医疗），印度：制作财务报表
- 阿贝尔医疗有限公司（医疗设备），捷克共和国：设计市场进入战略
- 必和必拓（自然资源），莫桑比克：评估可再生能源解决方案的可行性
- 雨林旅游公司（酒店管理），秘鲁：确定公司的使命和任务
- 莱德系统公司（运输），中国：进行市场分析、制定成长战略

- Uniplen Industria de Polimeros（橡胶/塑料），巴西：提出产品成本核算法

- 惠而浦欧洲（消费品），俄罗斯和意大利：以增加收入为目标，制定战略规划和市场营销计划

MAP的教学目标涵盖三大方面。第一方面是核心商业知识。学生通过应用战略、市场营销、金融、统计学和会计学等专业课上学到的概念、理论、工具和框架来解决合作企业存在的问题，从而缩小"知"、"行"之间的差距。学生综合运用多个学科的内容，更重要的是，他们认识到理论和框架的局限性，意识到需要根据实际情况应用这些知识。比如，通过为合作企业制定在俄罗斯、中国等国的发展战略，学生可以切实了解到政府政策在战略制定中所起的重要作用。

教学目标的第二方面是批判性思维能力。课程要求学生找出各种机遇和困难，在项目期内分析尽可能多的资料，创新性地解决问题，并作出决策。就像一位老师所说的，"批判性思维是MAP课程的核心，因为无论是界定问题还是进行恰当的分析都需要批判性思维"。本节稍后将详细探讨一个垃圾处理项目，这个项目具有MAP项目的典型特点——分析能力与判断能力的结合。一名学生认为，MAP"可以检验从逻辑上判断不同战略的结果以及选择最佳战略的能力"。

最后一方面是领导能力。学生需要学习怎样灵活应对企业政治，从而提高团队建设能力和沟通能力。学生认为这门课在很多方面有助于提高领导能力，比如应对混乱、管理期望等：

> 作为组长，我现在能够更自信地处理头绪混乱、信息不全和没有先例的情况和任务。

———————

> 要想让团队执行更有效力，仅仅理解和分析团队的问题是远远不够的。真正的领导者应该带头发出倡议、做出改变。

每场会议（无论是 MAP 项目组的内部会议还是与合作企业的会谈）一开始就应该设定期望值和目标。作为组长，我现在深刻体会到这是多么重要……作为个人，我也认识到每一步都应该有一个备选方案，这是至关重要的。

其实不用滔滔不绝也可以有效地领导团队。实际上，沉默外交的效果可能更好。

终于知道自己原来可以领导一个团队，协调个性和风格各异的组员之间的冲突并调整自己的个人期望值。

为了实现上述教学目标，罗斯商学院特意挑选了对学生和合作企业都有价值的项目。也就是说，项目内容不能太狭窄而让学生觉得没什么挑战（比如怎样接受现金购机票等简单的流程改进问题），又不能太宽泛而让学生无法在几周内完成（比如为整个亚洲地区设计市场进入战略）。指导老师在 MAP 课程中扮演重要的角色。每个小组都有两位教授作为顾问，其中一位在项目期间专门拜访合作企业。两位导师都对项目提供研究支持并且给最后的论文打分。此外，还有教师辅导员帮助小组提高沟通能力、设计调研方案、组织面谈等。二年级的 MBA 学生辅导员则帮助学生保持团队活力。学院还为每个小组配备一名资料员，协助组员进行背景研究。

与科尔布的体验式教学模型相对应，MAP 项目也分为四个阶段，给学生提供具体体验、反思观察、抽象概念化和积极实验的机会。第一阶段是项目引导阶段，各组的工作重点是定义项目范围和制定项目计划，一起协商确认项目目标。这对于各团队来说常常意味着很大的挑战，因为通常在项目一开始不太明白要解决的问题是什么。在这个阶段，学生有很多疑问：关键问题是什么？有什么机遇、挑战和约束？期望的结果是什么？虽然教师不会专门培训学生如何界定项目范围，但是学生可以搜索历年的相关资料作为参考。项目引导阶段结束时，每组会制定出一份"任务书"，表明团队成员、教师和合作企业之间已经就"项目目标、项目界限、希望达成的项目结果和总体工作计划"等达成共识。[24]

范围界定和工作规划阶段结束后，各组即进入第二阶段——分析阶段。在这个阶段，学生对问题进行深入研究，收集资料，确认需进一步收集的资料，并制定可能的解决方案。在此过程中，学生需要考虑几个问题：有没有考虑到企业的各种现实情况？企业中不同的人会对这个方案有什么看法？方案能得到实施吗？是否应该提出一个更容易实施的备选方案？学生学到的重要一点是在应用理论和概念时要考虑实际执行的难度。在这个阶段，导师和合作企业也会审查调研结果和方案。

MAP 的第三阶段是确定解决方案。各组成员需要处理那些在分析阶段发现的问题，设计出有说服力的方案然后提交给导师和合作企业。学生需要考虑以下问题：尚未解决的最大问题是什么？怎样有效地、让人信服地表达研究结果背后的逻辑和思想？

最后一个阶段是交付成果。每组学生先向导师汇报解决方案，听取他们的建议并作相应修改。随后，各组以口头陈述和书面报告的形式向合作企业提交解决方案。项目结束时，每个学生都需要写一篇小论文，再次反思整个项目过程。

学生究竟能从 MAP 中收获什么？让我们详细看一个项目，合作方是一家从事垃圾处理业务的企业。项目旨在分析人们的环保意识和商业行为的不断变化对这家企业的影响，并为其制定应对措施。在项目引导阶段，项目组把可能影响业务的所有变化一一列出来。比如，学生考虑到以下问题：人们越来越重视废弃物的回收利用，垃圾的总量在减少，这对公司的市场需求有什么影响？公司应该怎样应对？是否意味着公司增长将放缓？公司是否应该投资研发新技术？公司是否应该投资新业务？监管政策的变化有多快？会有什么变化？公司是否应该在政策变化发生前提前做出改变？如果公司投资了生物反应器垃圾填埋等新技术，虽然成本较高，但是能加快有机废弃物的分解，那么客户是否会由于受到来自社会的压力或预期政府将加大调控力度，而增加与公司的合作？客户是否愿意付出更高的价格接受这种服务？在二氧化碳减排监管体系之下，减少甲烷排放、回收填埋区沼气、跟踪废物降解进程等技术是否真能带来回报？

在分析阶段，学生对公司管理层和客户进行访谈，研究政策趋势，收集信息，确认可能对公司产生影响的重大变化。由于项目时间紧迫，学生必须判断各种变化出现的可能性及其影响。项目组制作了一套标准用以衡量这些影响，并开发了初步的模型用以量化和综合统计。项目组在比较不同的方案时，还要考虑企业内部对于备选方案的不同意见。反对方案的声音会有多大？要成功说服反对的人，将面临哪些挑战？怎样才能应对这些挑战？

在确定解决方案阶段，学生评估各项变化的可能性，确定衡量影响的标准体系，开发包含不同变量和参数的模型来量化可能的经济、社会和环境变化趋势给公司财务状况带来的影响。他们针对各种假设来设置不同的变量和参数值，计算相应的影响结果并进行排序，据此考察各种假设对结果的影响程度。基于这种分析，项目组提出了公司应该采取哪些应对措施来提高经济效益和环境效益，以及具体实施过程中会面临哪些挑战。

在最后一个阶段，学生向公司推荐了四个最佳行动方案。第一，他们建议公司参与关于气候变化的立法讨论，因为如果立法支持通过回收废气限制二氧化碳排放，公司将从中受益。第二，项目组建议公司根据他们对趋势变化及其潜在影响的分析制定公司未来的发展战略规划。第三，学生建议公司提供更多培训，让员工能更好地满足客户不断变化的需求。第四，项目组建议公司建立一套企业内部长效机制，以便随时获得外部最新信息。

基于科尔布的框架，项目范围界定和分析阶段与具体体验和反思观察是一致的，确定解决方案和交付成果阶段则让学生形成抽象概念并积极实验。在此过程中，学生学会了团队合作、批判性思考、理论结合实践以及在尊重组织现实的前提下将想法付诸实践。

体验式教学也是有一定操作难度的。它需要大量教师资源和教师的参与。而且，很多教师以前接受的是单一学科教育，这对于跨学科的项目来说是不合适的。当然另一方面，体验式教学能让教师提升专业技能、扩大视野。此外，项目辅导老师也起了重要的补充作用。体验式教学课程的组织、计划和协调，尤其是规模较大时，要求投入大量的人力、财力。学生在陌生、困难和高压力环境中与其他组员合作解决凌乱、复杂、模棱两可的问题时，非常需要帮助和支持，否则团队可能无法正常工作，从而大大降低体验式教学的效果。

尽管存在这些挑战，体验式教学还是可以很好地缩小"知"和"行"之间的差距。它为商学教育提供了独特的角度，让学生有机会定义和界定问题，在实践中检验想法，认识组织现实造成的约束，学会创新性地思考，协调跨学科的甚至互相冲突的观点。国际项目让学生学到的东西更多，学生需要根据不同国家的文化、制度、市场和商业惯例灵活地应用所学到的概念和框架。体验式教学还能增进学生与设计者、生产工人、销售人员和行政人员的沟通，而学生毕业后从事管理工作需要与这些人打交道。学生还能更好地了解自己——与他人交流得怎样、领导能力怎样、做了哪些贡献、怎样才能更好地实现个人发展。虽然成本较高，但很多学院已经认识到体验式教学的益处，开始使用各种方式进行尝试。[25]随着经验的积累，体验式教学一定会很快在各大商学院风行起来。

◉ 企业的角色、责任和目标："领导力与企业责任"课程

目前，企业领导者责任的范围和性质在不断变化，这让他们感到困扰。尤其是大型跨国公司，公共行为和企业行为之间的界限越来越模糊、越来越难以定义。企业管理者一方面必须在财务目标和非财务目标之间取得最佳平衡，另一方面又要综合满足股东、债权人、客户、员工、监管机构、立法机构、非政府组织和公众等利益相关者的各种要求。例如，沃尔玛的规模已经十分庞大，管理层必须结合对当地经济和国家经济的影响来考虑劳工政策和福利政策——一些观察家甚至把沃尔玛称为"新华盛顿"。[26]耐克公司受消费者抵制和非政府组织游说的影响，最近正积极改善海外工厂的工作条件。大型医药公司受到来自立法机构、监管机构和媒体舆论的压力，已经开始调整定价政策，让更多人能买得起、买得到那些昂贵的救命药物。矿业公司和石油公司经常受到当地政府和国际监管组织的抱怨，日益关注钻探和打井对环境和健康造成的影响。经济危机结束后，银行和金融服务公司发现，立法机构和监管机构对于它们应该如何管理资产负债表、设计和出售衍生品等复杂的金融产品、给高管支付薪酬等有了严格的标准和要求，因此不得不相应做出改变。

这些变化都要求 MBA 学生，这些未来的企业高管，扩大关注范围，更深刻地思考企业的角色、责任和目标。许多商学院都专门针对这些问题开设了必修课，比如纽约大学斯特恩商学院的"职业责任：市场、伦理和法律"课程、沃顿商学院的"伦理与责任"课程、哈佛商学院的"领导力与企业责任"课程（LCA）等。接下来我们重点探讨 LCA。

LCA 课上，学生需要做很多案例分析。这些案例涉及道德和

伦理的两难问题、高管在个人利益和社会利益之间权衡后的抉择，以及企业活动的界限和范围等内容。经济学家罗伯特·席勒（Robert Shiller）曾经说："人们从现代商业课上学到的世界观可能会与道德脱节……这些课常常强调人性，不能培养学生的高尚品德。"[27]LCA 正是为了打消这种担忧而设计的。课上很多案例都取自众所周知的事件，这些事件即使在今天也还是能激起关于企业目标的尖锐的质疑：强生对泰诺危机的处理；当一位科学家声称曼维尔的一款主打玻璃纤维产品可能致癌时，曼维尔是如何应对的；荷兰皇家壳牌集团面对尼日利亚的环境、社区和政治问题是如何应对的；雅虎为何决定向中国政府提供使用其邮箱服务的一名中国异己分子的个人信息；纺织品制造商 Aaron Feuerstein 在工厂被焚毁后，即便公司已经面临破产，还仍然决定给 Malden Mills 的所有员工支付 90 天的全额工资，同时在马萨诸塞州的劳伦斯重新建厂等。其他案例探讨的事件虽然没那么知名，但也向学生提供了两难选择的事例，例如，东南亚发生海啸时，瑞典一家旅行社有几百名顾客在那里度假，顾客所在地可能已经受袭，在得知这个消息后公司是如何处理的；瑞士一家邮购公司在发现有些供应商可能使用童工之后需要决定是否和它们断绝合作关系；一家投资公司涉及可持续发展问题的决策，该公司需要决定是否投资一家印度公司，该印度公司可以提供电力和创造就业机会，从而提高当地居民的生活水平，但与此同时由于使用火力发电会造成环境污染。

为了帮助学生更系统地思考这些问题，LCA 课程分为三个部分。[28]第一部分主要介绍企业领导者的特殊责任。LCA 按照利益相关者把这些责任分为四大类，每一类都有一系列挑战。第一类是对投资者的责任。在这方面，最大的挑战就是信任：投资者要求其代理人确保他们的投资利益，这些代理人可能是合伙人、企业负责人或董事会成员。学生学到的主要内容是受托人的责任以及这种责任在契约责任之外的体现。第二类是对客户的责任。在这方面，最大的挑战是信息不对称：与客户相比，企业更了解其产品和相关风险。学生学到的主要内容是透明度和信息公开的必要性，即使信息不全也应当公之于众。第三类是对员工的责任。这方面最大的挑战是权力不对称：雇主对员工有绝对的支配权，有责任创造安全的工作条件，制定员工、招聘和裁员制度等。学生学到的主要内容是只有做到公平和公正，才能保证和谐、高效的工作环境。第四类是对整个社会和公众的责任。这方面最大的挑战是市场不完善以及政府失灵：比如不要求企业为环境污染等外部因素付出成本，有关的政策法规比较欠缺，或者政府比较腐败。学生学到的主要内容是在这种环境下要充分考虑道德和社会因素，认识到尽管缺乏市场规范，公众舆论等有力因素仍将监督企业为其行为负责。

LCA 第一部分以一堂总结性的课结束。课上，学生需要分别从股东利益最大化和多个利益相关者的角度对比分析公司行为。这堂课的目的不是让学生各成一派，而是让他们了解这两种角度的优缺点、假设和局限。这节课特别强调了在做商业决策时要综合考虑经济、法律和道德因素，这一点在第 5 章已经介绍过。

LCA 课程的第二部分主要关注公司治理和组织设计。学生需要思考企业及其管理层应该采用哪些体制来确保有效履行第一部分中提到的各种责任。课程将安然和世通公司等失败案例与詹姆斯·伯克领导下的强生公司和沃伦·巴菲特领导下的所罗门兄弟公司等成功案例进行对比分析。在讨论案例的过程中，学生了解到外部和内部治理体制对公司行为的重要影响。他们既探讨监管机构、审计人员和董事会的角色，又讨论激励、服从、价值和信仰体系，这些都是影响管理层决策和执行的重要因素。

LCA 课程的第三部分关注个人发展。通过反思练习，学生要回顾自己的个人经历和专业经验，思考领导者（当然也是指学生本人）如何更好地担负起领导责任。这部分内容主要培养学生在面对巨大压力时，怎样做出明智的选择。学生会认识到一系列道德行为的重要性，包括传统的道德三部曲：退出、呼吁和忠诚，以及采取这些行为的方法和时机。他们会学到在面临道德和责任挑战时，应该保持韧性——从挫折和失败中重新振作起来、吸取经验教训的能力。他们还要学会自我克制——从危机或困境中脱身、保持头脑清醒、在工作中避免事无巨细地管理或干预下属的工作的能力。他们还能学到只有保持清晰的道德观、个人价值观和伦理准则，才能在压力下做出正确的选择。

反思练习的目的是让学生通过思考个人的经历来巩固学习成果。学生在课堂上要结合当日的案例讲述一两件自己经历的事情：迫于无奈而做的一些让自己良心不安的事，没有处理好的道德问题，看到或亲身经历的在他人带领下共同应对道德挑战的情形。学生一起分享这些经历，并从中总结经验教训：为什么面对道德挑战时，想负责任地做事那么难？怎样领导别人才能让他们发挥最佳潜能？课程最后有两项任务：一是讨论马丁·路德·金所写的《从伯明翰市监狱发出的信》，这篇文章是民权运动的重要标志，也是当代道德哲学的经典著作；二是就如何成为"改变世界的领袖"写一篇文章（这也是哈佛商学院的使命）。在这个过程中，学生继续从"知"向"省"转变，进一步内化 LCA 课程所讲授的企业领导者的社会责任。

LCA 这种课程能帮助学生思考企业角色、责任和目标，可是也给商学院和教师带来了很多挑战。这种课程本质上是跨学科的，所以教师必须有广泛的学科知识基础和丰富的教学经验。找到一种通用的教学语言其实很难，更何况会计、经济、法律和道德哲学等领域各有各的概念、理论和框架，要全面掌握这些内容也是非常困难的。就像很多跨学科的课程一样，教师资源方面也经常是一个挑战，资深教授和管理经验丰富的教师当然比年青教师教学效果更好。此外，由于所涉及的主题通常是有争议的，教师必须密切注意课堂的气氛，应该秉持公正、开放和鼓励的原则，必须让学生觉得在课堂上非常安全，可以公开地探讨和质疑别人的观点，而不需要对既定的哲学或观点随声附和。

◉ 风险、监管和约束：了解模型和市场的局限性

2008 年末和 2009 年初经济危机爆发后，关于风险、监管和约束的问题越来越受关注。很多商学院开始在这方面行动起来。但截至本书成稿时，相关的课程调整还是支离破碎的——只是在整个课程方案中增加了几节课而已，没有做到真正意义上的课程整合。因此，与本章前几节不同，本节没有展开讨论某一门单独的课程，而是全面介绍各商学院为了让学生更多地了解风险、监管和约束而采取的不同措施。

这些主题对商学院来说并不陌生。事实上，多年以来，很多课程都涉及以下内容：在不确定的情况下制定决策；风险规避和期望效用；保险；风险收益关系；资本资产定价模型及其对分散投资的意义。现在很多学院都增设了一些课程，涵盖流动性风险、信贷风险、国家风险以及交易对手风险等一直被忽视的风险领域。[29] 同时，不少学者都质疑是否仍可以将不确定性定义为"行动后果的多种可能性"；毕竟，现在的世界变化太快，我们对未知的事情还很无知，而且越来越依赖直觉。[30] 这个观点恰恰反映了风险模型的脆弱。相应地，有个学院开设了一门新课，认为识别和管理战略风险的关键是与组织的成员多交流。学生需要思考很多难题，比如可选方案、隐含的假设、数据体现出的新趋势、不断变化的行动方案等。[31] 学生必须面对客户和公司的价值主张做出艰难的选择，认清什么会导致战略失败，了解特许经营模式及其带来的声誉风险，以及为了防止个人失职带来的风险，确定管理措施是否已经就位，员工是否遵循公司的核心价值观。

一直以来，商学院不太重视监管在商业运营环境中所起的作用。我们在第 3 章分析 MBA 课程时曾指出，以前很少有学院要

求学生学习关于监管方面的课程。经济危机之后，很多学院开始迅速采取行动弥补这方面的不足。[32]有些课程给学生讲解金融市场和金融工具的起源、金融危机的起因、金融泡沫存在和破裂时各金融机构的行为，以及政府监管在管理风险和外部性中所起的作用。还有些课程重点讲解企业和公共政策之间的界限；企业领导者在分析和引导某些领域的公共政策中所扮演的角色，这些领域包括环境问题、医疗服务、反垄断法及其执行、保护知识产权、能源供应、反歧视和机会均等法规，以及在航空、通信和电力等领域放松管制等。这些课程的目的是让学生了解推动政府进行监管的经济和社会因素，如市场失灵、市场不完善、外部性、信息不对称和权力不对等。学生还要学会判断监管能否既防范社会危害和不正当行为，又不打击私营部门创新和追求高效的积极性。

　　商学院现在正着手解决的最后一类问题可以概括为约束，具体包括认识模型和理论框架的局限性，从失败中学习等。在经济危机之前就已经有些课程涉及这些主题。行为经济学、行为金融学和期望理论早已开始研究大众心理、从众行为和认知偏见在市场运行、个体决策和团队决策中的作用。房价泡沫和最近的经济危机加速了这种趋势。只是，很多学院仍然依赖定量风险模型（经常用以替代出色的判断力），而很多政策制定者仍然坚信市场是理性的、有效的，这表明我们还应该付出更多努力，提高学生对理论局限性的认识，让他们学会更好地使用模型。

　　还有一些课程重点关注从失败中学习，让学生了解导致失败的情形和根源，以及避免失败的策略。[33]例如，很多课程都提到某些突发事件可能导致失败，比如新的投资、并购、技术和客户的重大转变等。此外，很多课程还分析了一系列导致失误的因素，比如误导性经验（由偏见或错误的类比导致的）；错误的预判（由认知不协调或过度自信导致的）；不当的利己主义（由于忽略对立的观点或目光短浅导致的）；不恰当地或者过度地依赖特定的公司、家庭或朋友。通常，领导风格傲慢、对市场和组织现实认识不足、沟通不力，会增加上述失误发生的几率。为降低失败风险，组织可以采取各种各样的防范措施。这些课程讨论了一些防范措施，包括寻找相似经验，从收益和风险两个方面收集和分析数据，鼓励小组辩论和互相挑战（比如魔鬼辩论和辩证探询法），以及建立治理机制，鼓励大家畅所欲言。

本章其他部分提到的课程都侧重"行"和"省"，而在让学生认识模型和市场的局限性方面所做的努力则重在弥补"知"方面的不足。因为这些课程尚处于萌芽阶段，所以最大的挑战在于课程内容和课程设置。应该单独开设一门新课，还是把这些内容纳入现有课程？如果是后者，那么应该纳入必修课还是选修课？这些都是各学院需要考虑的问题。

第Ⅱ篇

商学院的应对策略

本书第Ⅰ篇和第Ⅱ篇都详细分析了商学院当前面临的机遇和挑战，但是分析的角度和层次各有不同。第Ⅰ篇对 MBA 教育的大环境进行了详细的实证描述，第Ⅱ篇则侧重于对一部分商学院和机构进行深度剖析。第 7 章至第 12 章以实地调研为基础，对一些商学院和企业高管培训项目做了详尽的案例研究，这些学院和机构在应对第 4 章中提到的机遇方面都有独到之处。这些章节可以让读者整体了解一些商学院和培训机构为提升实力而做出的一系列变革和努力，包括彻底改革课程方案、以全球化为核心内容设计项目等。

这些案例最初写于 2007 年下半年。[1]2009 年春，由于全球经济危机的爆发，我们再次对各学院进行了跟踪调研。每一章的最后都介绍了它们初步采取的应对措施，主要包括以下几个方面：更关注全球经济、市场和组织之间的内在关联；更重视有关伦理、责任、监管和风险管理的教育；与学校其他院系（尤其是与公共政策、法学、政治学和经济学相关院系）合作开发课程，实现优势互补。

这些案例研究表明，商学院在面对相似的（危机发生前）机遇和挑战时都各施所能。事实上，每个案例都堪称典范——每个学院的举措都集中体现了访谈时提及的某个主题。从这个意义上说，各个案例都代表着某些教学理念或方式：芝加哥大学布斯商学院以学科为本，课程设置非常灵活；欧洲工商管理学院以全球化为信条；创造性领导力中心注重个人和团队的领导力开发；哈佛商学院强调综合管理、贴近实践；耶鲁管理学院以整合教学见长；斯坦福大学商学院提倡个性化。

这些案例全面介绍了商学院和培训机构为应对挑战而推出的一系列措施，涵盖了课程体系、课程内容和教学方法等。每个学院都不同程度地采取了以下几类方式来应对在第Ⅰ篇提到的各种挑战：

- 从自发的、渐进的课程调整到有计划的、大规模的课程改革
- 从各不相关的独立教学到有共同目标的统一行动
- 从传统的课程排序到根据不同主题灵活排课
- 从课程内容微调到大胆的课程创新
- 从严格的必修课设置到灵活的、个性化的选课要求
- 从松散的课程整合到课程高度整合
- 从大班授课和案例讨论到实地调研、体验式教学、分组活动甚至一对一辅导

第7章考察的是芝加哥大学布斯商学院，展示了如何从学科的角度教市场营销、金融和战略等专业课，以及如何有机地、渐进地做出改变。该学院坚持以经济学、统计学、心理学和社会学等学科理论作为专业课的基础。其 MBA 项目的另一大特色是课程方案的灵活性。除了对选课覆盖面有要求，该项目只开设了一门必修课（"领导力的效力与开发"），而且有大量的基础课和多个领域的课程供学生选择，这些课程在难度、教学风格和学科角度方面各有不同。芝加哥大学布斯商学院的案例充分探讨了灵活自主、轻必修重选修、自下而上地调整课程方案、以学科为本设置课程的利与弊。

第8章考察了欧洲工商管理学院，研究其如何培养具有全球

意识的领导者。学院特色包括：建有两个校区（分别在法国和新加坡）；与美国的一家商学院结为战略伙伴联盟；学生可以在各校区之间自由转换；课程方案融入了大量全球化内容；师生高度多元化和国际化；学生入学前必须具备双语能力，毕业时要学会第三种语言。欧洲工商管理学院的案例不仅为如何更有效地培养全球意识和视野提供了蓝本，也引发了对 MBA 项目最佳学制的思考，因为该学院的 MBA 项目时长仅 10 个月。

第 9 章考察的是创造性领导力中心，研究其如何以行为科学研究、个性化辅导和 ACS 模型为基础全面开发学员的领导力。基于 ACS 模型，学生需要参加互动性课堂活动、分组练习和模拟，并且在教师的指导下进行自我反思。自 1970 年成立以来，创造性领导力中心就一直以 ACS 模型为基础设计和开展"领导力开发"和"镜子体验"等高管培训项目，项目数量和种类越来越多。在此过程中，创造性领导力中心在领导力培训方面开创了体验式教学和反思性教学方式，研发了一套独特的评估工具、模拟、练习和反馈技巧。这个案例可以让读者深入思考有效开发领导力的综合方法，同时关注项目的内容、成本和连贯执行等问题。

第 10 章探讨的是哈佛商学院。哈佛商学院的 MBA 项目以综合管理为导向，大量使用案例教学，因此非常贴近实践。哈佛商学院每隔几年就会有计划、有步骤地对 MBA 项目做一次调整，在必修课中引入大量新课。最近一次调整是开设了关于伦理和社会责任（"领导力与企业责任"（LCA））及创业（"创业经理人"）的课程。此外，该学院还制定了多个跨学科计划，在领导力、社会企业、全球化和健康等领域开展科研和开发课程。该章将启发读者思考怎样才能更好地将学术与实践相结合；整合性的综合管理视角的课程方案包括哪些要素；覆盖面广、衔接紧密的必修课体系有哪些优缺点。

　　第11章考察了耶鲁管理学院。经过周密计划，该学院围绕"整合"这个主题对课程方案进行了大幅改革。改革之后，其 MBA 项目不再像以前那样按职能设置课程，而是推出了整合性的课程，从投资者、客户和员工等利益相关者的角度设计课程内容。此外，该学院还开设了很多创新性的课程，比如"个别问题界定"（教学生如何分析和界定问题）、"领导力开发"项目（教学生根据价值观和信念采取行动）。通过这个案例，读者可以思考怎样整合课程方案才最有效；怎样在深度（在专业领域深入教学）和广度（开设更多整合性、跨学科的课程）之间找到平衡；如何让传统的擅长单个学科的教师掌握广博的知识，更好地讲授整合性课程。

　　第12章重点关注斯坦福大学商学院。该学院按照计划大幅调整了课程的次序、结构和内容，从而形成了全新的 MBA 课程方案，涉及本书第Ⅰ篇中提到的多个主题。最大的变革是基础课和专业课的个性化，学生可以选择学习初级、中级或高级课程。此外，该项目不仅坚持从综合管理的视角开展教学，还在领导力开发、全球管理、教师辅导和培养批判性思维方面加大力度，以期提高学生的学习兴趣和参与度。从这个案例可以看出，按难易程度设置课程让学生自由选择有利也有弊；教师给学生提供辅导以及指导小组讨论都需要投入大量的精力，其可持续性是一个问题；两年制项目的课程和课题应该如何排序才能实现最佳效果，这也是需要考虑的重要因素。

　　这些案例不仅描述了一系列很有借鉴意义的课程方案，更展示了各 MBA 项目的变革过程和变革方式。芝加哥大学布斯商学院最特别，其 MBA 项目以学科为基础，课程方案的变革过程是自下而上、循序渐进的，计划性不强。因为课程设置特别灵活，所以课程调整起来相对容易，一般由教师自主改变授课内容或提议开设新课。欧洲工商管理学院和创造性领导力中心的变革方式则另属一类。它们都围绕唯一一个核心主题来推进改革，通过创新的举措实现改革目标（比如，欧洲工商管理学院建立第二校区，创造性领导力中心推出"全球领导力培训项目"）。由于重点关注一个核心主题，这些学院更迫切地需要创新求变，以适应不断变化的商业环境。哈佛商学院、耶鲁管理学院和斯坦福大学商学院则代表着第三类变革方式：覆盖面广、课程多样化、以综合管理为导向。这些学院都开设了大量的必修课，所以变革的难度较大。哈佛商学院是按计划逐步推进改革的（比如在第一学年增设"领导力与企业责任"和"创业经理人"等课程；在世界各地建立研究中心，提高国际影响力等），但是已经着手考虑进行全面、整体的变革。耶鲁管理学院和斯坦福大学商学院也依照计划改革课程方案，不过范围更广、规模更大。新的课程方案围绕一个核心主题（耶鲁的主题是整合，斯坦福的主题是个性化），关注多个领域（全球化、领导力、问题界定和批判性思维等），同时调整课程的顺序、结构和内容。

我们认为这些案例在很多方面对读者都有帮助。教师和行政人员可以通过这些案例充分了解 MBA 课程调整或改革的各种手段，详细分析其利弊。计划改革 MBA 项目的学院可以结合自身情况和兴趣点，重点关注某些学院或者改革模式。至少，这些案例可以让读者知道，很多商学院正在大胆求变，推出一系列举措以积极应对前几章提到的机遇和挑战。

第7章

芝加哥大学布斯商学院：灵活自主，以学科为基础

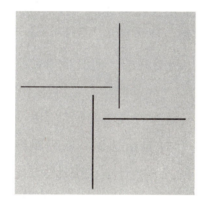

　　经过多年的发展，芝加哥大学布斯商学院形成了一套以学科为基础的商学教育方式。2007—2008 年，学院对课程方案进行评估时，院长爱德华·A·斯奈德（Edward A. (Ted) Snyder）表示，尽管其他一些顶尖 MBA 项目都在进行重大改革，但芝加哥大学布斯商学院目前的教学方式应该不会受到重大质疑。"雇主、学生和校友都没有要求改变课程方案，"斯奈德说，"如果委员会提议对现有课程作出重大调整，我肯定会非常吃惊。我们对目前的教学方式很满意，这是最好的选择，它非常符合学院和教师的情况，也符合我们的价值观。"主管全日制 MBA 项目的副院长斯泰西·科尔（Stacey Kole）对此也表示赞同："我认为学院在传统教学上做得很好。我们不会随波逐流。我们的方法是把复杂的问题解析为多个基本元素，培养学生'怎样思考'而不是'思考什么'。我们的课程是互相关联的，而其他学院还在想方设法增加项目的灵活性。"

　　芝加哥大学布斯商学院推行灵活的、以学科为基础的课程方案，让学生根据其学习目标自由选课，课程顺序也可以自由安排。学院的一个核心优势就是会计学、统计学、心理学、社会学和经济学等基础学科的教学非常有深度，而且这些学科在市场、财务和战略领域应用广泛。很多基础理论课程都是由一些世界顶级研究型学者设计并执教的——其中包括六位诺贝尔奖获得者。斯奈德说："不管学什么课，都必须应用经济学、社会学和心理学等基础学科的内容，综合考虑各种各样的观点，才能找到更好的解决方案。我们希望学生在将来的工作中可以临危不乱，抛开公式和案例，照样可以做出明智的决策。"

　　学院要求学生从很多学科和专业领域中选择课程，确保在项目结束时涉猎足够广泛的知识。不过，有三个领域是必选的：会计学、经济学和统计学。各门选修课在难度、方法和教学风格上都不同，学生可以根据自己的情况任意选择。唯一的必修课是领导力课程，而且只要求全日制 MBA 学生修读。斯奈德解释说：

"就选课要求来说，在所有的一流商学院中，我们学院是最灵活的。"

学院和 MBA 项目背景

芝加哥大学商学院成立于 1898 年，是美国第二古老的商学院。学院最初只提供本科教育，后来在 1916 年增加了研究生项目，1936 年又新增了 MBA 项目。1950 年，学院不再提供本科教学，只专注于研究生商学教育。学院一直是研究生商学教育的先行者：最早设立商学博士项目（1920 年），最早给女性授予商学博士学位（1929 年），最早推出商业学术期刊（1928 年），最早设立 EMBA 项目（1943 年）。它还是最早有教师获得诺贝尔经济学奖的商学院（1982 年），这位教师是乔治·J·斯蒂格勒（George J. Stigler）。

为提升科研水平，学院成立了若干个研究中心和研究所，包括"决策研究中心"、"人口经济学中心"、"证券价格研究中心"、"Polsky 创业中心"、"Kilts 市场营销中心"、"斯蒂格勒经济和国家研究中心"、"贝克尔芝加哥价格理论中心"等。

截至 2000 年，学院（当时还称为芝加哥大学商学院；2008 年改名为芝加哥大学布斯商学院）已经拥有四个校区。主校区在芝加哥大学，离芝加哥市中心 7 英里，所有教师、全日制 MBA 项目、博士项目及各个研究中心都在这里办公和运营。学院在芝加哥市中心还建有一个分校区，离很多大公司都很近。MBA 项目（夜班和周末班）以及 EMBA 项目（美国部分）都在这个校区开展教学。此外，学院还为 EMBA 项目在伦敦和新加坡各建了一个分校区。

MBA 项目

芝加哥大学布斯商学院开设了六个 MBA 项目：两年全日制

MBA、夜班 MBA、周末班 MBA，以及三个 EMBA 项目。全日制、夜班和周末班 MBA 项目的要求几乎完全相同。三个 EMBA项目则相差无几，学员都分班上课，选修课很少。学院的教师会给各个项目授课。无论学生学哪个项目，学院一律授予 MBA 学位。事实上，学位证书上没有任何字眼或标题说明学生参加的是全日制、夜班、周末班 MBA 还是 EMBA 项目。

学生成功申请哪个项目就会进入哪个项目学习。入学后，全日制、夜班和周末班 MBA 学生可以在三个项目中任意选课。例如，如果特别崇拜某位教授或者平日的课程满员，全日制学生常常会选修一些晚上或周末的课程。与此相反，EMBA 学员则是分班上课，课程在时间安排上有意避免学生交叉选择其他项目的课程。芝加哥大学布斯商学院大约有 1 100 名全日制 MBA 学生（每届 550 人），1 100 名夜班 MBA 学生，350 名周末班 MBA 学生，480 名 EMBA 学生，以及 120 名博士生。截至 2008 年，学院校友共计 41 000 人左右。就业数据表明，2006 届毕业生近 52％在金融服务业就职，22％从事咨询行业。[1]

全日制 MBA 学生来自世界各地，平均年龄 27 岁左右，大部分都有过转行的经历或者将来打算转行。夜班 MBA 学生来自芝加哥地区，年龄略大一些，平均 29 岁，转行的学生相对少一些。周末班的学生中约有一半来自芝加哥以外的地区，年龄构成以及转行学生的比例都与夜班项目类似。三个 EMBA 项目的学生均来自美国、亚洲和欧洲，平均年龄 36 岁，有 13 年左右的工作经验。各项目的学生还有一个区别——全日制学生与在职学生相比，花在找工作上的时间更多。除此以外，几位教师说，在课堂上，全日制、夜班和周末班的学生几乎没什么明显差别——事实上，因为可以交叉选课，这些学生经常在一个课堂上课。

全日制、夜班和周末班 MBA 项目：芝加哥大学布斯商学院把一学年分为四个学季。学生选课非常灵活，不过必须在下面指定的几个领域修满 20 门课程，具体要求如下：

基础课。基础课基本上相当于其他 MBA 项目的核心课。学生必须在以下三个领域中各选一门课（共三门）：

- 财务会计（五选一）
- 微观经济学（四选一）
- 统计学（13 选一）

广度课程。为确保学生选课的覆盖面足够广泛，学院要求学生在以下六个领域中选择四个，其中每个领域各选一门课（共四门）：

- 财务管理（八选一）
- 人力资源管理（五选一）
- 宏观经济学（六选一）
- 管理会计（二选一）
- 营销管理（一门课）
- 运营管理（四选一）

综合管理课。学生必须从 A 组和 B 组中各选一门课（共两门）：

- A 组：战略管理（三选一）
- B 组：管理与组织行为学（四选一）

选修和专业方向课。学院共有约 150 门选修课，学生至少要从中选择 11 门。学生还可以从 13 个专业领域中选择 1～3 个作为自己的专业方向，在每个专业领域中可以选择 3～6 门课。这 13 个领域包括金融、创业、战略、运营管理等。此外，学生还可以选修芝加哥大学其他学院的课程（不超过 6 门）。

LEAD 项目。全日制、夜班和周末班 MBA 项目的唯一区别是全日制学生在第一学年秋季学期必须参加"领导力的效力与开发"（LEAD）项目（本章稍后会详细介绍）。夜班和周末班的学生除修满 20 门课程，还可以自愿参加 LEAD 项目（免学费）。

EMBA 项目：采用分班教学；与学院其他 MBA 项目相比，课程安排严格很多。EMBA 项目有自己的时间安排，与学校的学季体系不同。该项目同样给学员提供国际访学机会。

芝加哥大学布斯商学院表示，其 EMBA 项目是在同类项目中最早在三个大洲都设有分校的。学院于 1994 年开设了欧洲校区（最初在巴塞罗那，后来迁至伦敦），2000 年又建立了新加坡校区。这两个校区主要是为当地的 EMBA 项目设立的。另有一个 EMBA 班在芝加哥市中心校区上课。

EMBA 项目报名者可以向最近的校区提出申请，入学后，学员的大部分时间都在该校区分班上课，每班 90 人左右。芝加哥校区的学生每隔两周在周末上一次课，每个学季上六次课。伦敦和新加坡分校的学生则先上整整一周课，六周之后再上一周课，每个学季只上两次课。EMBA 学员都是个人报名，其雇主通常会支付部分或全部学费，但是否有企业资助并不是报名的必要条件。

每个学生都有机会到其他校区学习，这可以给他们带来更多的国际体验。例如，芝加哥校区的 EMBA 学生会赴伦敦和新加坡各待一周，分别与两个校区的学生共同上课；他们还可以在本校区与到访的另外两个校区的学生相处一周，一起上课。伦敦和新加坡的学生也有类似的安排。

EMBA 项目学制为 21 个月，共开设 15 门必修课和两门选修课（见表 7—1）。项目的课程大纲与学院其他 MBA 项目的课程在本质上完全相同，但是课程更加精炼，方便学员安排时间。此外，因为有些课程在 EMBA 项目中并不开设，所以选择性小一些。该项目侧重综合管理，内容覆盖面广，但涉足不深。不过，与学院其他 MBA 项目一样，课程大都是分析性的。项目的授课教师都在芝加哥办公，另外还需要到伦敦和新加坡各教一周课。通过在其他校区教课，教师可以接触更多的国际学生和美国以外的文化，而且有机会参加一些国际研究项目。由于时间冲突，EMBA 的教师在同一个学季中通常不会同时给全日制、夜班和周末班 MBA 项目授课。

表 7—1	EMBA 课程名称和时间安排

三个校区的 EMBA 项目的课程顺序

第一学季：夏季（6—9 月）
（入学前自选课：数学和会计学（芝加哥））
（项目启动周（芝加哥））
财务会计
微观经济学
有效管理的必要因素

第二学季：秋季（10—12 月）
宏观经济学
竞争战略

第三学季：冬季（1—3 月）
统计学
管理会计

第四学季：春季（3—6 月）
运营管理
投资学

第五学季：夏季（7—9 月）
决策与谈判（伦敦和新加坡）
市场营销（伦敦和新加坡）
选修课周（芝加哥）

第六学季：秋季（10—12 月）
公司财务
战略领导力

第七学季：冬季（1—3 月）
财务分析案例
日常管理

资料来源：学院文件。

◉ 以学科为基础

芝加哥大学布斯商学院的课程体系特别强调经济学、心理学和社会学等领域的基础学科理论，以便为学习市场营销和金融等应用性专业课打好基础。这就充分利用了学校其他院系的强大优势，比如经济学系的诺贝尔奖得主是最多的，社会学的发源地就在芝加哥大学，等等。尽管布斯商学院也使用案例教学，但教师还是重点采用讲课的方式，用教材、练习题等资料来讲授各门学科的基础理论和基本概念。初级课程尤为如此，在很多高级课程和选修课中也很普遍。哈佛商学院把案例作为讨论和分析的出发点，而芝加哥大学布斯商学院则主要是用案例讲解怎样把理论付诸实践。

这种基于学科的教学方法在不同的领域和课程中有不同的表现。例如，有一门市场营销课没有采用其他一流商学院普遍使用的教材，因为那本书没有从微观经济学等学科的角度讲解重要的市场营销概念。授课教师认为，用微观经济学的理论教市场营销，可以让学生更好地理解何时、为何要应用定价等市场营销概念，而这是其他教学方法做不到的。另有一门财务会计课则使用了前沿的财务会计教材。学生每堂课都要阅读有关章节，多数课上教师会专门花时间讲解理论。几乎每次课学生都要做教材上的练习题，并准备一个简短的案例分析。

A 组综合管理课程中关于竞争战略的一门课也是个很好的例子。授课教师是一位应用微观经济学专家，课程内容包含经济学和博弈论。两本教材分别是戴维·贝桑科（David Besanko）等人合著的《战略经济学》以及阿维纳什·迪克西（Avinash Dixit）与巴里·纳莱巴夫（Barry Nalebuff）合著的《战略思维》。有几堂课的主要内容是"博弈论和战略互动简介"、"价格竞争：价格战、默契配合与游戏规则"、"消耗战、责任与标准"，这些课的框架都来自微观经济学理论和产业组织学。

史蒂文·卡普兰（Steven Kaplan）教授是创业和金融领域的任课教师，他非常认可这种以学科为基础的教学方法："学生上微观经济学的课就可以扎实地学到微观经济学知识，上会计学的课就可以学到会计学的要点。如果只做案例的话，他们学到的知识很可能太浮于表面。我们会先教总体框架（比如微观经济学的供求概念），然后再教他们把理论框架应用于案例分析。"

教师：科研和教学的自主选择

对教师来说，MBA 项目的灵活性同样重要。布斯商学院的教师在职业发展方面享有极大的自由度。学院极少召开教学会议。即使课程编码和课程名称都完全相同，不同的任课教师也可以教出截然不同的版本，只要在课程简介中阐明课程的特色即可。

学院希望教师多多参与的一块事务是招聘新人。教师全年都会投入大量精力阅读求职论文，参加研讨会和讨论候选人。教师和院长会坚持高标准，择优录用。但是入职以后，新教师即开始自主制定科研计划和承担教学任务，只要保证课程内容新颖、授课顺利即可。

学院的科研工作也很好地反映了学院的学科本位和灵活性。研究型教师——一般是终身教授或预备终身教授，还包括一些访问教授——除了可以自主决定授课内容，还可以自行决定做什么研究。他们可以把研究带到课堂上来，把科研兴趣与教学兴趣紧密结合起来，热情饱满地讲课。有位市场营销教授说，他在好几节课上和学生讨论他的科研论文。偶尔，他还把实际研究数据拿给学生，让学生进行研究，得出自己的结论。还有一位教授说，虽然不是所有的课程都涉及科研课题，但这种情况不在少数。她说："我们的学生能够接触到科研。当然，其他学院的学生可能也一样。不过我觉得，我们可以在课上融入更多研究方面的内容，因为我们的学生基础比较好，也更乐于接触科研。"

学院致力于为教师和学生建立一个统一的价值体系，科研和教学之间的紧密联系就是力证。斯奈德院长认为，能进行高水平的科研活动就能做出更好的商业决策——两者的目的是一样的，即选择最佳备选方案，批判地评估方案，然后应用理论知识完善方案。由于学术领域的就业市场是以学科为本位的，布斯商学院可以凭借科研与教学的紧密结合招聘到最优秀的人才。学院的文化是，重视以学科为基础的研究，并为这种研究创造良好的氛围。不过，一位前任院长曾经招聘了几位有跨学科专长的教师，可到 2007 年，他们中只剩下一人还在学院工作。

一些商学院设立了名目繁多的科研资助机制，试图引导教师确定科研课题，但芝加哥大学布斯商学院并没有这么做。一位教师认为学院是个扁平的机构，很少有"中层经理"——比如居于教师和院长之间的学术事务主管或副院长——会影响科研。会计学教授阿比·史密斯（Abbie Smith）说："在芝加哥大学布斯商学院当老师，意味着可以自由设计课程，自行制定科研计划。这是一个随心所欲的地方，我们完全可以独立思考，基本上没有官僚主义，会议少之又少。"

和很多商学院一样，芝加哥大学布斯商学院也设有终身教职和预备终身教职（助理教授和副教授）。学院还聘请了兼职教授、访问教授和有实业经验的实践教授。2007 年底，学院共有终身教授 64 人，预备终身教授 55 人，兼职教授 35 人，访问教授 19 人，实践教授 13 人。实践教授是由终身教授投票通过的，聘期五年。他们一般在学院全职工作，通常拥有博士学位并有实践工作经验。

◉ 管理灵活性

必修课的灵活性主要体现在三个方面：有多个级别的课程可供选择，学生可以自行确定课程顺序，还可以任意选择自己喜欢的教学风格。

第一，学院虽然不允许学生通过资格考试免修课程，但是给学生提供了多个级别的课程或"起点"。学生可以在满足基础课和覆盖面要求的前提下根据个人情况自由选课。如果学生对某个领域知之甚少，他们通常会选择宽泛的初级课程学习基础知识。

而那些已经有相关知识和经验的学生则可以选择更高级的课程，学习更集中、更精深的专业知识。例如，财务会计领域的基础课通常取名为"财务会计"，主要介绍财务报表和财务报告制度。另有两门课程可供学生选择，分别是"财务报表分析"和"税务与经营策略"。每个领域都为基础较好的学生开设了高级课程，用以替代初级课程并同时满足专业领域覆盖面的要求。学生也可以在征得教师的允许之后，在学院规定的替代课程之外选修其他课程。大部分学生选择的都是初级课程，不过对于其他学生来说，用高级课程替代初级课程是很有必要的。

第二，学生可以根据自己的需求和兴趣按任意顺序学习课程。学生的个人情况是不一样的。以改行的学生为例，他们没有商学教育背景，通常会在第一学季修读大量基础课（类似于其他商学院的核心课程）。这样，在第一学年后半段，他们就可以确定自己感兴趣的领域，选择合适的选修课，满足课程覆盖面的要求。而那些希望毕业后到投行工作的学生则可能采取不同的选课策略。如果能在第一学年和第二学年之间在投行实习一段时间，这对谋求投行工作大有帮助。为此，学生会在第一学年尽量多选一些课提前做好准备，在第二学年再学习学位要求的其他课程。

第三，教师可以根据自己的教学风格设计课程，不同的教师在案例使用、团队项目或特邀嘉宾等方面各有侧重。学生可以按照自己喜欢的教学风格选课。

院长斯奈德总结了保持灵活性的必要性："我们的学生非常多样化，逼着他们学习同一套核心课是行不通的。有的学院把一些成功人士招进来，然后把他们绑在一起学习核心课程，很少关心他们究竟能不能学到东西。我们就没有这个问题。学生可以灵活自主地选课，获得他们想要的价值。很多学生都说他们选择布斯商学院就是因为这里的课程方案非常灵活。"

帮助学生选课：内部市场

学院的教务办公室专门为学生提供选课指导，建议他们选修初级课程或高级课程，并且引导他们根据职业兴趣选择合适的课程组合。一位授课教师说学生往往希望得到更多的建议，但是"教师一般不会建议学生选什么课。一方面，我们不清楚其他教师教些什么；另一方面，我们也不想推荐一位教师而不推荐另一位。就像证监会一样——我们只是充分披露信息，让学生自己选择需要的课程"。

学生会经常交流对课程和授课教师的评价，这对选课也很有帮助。他们还会查阅课程大纲和课程评估，了解更多信息。有时，学生还会向教师询问课程的具体细节。然而，一位教授指出，这种让学生寻找信息、自行选课的方法也有弊端，学生往往会忽略一些小的细分课程。

学生对这种灵活的课程体系及其优点评价很高。课程评估委员会在 2007 级学生毕业后的几个月内对他们做了跟踪调查。调查结果显示，92% 的学生对学院的课程体系表示满意或非常满意，只有 3% 表示不满意或非常不满意。

为了能让学生选上最感兴趣的课，学院采用一种打分制的竞标系统来确定选课结果。全日制、夜班和周末班的学生可以竞标这三个项目的任何课程。学生为了提高选课的成功率会使用各种竞标策略，比如调整课程学习顺序等。

斯奈德院长解释说："这里有一个内部市场，教师提供课程，学生随心选课，教师需要满足学生的需求。"例如，有七门课都叫"竞争战略"，连课程代码都一样，也都满足 A 组课程要求。七位授课教师自行决定课程主题、教学资料，自主确定论文、陈述、课堂表现和考试成绩在期末总分中所占的比例。学生会依个人兴趣选择一门课，而选课人数较少的授课教师为了吸引更多的学生，只好经常调整教学资料。市场营销教授桑贾伊·达尔（Sanjay Dhar）举了另一个例子："我和我的同事都教市场营销的初级课程。我们的背景不一样，所以讲解同样的内容时会使用不同的方法。我经常从定量分析的角度讲课，侧重会计准则、回归分析和多变量分析。我的同事则偏向于从心理学的角度讲课，内容涵盖归因理论和社会心理学。"

当然，课程是要遵守某些规则的："竞争战略"课必须教竞争策略，初级或入门课程教的一般是公认的知识点。就初级课程而言，教师的选择余地主要在授课方法以及使用的文章、案例、练习或习题集等方面。而对于高级课程和选修课，教师在授课的内容和方法上几乎没有什么限制。即使课程名称完全相同，授课教师之间也很少需要协调沟通。

开发整套课程

芝加哥大学布斯商学院关于课程方案的管理规定特别少。院长办公室负责审批每个 MBA 项目的课程方案，尤其是第一学年的基础课和深受欢迎的选修课。每个学科领域都有一名或多名资深教师负责排课，他们有时会建议新开一些课程。

负责排课的教师必须事先定好授课教师，他们一般很少碰钉子。有时，如果找不到合适的终身教授或预备终身教授，他们就会请访问教授来教课。新入职的预备终身教师通常教入门课程，他们在第一年一般沿用资深教师的教学大纲。积累了丰富的经验以后，有些教师就会改教选修课。不过很多资深教师还是选择教入门课程。

芝加哥大学布斯商学院的课程大都以学科为基础，在这方面课程开发体系一直运作良好。然而，涉及领导力、创业和国际研究等领域的非学科基础课时，负责排课的教师就会遇到较大的挑战。卡普兰负责创业领域的排课事宜。他说，他会先找一些有学科专长的教师来担纲相应课程，然后请业内人士或实践型教师来教非学科课程。他说："学院的教师大都擅长单个学科，而从实业界聘请教师就体现出明显的优势，我们可以教一些原本教不了的内容。目前，创业主要属于教学领域，相关的研究较少，我们邀请业内人士和学术型教师一起教这门课。"学院引进外聘教师时会请一位终身教师对其所教课程提出大概的要求。除此之外，外聘教师和终身教师一样，在设计课程和授课方式上享有很大的自由。

实践型教师大多拥有博士学位，其中很多人毕业于芝加哥大学，有些教师以前就和学院有联系，只是后来去非学术单位工作了一段时间。学院很少有教师担任过 CEO 之类的职位。一位行政人员说，布斯商学院的实践型教师在其他学院很多都可以拿到终身教职；关键问题是招到的教师必须擅长教学，并且理解和尊重学院以研究为本位的价值观。

学院对其教学和教师结构非常有信心。一位教师说："我觉得学生并不在意任课老师是学术型还是实践型，有时候他们根本看不出有什么分别。大多数情况下，学生在选课时只参考课程内容和教学评估结果，并不关心任课老师是什么类型。"

如果教师提议开一门新课，学院基本上不会提出明确要求，最主要的问题在于学生的需求。为了更有效地利用课程开发和授课时间，教师倾向于给两三个班教同一门课。比如，在一个学季给三个班教同一门课要比在一年内教三门不同的课容易得多。教师经常在不同的项目教同一门课——比如既教白班又教夜班——以满足学生的需求。通常，如果授课教师不再感兴趣或者学生需求不大，这门课就会停开。偶尔，如果某门课的选课人数总是特别少，院长办公室就会取消这门课。

● 学以致用

除了严格坚持以学科为基础的课程方案，芝加哥大学布斯商学院还致力于培养学生的个人领导技能、对国际问题的敏感度并锻炼团队工作经验。

"领导力的效力与开发"项目

1989 年，芝加哥大学布斯商学院开设了"领导力的效力与开

发"项目（LEAD），旨在以课堂教学和体验式活动相结合的方式
培养学生的领导技能和领导意识。LEAD是课程方案中唯一的必
选内容，也是全日制MBA学生以班为单位学习的唯一课程。
LEAD的使命是"通过以技能为基础的互动性的课程和项目设
计，培养学生的自我认识和人际交往能力"，其目标是"不断提
高学生激励他人、建立人际关系和影响结果的能力"。副院长科
尔（Kole）说："LEAD的初衷是给学生一面镜子，让他们知道
别人对自己的看法，了解自己的领导效力，更好地与别人沟通。"

在LEAD项目中，学院把学生分为10个班，每个班约55
人。每个班进一步分成很多组，每组7人。每个班由一组二年级
学生担任指导员。这些二年级学生都是择优选拔的，在上岗前由
行政人员和非学术型教师对其进行培训。LEAD项目安排在入学
教育阶段至秋季学期的最初7个星期，总共125个学时。

学生在入学前的暑期要参加几次自我测评，包括迈尔斯·布
里格斯性格分类法测评（MBTI）和360度测评。9月初开学后的
两周内，所有学生都要参加一项为期三天的"户外领导力体验"，
一来熟悉其他同学，二来培养团队合作意识。随后，学生需要参
加一系列模块和课堂教学，学习领导力研究、人际交往、团队精
神和团队冲突管理、演讲技巧和伦理学等。LEAD项目于11月中
旬结束。

项目期间，二年级指导员会给学生提供领导力和人际交往能
力方面的反馈和评价。例如，在较早的模块教学中，学生参加团
队活动的过程会被全程录影。随后，学生需要观看录像，讨论他
们的团队精神。学生还会与指导员一对一地交流他们在团队中的
表现。在项目后期，学生再次与指导员一对一面谈，分析其在项
目过程中的表现，获得反馈和建议，制定未来的发展计划。在项
目最后的几周内，感兴趣的一年级学生可以申请成为次年的指导
员。申请成功的学生会在冬季和春季学期获得培训。这些指导员
共有40人左右，他们都会得到两门课的学分。

芝加哥大学布斯商学院的教师认为，领导力技能对于 MBA 学生的个人发展和事业成功来说是至关重要的。同时，他们觉得领导力理论和领导力培养尚不成熟，不太好教。学院还面临一个挑战，那就是尽管它们的教师大都擅长某个学科，可是很少有人研究领导力课题。有些教师认为这个领域的研究性不强。正如一位教师所言，"LEAD 项目对学生来说用处很大，但它不是一门学术"。

大多数学生认为 LEAD 对于建立同学关系很有帮助，而且指导员也和一年级学生一样收获颇多。但也有学生对 LEAD 项目评价不一。有个学生直言 LEAD 项目"没什么意思"，他说："我不太喜欢这个项目；不过回头想想，我还是从中学到了一些东西，评价反馈那部分很有用。"还有少数学生反映，虽然可以从项目中学到一些很有价值的技巧，但是在之前工作时就参加过类似的培训。

国际视野

芝加哥大学布斯商学院创造各种机会增加学生的国际体验，让学生了解国际问题。和很多其他学院一样，布斯商学院从世界各地招收学生，注重考察学生的国外工作经验或其他国际体验，力图创造"国际化"的教学氛围。其学生来自 50 多个国家，其中 35％是非美国公民，而且美国籍学生中也有很大一部分在国外工作过。学生对国际问题很感兴趣，比如，美欧学生会非常积极地参加亚洲学生兴趣小组。约 20％的学生暑期在国外实习，也有 20％的学生毕业后在国外工作。

学院有不少课程都涉及全球化问题。"国际组织"和"全球经济环境下的企业管理"等课程专门讲解国际问题或全球化问题。其他的课程虽然不是专门讲国际问题的，但是使用的很多案例或文献会涉及美国以外地区的问题或企业。为了满足学生的需求，一些教师尽量在课程中增加其他国家和地区的内容。卡普兰说，授课教师可以自行决定是否在课上提及国际问题。他说："教师在合适的时候会引入国际问题。至于具体该怎样做，学院没有任何规定。我们的自主性很大。"

芝加哥大学布斯商学院的全日制、夜班和周末班的学生都有机会参加短期出国交流团（两三周）和为期一学季的"国际商学交换生项目"（IBEP）。通过 IBEP 项目，芝加哥大学布斯商学院和 21 个国家的 33 所商学院建立了合作关系，授课语言多达 7 种。参加 IBEP 项目的学生无须另外支付学费，因为布斯商学院向合作院校每派出一名学生，就要相应接收该学院的一名学生。学生只能学习 IBEP 合作院校的选修课，而且很多学生都反映外校的课程比本院的更容易。即使如此，很多学生仍然认为这个项目很有价值，因为他们可以获得不同的文化和商业体验。布斯商学院约有 10% 的学生在国外交流学习过，大都是在第二学年冬季学期派出的。

对全球商业问题特别感兴趣的学生可以参加学院的国际MBA（IMBA）项目。和其他学生那样，IMBA 学生也要学习同样的 9 门课，以满足基础课、覆盖面和综合管理领域的要求。之后，IMBA 学生不像 MBA 学生那样在任意领域中选择 11 门选修课，而是从一些特定的课程中选择 5 门，这些课程包括本院以及芝加哥大学其他院系开设的国际商务、银行或政策等领域的 12 门课程。这些选修课对全院所有学生都是开放的。此外，IMBA 学生必须在 IBEP 的合作院校学习一个学季，选修 3 门课程。这 3 门课是唯一不要求涉及国际问题的课程。最后，学生还需要熟练掌握一门外语才能得到 IMBA 学位。

芝加哥大学布斯商学院在 20 世纪 90 年代中期就推出了 IM-BA 项目，尽管近 20% 的报名者表示对学院的国际项目（IBEP 和IMBA）感兴趣，但 IMBA 项目的实际招收人数从 21 世纪初开始逐渐下降。2007 年，只有 12 名学生还在攻读 IMBA 学位。选择这个项目的学生很少，某种程度上是因为项目的要求比较死板，大家认为这个学位的市场价值相当有限。另外，学生觉得学院有太多有吸引力的选修课，如果参加 IMBA 项目，他们就会错过这些课程。而且，即使不参加 IMBA 项目，学生同样可以修读与国际问题相关的课程或者到国外交流学习。

有几位教师指出，要培养具有国际化能力或者至少有国际化意识的学生，难度其实很大。金融学教授拉古拉姆·拉詹（Raghuram Rajan）说：

> 没有简单的答案。国际化绝不只是学一门外语或者到国外访学一两周。到国外读个学位或者学几门课也是远远不够的，因为商学院还没能很好地融入社会。真正的国际化是要深入理解不同的思维方式和价值体系。教师必须理解这些不同的观点，这点非常重要，可又很难做到。在全球化方面，企业总是抱有不切实际的期望，它们希望能找到在各种文化中都游刃有余的人。这种人非常少，而且，在课堂上是学不来的。或许我们在培养学生时应该降低一些期望值。

主管职业发展的副院长朱莉·莫顿（Julie Morton）补充说："在课堂之外，学生可以通过亲身体验来拓展全球化视野——参加学生社团和学习小组，与其他学生多交流，参加访学项目等。"有些教师认为，国际化的教学难度较大，毕竟，学院的核心竞争力是以学科为基础的课程，授课教师的强项是科研能力。

体验式教学实验室

芝加哥大学布斯商学院开设了几个体验式教学项目，让学生把课上学到的知识以及入学前已有的经验和技能付诸实践。这些项目主要包括作为选修课的实验课、校内外的各种学生比赛等。

实验课有多种形式。在"管理实验室"中，学生分组（每组10~12人）为一个企业客户工作，类似于咨询公司团队。首先，客户提出一个企业战略、新产品开发或运营方面的问题。接着，学生分析问题、收集资料、进行研究、制定解决方案，最后向客户做正式汇报。项目一般持续几个月，项目组分布在世界各地，项目时间也不必与学期设置相吻合。

在"初创企业与小企业实验室"中，3～5 名学生编为一组，为一些小企业、初创公司或非营利组织开展项目。项目主题包括市场调研、消费者研究和战略制定等。在"私募基金/风险投资实验室"，学生单独或分组在私募基金或风险投资公司以实习生的身份每周工作 15～20 个小时，帮助这些公司评估商业机会。

"国际创业实验室"要求学生为在中国建立一家国际商务公司制定商业计划。学生先在芝加哥上课，然后到中国访问 10 天。在中国期间，他们会参观一家企业，了解企业文化和商业环境，其余大部分时间则用来起草商业计划。这门实验课安排在夏季学期，主要面向在职学生。

每门实验课都由一位学术型教师或实践型教师担任主管，一般都包括一些课堂教学。一位负责实验课的教师介绍说，课堂教学的内容包括财务模型、商业情境中的法律问题、如何设计市场调研等。课程负责人还负责协调教辅人员的活动。比如，大多数实验室项目都有几位辅导老师，他们和学生密切协作，帮助学生思考与项目相关的商业、国家或团队问题。他们有的来自商学院或学校其他院系，少数来自其他商业机构，但大都有实际操作经验，在一个学季内可能会为实验课每周工作 20 个小时。有时，课程负责老师和辅导老师还会帮学生联络外部专家，比如乐意与学生交流并提出建议的校友等。

大多数实验课要求学生事先提出申请。学院在选拔学生时非常看重过去的经验，确保每个小组中都有能人。另外，这些课程通常都有一些前提要求。一般来说，上实验课可以获得一个学分，如果需要多次出国的话，则会得到两个学分。

芝加哥大学布斯商学院的教师认为，实验课是一种很有效的方法，可以让学生得到真实的体验，把课堂上学到的知识应用到实践中。学院推出实验课，主要也是为了满足学生的需求。一位教师说，布斯商学院治学严谨，很多学生慕名而来，但是还有不少学生希望获得更多的体验学习机会，所以学院就相应做了调整。也有人指出，一些学术型教师参与体验式教学，对其个人发展也大有裨益。

实验课的一个挑战是后勤保障。几位教师提到，这类课程很难接纳更多的学生，因为扩大规模就意味着要寻找更多合适的项目，也要雇用更多合格的辅导老师。此外，由于实验课的工作量很大，工作时间也不确定，为企业客户工作的压力又很大，所以很多学生在上实验课时都很难学好其他课程。

● 展望未来

与其他商学院相比，芝加哥大学布斯商学院有两个"最"：一是给学生提供的课程方案最为灵活；二是教师认为它是世界上最没有官僚作风的顶尖商学院。然而，这种随心所欲的环境有利也有弊。学院要调整课程方案就只能采取循序渐进的方式——一门课接一门课、一个班接一个班——而无法自上而下地系统进行集体行动和变革。学院在教师招聘和讲授前沿学术知识方面做得很好，可是很少对课程做大幅改革。

院长斯奈德清楚地知道，尽管芝加哥大学布斯商学院在用人单位中口碑极好，而且在《商业周刊》、《经济学家》和《美国新闻与世界报道》等杂志中的排名情况也非常理想，可是也有人质疑其 MBA 项目在企业管理知识的覆盖面和有效管理组织的能力培养方面做得不够。从学生的角度来看，那些喜欢严谨的分析性课程的学生觉得布斯商学院是个不错的选择；而那些希望锻炼管理能力和团队合作的学生就不那么满意了。[2]斯奈德坦言："大家普遍认为我们的学生缺乏组织意识，这对我们学院是个很大的

'打击'。"

斯奈德院长认识到人际沟通能力可以弥补学院教学风格的不足。从2004—2005学年开始，学院的全日制MBA招生部门调整了招生策略，重点招收那些思维活跃、擅长团队合作和沟通的学生。2007年1月，为了加强学生领导力和管理技能的培养，学院聘请了一位新的LEAD项目主任，他在辅导企业高管方面有丰富的行业经验。此外，课程委员会也在调查毕业生的学习路径，分析课程方案是否需要调整。

斯奈德认为，变化的世界要求领导者有能力判断和驾驭复杂的问题，这与芝加哥大学布斯商学院的风格非常契合。他认为MBA教育的目的是确保学生理解市场和竞争，熟悉组织的运作方式。他说："如果我们实现了这些目标，我们的毕业生就可以在各行各业成为佼佼者。"虽然这种以学科为本的教学方式"对一些人有吸引力，但是会让其他人望而生畏，也不太利于培养学生的决策能力"，但在斯奈德看来，芝加哥大学布斯商学院最大的挑战却是"缩小严谨治学和学生真实体验之间的差距"。

2009年3月，由于经济危机的爆发，我们在课程方案和具体课程方面对芝加哥大学布斯商学院进行了跟踪调研。主要应对措施和新的计划如下：

- 学院仍然推行严谨的以学科为基础的课程方案，学生和教师依然享有很大的灵活性和选择性。
- 根据课程评估委员会的建议，学院新增了"分析管理"这个专业领域。此外，学院要求夜班和周末班的所有学生都学习一门关于领导力开发的课程。
- 在经济危机背景下，教师在课上新增了一些内容。大多数调整仅限于个别课程。例如，"主要政策问题的经济分析"这门课由三位教师联合执教，重点关注风险和风险管理、经济政策、金融服务行业和汽车行业的救助、美国的经济刺激计划等。院长认为，目前最需要变革的不是课程内容或是开设新课，而是鼓励教师和学生深入分析问题和研究问题，透过现象看本质。

第 8 章

欧洲工商管理学院：信条——全球化

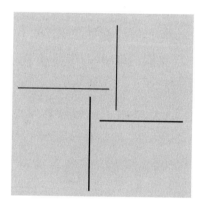

欧洲工商管理学院（以下简称"INSEAD"）有两个校区，一个位于法国巴黎市郊的枫丹白露，另一个位于新加坡。该学院还与宾夕法尼亚大学沃顿商学院结成联盟。INSEAD 的定位是"世界的商学院"，其教师、学生和行政人员都从多元文化体验中受益匪浅。[1]1957 年，《罗马条约》签订之后不久，INSEAD 即正式成立，多年来迅速壮大，发展重心已经由欧洲转向全球，致力于提供全球化的商学教育。2000 年，INSEAD 新加坡校区正式对外开放；2001 年，INSEAD 与宾夕法尼亚大学沃顿商学院结成战略合作联盟，合作形式包括学生交换、教师互访、合作研究等。这些都是 INSEAD 为建设一个真正意义上的全球化知识和教育网络所做的重要努力。正如院长弗兰克·布朗（Frank Brown）所言，"我希望 INSEAD 因为培养下一代有跨文化能力的商业领袖而蜚声于世，无论身在何处，我们的学生一下飞机就能直接投入公司运营，高效地管理企业"。

2003 年 11 月，INSEAD 推出了以模块教学为主的 EMBA 项目，着重强调学生的团队精神、领导力和个人发展。2006 年和 2007 年，学院分别在以色列和阿布扎比酋长国设立区域中心，专门用于开展科研和高管培训活动。2007 年 9 月底，INSEAD 成立纽约办事处，负责在北美拓展合作关系，提高品牌影响力。同时，其新加坡校区与清华大学经济管理学院联合推出 EMBA 双学位项目。"全球化已成为事实，商学教育必须予以关注，"MBA 项目主管院长（2004—2008）安东尼奥·法塔斯（Antonio Fatás）教授如此评价：

> INSEAD 非常特别。我们很有创新精神，由于不属于任何国家，所以特别灵活，也勇于尝试。另外，我们专门开设了一个一年制 MBA 项目，近年来项目越做越好，很多学院也都开始效仿我们。拥有第二校区和短期高强度 MBA 项目，这是我们的两张王牌。

学院和 MBA 项目背景

2007 年中期，INSEAD 的 MBA 学生总数达到近 900 人，来自 71 个国家；博士生项目学生共计 64 人，来自 21 个国家；EM-BA 项目 59 人；非学位高管培训项目 8 500 多人，来自 120 多个国家的 2 000 多家公司。非学位高管培训项目为 INSEAD 贡献了近一半的收入。无论什么时候，都有 600 名左右的 MBA 学生在法国校区上课，其他学生则在新加坡校区上课（还有一小部分学生在美国沃顿商学院上课，我们会在稍后详述）。1960—2007 年，INSEAD 已经培养了 18 000 多名 MBA 学生，另有 150 个国家的 19 000 位校友从其他项目毕业。[2]

INSEAD 招生的竞争对手包括哈佛商学院、伦敦商学院、麻省理工斯隆管理学院、斯坦福大学商学院和沃顿商学院。[3] 2006年，其 MBA 学员年龄为 23～35 岁，平均年龄 29 岁。INSEAD 要求报名者必须有 3～5 年实际工作经验。院长弗兰克·布朗说："我们非常注重学员的工作经验，教师也非常看重。我们认为商学院之所以有价值，就是因为 MBA 学生已经比较成熟，懂得经验的可贵。"除此以外，要想成功录取，申请人不仅要英语流利，还必须掌握第二外语（能熟练地进行日常沟通）。要想成功完成学业拿到学位，学生还需要基本学会第三种语言。学生一般是自学新语言，或者到 INSEAD 批准的语言培训机构学习。最受欢迎的几种语言是法语、西班牙语、日语和中文。

为了培养学生的全球化管理能力和团队合作精神，INSEAD 把 MBA 学生分成多个学习小组，每组成员来自不同国家和地区。INSEAD 的 MBA 项目分为五个阶段，分组学习是前两个阶段的主要学习形式。各组学生还需要合作开展一些小项目（尤其是组织行为学方面的课程）；有些教师和行政主管希望今后类似的小组合作机会能更多。上核心课时，学生必须分组坐在指定座位上。上选修课时，学生则可以自由选座，很多学生说一般来自同一个国家或地区的同学会坐到一起。"有两种形式的多元化，"一位教师解释道，"一种是熔炉，另一种是沙拉碗。我也说不清楚现在属于哪一种。"[4]

和学生一样，教师的组成也很多元化。INSEAD 的全职和兼职教师共计 143 人，来自 31 个国家，其中 100 人在枫丹白露校区授课。所有教师中，约有 53 名教授，30 名副教授，39 名助理教授和 21 名兼职教授。另外，INSEAD 两个校区的行政和支持人员共有 715 人，来自 21 个国家。学院的核心教师中约 80% 拥有美国某高校的博士学位，20% 是美国国籍。此外，学院还有 84 名访问教授。INSEAD 主要是基于学科需求招聘教师，从不考虑应聘人来自哪个国家。

INSEAD 的教师认为学院的成功主要得益于其"一年制、两校区"的 MBA 模式，这在顶尖商学院中是独一无二的。IN-SEAD 的申请人似乎也认同这一点。INSEAD 的学生中 40%～50% 只申请了 INSEAD 这一家学院。

一年制 MBA

INSEAD 让学生"用一年的时间来挑战你的思维、挑战你的观点、选择你的未来"。其 MBA 项目采用 10 个月密集授课形式，每年 9 月或 1 月开班，学生可以任选。每个班只是上课时间不同，学习的课程完全一样。1 月开学的班于 12 月结课，9 月开学的班于次年 7 月结课。1 月开学的班可以享受长达 8 周的暑假，学生可以利用这段时间实习或做项目。两类班级的学生都可以在不同校区学习。

根据学院教师介绍，INSEAD 把常规两年制 MBA 项目 85% 的课时压缩到 10 个月的 MBA 项目中。项目分成五个阶段授课，每个阶段持续八周，期间的间隔时间很短。每个阶段结束时，学生都需要参加相应的考试，随后有一小段休息时间。基本上每天都安排有三堂课，有时周末也需要上课，所以很多学生在找工作时，只能将面试约在傍晚。

该项目一共设有 13 门必修课以及至少 10 门半选修课。阶段一的核心课程是阶段二的基础。比如，阶段二的第一堂课"领导组织"首先会播放一段视频，并探讨一个案例，与阶段一的"领导个人和团队"课程相衔接。（表 8—1 是必修课清单。）在阶段一和阶段二，学生在枫丹白露或新加坡上课。在后三个阶段，学生可以任意选择在 INSEAD 或沃顿商学院（仅限一个阶段）上课，共有 80 门选修课可供选择。新加坡校区和枫丹白露校区开设的选修课很相似，不过需要看教师的时间安排。

大多数课都采用讲课、案例讨论和练习等形式。一般来说，讨论占课堂时间的一半，其余时间用来讲课或进一步讨论。学生成绩对用人单位保密。课堂参与情况占每门课总成绩的比例各不相同。"财务会计"等课程，课堂参与情况占总分的 25％；"管理会计"和"领导组织"这两门课，课堂参与只占总分的 15％；而"领导个人和团队"这门课，课堂参与情况则不计分。

表 8—1　　　　　　　　　　　　核心课程

阶段一设有五门核心课，共同构成 INSEAD 课程体系的基础。这些课都是从国际化视角来讲授，旨在培养学生的基本商业技能，包括微观经济学、财务报告、统计工具和决策启发、估值和投资、管理个人、团队协作等基本概念。
课程名称
财务会计
金融市场与估值
价格与市场
不确定性、数据与判断
领导个人和团队

阶段二共有六门课，基于阶段一讲授的基本知识，进一步教学生如何运营一家企业，让他们了解到不同专业知识的整合有助于解决管理问题。
课程名称
公司财务政策
市场营销基础
领导组织
管理会计
流程与运营管理
战略

阶段三从更宏观的角度让学生了解不同商业领域是相互依赖的，而且都受到动荡多变、竞争激烈的国际环境（企业经营环境）的影响。这些课程旨在培养学生在信息不完善、形势多变的情况下进行跨专业的综合思考的能力。

课程名称

国际政治分析

全球视角的宏观经济学

资料来源：INSEAD，"INSEAD MBA：Core Curriculum，" www. insead. edu/academics/core _ courses. cfm，accessed October 11，2007.

新加坡校区

INSEAD 的资深教师和老员工说，新加坡校区绝对是经典 INSEAD 文化所创造的佳作——研究兴趣、创业精神和潜在商业机会的完美结合。20 世纪 70 年代中期，INSEAD 推出了一个"亚洲商业"项目，来自很多亚洲企业的学员飞赴枫丹白露上课。1980 年，INSEAD 在枫丹白露校园里成立了"欧亚中心"，旨在鼓励教师研究亚洲问题。随后，INSEAD 又专门成立了"亚洲商圈"系，鼓励更多的教师重点关注亚洲地区。到了 20 世纪 90 年代，大家开始讨论是否应该在亚洲再建一个校区，以密切与亚洲商业实践的联系。道格拉斯·韦伯（Douglas Webber）教授回忆说：

> 从这种意义上来说，建立新加坡分校区与 INSEAD 更大的发展目标非常契合：20 世纪 80 年代，学院的重点战略是大力开展研究活动。某种程度上，在新加坡新建校区其实是顺其自然的决定，因为在那之前我们和亚洲有着非常密切的联系。当然，还有一个重要因素，那就是市场机会。之前的 30 年间，亚洲经济发展迅猛，INSEAD 预见到如果在新加坡建设分校区，一定可以吸引很多 MBA 和 EMBA 学员。

INSEAD 代表团专门奔赴马来西亚和中国香港考察，也把日本当作备选。不过法塔斯教授解释说，新加坡"就像凉爽晴朗的冬季"，是个不错的校址之选。"在那里，多种文化、宗教和种族相互交融。而且由于那里面积不大，我们不用担心被当地文化融合。此外，新加坡政府也表示非常感兴趣，可以提供位于城市中心的地块。"2002—2006 年主管 INSEAD 亚洲校区的院长赫尔穆特·舒特（Hellmut Schutte）（后来由于院长弗兰克·布朗直接管辖新加坡校区，该职位撤销了）补充道："我们希望新校区成为中心枢纽的一部分而不是泱泱大国的一部分。显然，我们对中国非常感兴趣。可是我们想建立的是一个亚洲校区而不是中国校区。"[5]

INSEAD 内部也有很多争议。时任 INSEAD 院长的加布里埃尔·赫沃维尼（Gabriel Hawawini）解释了商学院在国际化进程中遇到的主要挑战：

> 很难鼓励教师把他们的学科专长和全球化视野结合起来。虽然博士项目中有很多国际化人才，商学院还是很难招到既有全球化视野、熟悉某个地区，又能自如地给大量非本地学生教课的教师。你可能很难理解为什么会这样。比如，一位新教师是韩国人，而且拥有美国某顶尖大学的博士学位，但他并不一定打算成为学院的亚洲问题专家。

为了应对这些挑战，商学院可以采用很多办法。比如，它们可以"把世界搬到校园里来"，让校园成为一个全球会场。成功采用"全球引进模式"的学院大多数都是在成立之初即确立了一项国际化的使命。赫沃维尼说："这很可能说明，与其把现有的本地商学院转变为一所世界级的国际化学院，还不如从零开始创立一个真正国际化的商学院，这样容易得多。"

另外一种观点则认为，由于知识是分散的，商学院最好从不同地域挖掘知识，然后将知识进行整合，进一步创新。为了向世界学习，商学院可以采用"输出模式"——通过与国外院校签订交换生合作协议选派学生出国学习，在国外开设教学项目，鼓励教师到国外院校访学和教课。

还有一种方式——"海外据点模式"——即在国外建立完整的校区，具体来说可以进一步细分为几种模式。其一，"跨地区模式"，即在国外建立校区，把现有教学项目照搬至新校区，让当地学生学习。其二，"跨国家模式"，即在国外建立校区，在不同校区开设不同项目，允许学生在一个或多个校区上课。其三，"全球商学院"，这是最高级别的国际化手段——创立一个学院，在世界各地都建有优势互补、相互关联的校区，校区选址最好在"美国、亚洲和欧洲"，赫沃维尼说。教师在各校区工作，学生则在不同校区间穿梭，学习衔接紧密的精品项目。

1997—1998 年，一些对在亚洲建立校区非常感兴趣的教师向全体教师提出了建设新校区的想法。INSEAD 发挥其兼容并蓄和创业文化的特点，根据已经确立的国际化战略以及教师和学生的特质，经探讨决定采用"全球商学院"模式。法塔斯教授回忆道："当时大家一致决定，说'咱们就在那里建个新校区吧'。之前有些人持怀疑态度，担心招募学员和教师可能会有难度，不过最终还是被说服了。渐渐地，大家的想法越来越趋同，于是就做了最后决定。"教师认为，得益于"全球商学院"模式，INSEAD 的对外形象不再是"以欧洲为中心"。舒特评价道："无论做什么事，我们都信奉多元化，不喜欢单一文化环境。"[6]

几年后，INSEAD 投资 2 700 万美元，在新加坡波那维斯达（以新加坡"知识中心"著称）建成新校园，绿树环绕，环境优美。2000 年 1 月 6 日，INSEAD 在新加坡举办了 MBA 项目开学典礼。2005 年，新加坡校区新建了一个大礼堂以及多间教室、讨论室和会议室。截至 2007 年，该校区配备了七间圆形大教室，每间教室都装有最先进的通信系统，学员可以与枫丹白露校区的同学一起实时上课和讨论。此外，校区还建成了几栋学生宿舍以及藏书 13 000 册的 Tanoto 图书馆，拥有 43 名全职教师、81 名行政和科研人员。[7]因为新加坡政府热切希望这个"城邦"能吸引更多的学术交流和科研活动，所以大力支持 INSEAD 校区的建设和发展，这让 INSEAD 受益颇多。

◉ 学生体验

INSEAD 对新加坡校区的新 MBA 项目花费了很多心思。成立之初，INSEAD 曾努力说服其 MBA 报名者在新加坡开始项目学习。到 2007 年，INSEAD 已经不用再这样悉心劝说了；大部分在欧洲报名的学生都是在亚洲校区开始项目学习的。"去新加坡学习的欧洲学生越来越多，在枫丹白露学习的亚洲学生也越来越多。这样，学生即使不换校区也能深刻感受到文化的交融。"斯蒂芬·奇克（Stephen Chick）教授说。"学生如果告诉你在互相学习，言下之意就是幸好有第二个校区，他们可以和更多来自亚洲的同学交流，"主管教师的院长阿尼尔·加巴（Anil Gaba）解释道，"在亚洲建立校区之前，我们的 MBA 学员中只有 7％是亚洲人；而今天，这个比例已经接近 30％，而且还在持续增长。"INSEAD 的学生不仅欣喜于可以从亚洲同学那里学到更多，还认为新加坡校区提供了探索和了解亚洲市场的机会。借助校区的地理优势，学生可以更便捷地去其他亚洲国家，也可以更多地接触新加坡当地的企业人士。

INSEAD 两个校区的 MBA 项目采用同一套集中的录取流程。申请人咨询时，都会统一得到回复，在项目中至少有一个阶段可以到另一个校区上课。如果有剩余名额，学生还可以在另一个校区继续学习一两个阶段。INSEAD 鼓励所有学生转校区，体验当地的生活和文化。MBA 学生中，约 70％每年都会利用机会进行跨校区交换[8]；20％～25％的学生在其中一个校区学完整个项目；35％～40％的学生前半段在一个校区，后半段在另一个校区（称为"转换生"）；还有差不多同样比例的学生在项目最初和最后阶段在同一个校区学习，期间到另一个校区学习一段时间（称为"往返生"）。大约 2/3 的 MBA 学生都选择在枫丹白露开始项目学习。

学习环境

新加坡校区除单独开设了少数选修课，如"世界商业体系与亚洲企业战略比较"，"两个校区的 MBA 项目基本上一模一样，"院长弗兰克·布朗说，"我们可能会因地制宜地另开一些选修课，除此以外，学生得到的体验是一样的。""我们可不想创立一个亚洲版的 INSEAD 项目。"法塔斯教授补充说。

虽然这两位受访人一再强调两个校区的 MBA 项目体验没什么区别，学生却感觉"亚洲校区的一切，包括案例、模拟训练和活动等，都受到亚洲经济、战略和政治发展的影响。分校区就像一个平台，学院在这里与其他亚洲院校交流经验、创造知识"。新加坡校区的有些课程包括公司参访环节。INSEAD 邀请了很多嘉宾到校园来给学生做演讲，还鼓励学生到当地企业做项目和实习。INSEAD 校友非常积极，很多时候在这方面起到了穿针引线的作用。"但是，我们不给学生灌输当地东南亚文化的细枝末节，"一位教师说，"那并不是我们的意图，因为那不是 MBA 学生想要的。相反，我们帮助 MBA 学生充分了解各种不同的文化，能够有效地与人沟通和交流。我们从没想过要把学生培养成某个国家或某种文化方面的行家。"

新加坡校区面积很小，却让学生备感温馨，因为它拉近了人与人之间的距离。学生提到，在新加坡校区，和老师交流、一起午餐是常有的事。他们还说在那里学习，人际交往变得更容易，大家可以成群结队地出行。学生在当地到处游玩，有些学生还专门撰写游记，发布在博客上。[9]

在两个校区体验到纷繁多样的文化，这让学生既兴奋又担心。一个黎巴嫩学生说："参加这个项目的确可以让我们更好地理解别人。"但是，这也带来一些问题。"我们或多或少都有点不适应，"一个学生说，"我们中很多人都有双重国籍，出生在一个国家，却在另一个国家甚至多个国家长大或常住。所以有的时候，我根本搞不清楚课上听到的观点到底代表哪个国家。"一个印度学生也表达了类似的担忧。他在阿布扎比酋长国长大，在他的学习小组中有一个以色列软件工程师、一个常住伦敦的黎巴嫩银行家和一位日本女士。他差点想退学，因为总觉得这些组员，不管怎样，都代表着各自的国家。一名教师解释说："这种说法还是太浮于表面了。学生来这里学习之前大都在咨询业或投资银行工作，所以除了来自不同的国家，他们其实还是有很多的文化共性。"

在亚洲工作

有了第二个校区以后，INSEAD 的 MBA 毕业生就业情况有了很大变化。新加坡校区成立时，INSEAD 80％的 MBA 学生都选择在西欧就业；而 2006 级 MBA 学生毕业时，只有 52％接受了欧洲的工作机会。大多数毕业生不会回到自己的国家或以前的公司工作。1/3 的学生选择在咨询、投行和产业界工作；经济衰退期间，在产业界就职的毕业生比其他两个行业稍多一些。用人单位在招聘时会得到一本学生简历册，但简历上面都不会注明学生是否在枫丹白露、新加坡或费城（沃顿商学院所在城市）学习过。虽然 9 月入学和 1 月入学的班级有均等的求职机会，不过投行一般从暑期实习生（适合 1 月入学的班级）中招聘全职工作人员。

一个英国学生认为，如果有意在毕业后到亚洲工作，那么一定要到新加坡校区学习一段时间，那将是段非常宝贵的经历，尤其又因为在那里找工作一般要靠关系。她解释说："分校区让我们有机会参加行业会议和聚会，认识一些企业家和嘉宾演讲人。""一两年前，已经有 20％的 MBA 毕业生在亚洲谋到了第一份工作，"主管教师的院长阿尼尔·加巴说，"这说明他们和新加坡校区的人有密切沟通。在亚洲就业的毕业生每年都成倍增长——来新加坡校区的招聘单位和学生越来越多。"

然而，在亚洲就业的 MBA 学生比例比在欧洲就业的还是小很多，部分原因在于雇得起顶尖商学院 MBA 毕业生的亚洲公司实在不多。不过在 2007 年，20％的 INSEAD 毕业生在亚洲找到了工作，虽然看起来还是亚洲的学生倾向于在亚洲就业，欧洲的学生倾向于在欧洲就业。当时，为了在亚洲达到这个就业率，INSEAD 在市场开发和拓展方面做了大量的工作。法塔斯说："亚洲的 MBA 市场很小，我们只好自己来开拓。"

◉ 教师体验

2000 年初，除了确保两个校区的教师薪资完全相同，IN-SEAD 还特别提供一些条件鼓励教师到新加坡去工作和生活（当然，还有一个优势：在新加坡，个人所得税率为 15％，而法国是 35％）。有小孩的家庭面临的挑战较大。"从成本和后勤保障来考虑，迁至新加坡确实是很艰难的决定。"查尔斯·加卢尼克（Charles Galunic）教授说。但是法塔斯指出，"我们不需要收买人心。有些教师自己就非常想去亚洲，还有些教师个人安排非常灵活"。大多数教师在此之前至少搬迁过两次，第一次是为了攻读博士学位，第二次是来枫丹白露教书。法塔斯说："我们大多数人都是把已有的学术网络抛在身后，从外地迁来枫丹白露的。既然已经冒险了一次，再来一次也无所谓了，选择去新加坡没什么好顾虑的。"

不过，韦伯教授认为，"去新加坡还是会有一定的风险。那边校区很小，地理位置又孤立，所以和同事的交往联络会受限。新加坡本身也没有非常活跃的学术环境"。对这种说法，法塔斯还是认为之前的经历会起作用。"在枫丹白露，我们也同样有点孤立，但是可以通过出差等方式让自己始终和外界保持联系。在这一点上，新加坡和枫丹白露并没有差别。"

到 2007 年，新加坡校区已经非常受欢迎了。教师、学生和行政人员都认为新加坡那边的氛围更让人轻松。单位小一些，反而可以让同事之间关系更紧密。"有点像以前的枫丹白露校区。"一位老前辈说。教师认为在新加坡教课一段时间其实是非常有价值的，而且两个校区的模式并不会给教学带来难度，因为各校区的MBA 项目结构完全一样，都是两个月为一个模块。"一旦走进教室，就会觉得毫无差别。"一位教师说。另一位则补充道："在新加坡好像还更有意思。校区更小，老师、学生、同事之间更有凝聚力，而且地处市中心。那里天气也不错，总是很晴朗、暖和。相比起来，枫丹白露静谧、纯朴的田园风格更适合于深沉地思考问题，那个校区更传统。"加卢尼克教授说："在新加坡有个分校区，这更彰显了我们学院绝不拘泥于某一个国家。要成为真正国际化的商学院，当然不能只局限在一个地方。从树立品牌的角度来看，这意味着我们的确是世界的商学院。对学院自身来说，这更凸显了我们跨文化的特色。"

教师认为新加坡校区有"自己的原动力"，"已经有足够的吸引力"。"很多教师都从枫丹白露转去新加坡了。实际上，有些老师现在已经很好地融入了新加坡文化，甚至比在法国感觉更加自如。""新加坡分校区只有枫丹白露校区一半那么大，而且大家都在同一座楼工作，"新加坡校区的一名年轻教师说，"擅长不同领域、资历深浅不一的教师之间交流的机会更多。"

"很多教师都要求转到新加坡校区，"伊利安·米霍维（Ilian Mihov）教授说，"那里的氛围更放松、更适合创新，生活质量又高，而且承担的行政任务也少一些。我自己就在新加坡待了一段时间，当时科研收获特别大。"他的同事道格拉斯·韦伯也这么认为，"我在那里做研究并且写了几个案例，如果当时没有去新加坡，很可能不会有这些案例"。[10]韦伯接着说：

连核心课程的内容都有一定的灵活性，可以根据当地情况进行调整。比如，我在枫丹白露和新加坡都教一门课——

"国际政治分析",一共有 12 次课,每次课 1.5 小时,但在不同校区我会教不同主题。在枫丹白露,我会以"欧洲一体化"为题专门开一次课;而在新加坡,重点内容则是朝鲜半岛的统一以及中国大陆和台湾的关系。其实,课程的分析框架都一样,只是根据地域差异在内容上体现个性化。

INSEAD 各系在两个校区都有教师。两个校区也各有主管不同事务的院长(2007—2008 年,法塔斯在两个校区各待半年时间)。主管教师的院长阿尼尔·加巴以及主管高管培训项目的院长都驻守新加坡,其余院长则在枫丹白露办公。布朗院长也在枫丹白露办公,但是和同事一样,他也会在新加坡待很长时间。截至 2007—2008 年,约有 70% 的教师都在两个校区教过课。

这种两个校区的模式也改变了大家的日常工作节奏和习惯。一位项目主管说,每天他都花三个小时和新加坡的同事交流(由于欧洲有夏时制,所以冬天交流时间减至两个小时)。巴黎时间上午 11 点,新加坡校区已接近下班时间。两个校区通过最先进的电信和数据通信技术互相联系。部门会议、研讨会、教师会议等一般在法国上午时间举行,这样两个校区的相关人员就可以召开视频会议。教师可以给两个校区的学生同时授课,和学生实时互动。此外,INSEAD 在开创商业模拟训练方面也是佼佼者。训练中,学生需要分组竞争,这同样适合远程教学。[11]

詹皮埃罗·彼得里利埃里(Gianpiero Petriglieri)教授说自己非常喜欢和人面对面地交流,也提到了他的转变,"一开始,我想不明白怎样和相隔半个地球的同事有效地沟通,但很快就发现沟通有多么顺畅,这真是不可思议。有时,我们交流得特别愉快,甚至开始误认为每个人的日常生活都这样,以为世界就是这样运转的"。

然而,对于新入职的教师来说,转校区或许会让他们觉得更难融入新环境。INSEAD 鼓励他们形成自己的教学风格、进行更专业化的研究。"如果跨校区有助于年轻教师进行研究,他们就有动力换个环境。为了完成教学任务，有些教师会在两个校区各待一段时间，有的教师还会在教学的同时腾出时间做科研。"奇克教授解释说，"有时，教师到另一个校区去纯粹就是为了做科研。比如，如果你更喜欢住在法国，可是正在研究东亚的某个现象，或者反过来，那么去另外一个校区就很有必要，或许能找到合作对象。"最近，有两位新加坡校区的年轻教师几次来到枫丹白露，主要是为了和一些资深教师就共同感兴趣的研究课题深入交流。枫丹白露校区的几名博士生因为和导师合作研究项目，也飞赴新加坡校区在那里待了几个月。"但是，"米霍维教授说，"新加坡与枫丹白露、美国相距太远，这确实可能造成问题，尤其会让年轻教师感到为难。与什么样的人接触会直接影响到科研产出。为此，我们鼓励教师定期参加欧洲和美国召开的学术会议，到顶尖商学院做更长时间的研究。另外，我们也争取邀请更多的来自世界各地的知名学者来 INSEAD 访问。"

2008 年秋，新一届博士生将可以和 MBA 学生一样选择任一校区开始学习。"以前，博士项目一直都设在枫丹白露，但今后，博士生将不再固定在一个校区上课。"法塔斯说。在某个时间，INSEAD 会把这一届的所有博士生召集起来在枫丹白露待一段时间。INSEAD 每年大概招 12 名博士生，今后有意扩招至每年 18 人。

◉ 与沃顿商学院的结盟

INSEAD 一直致力于建立能反映和结合全球商业经济的精品 MBA 课程体系，它与沃顿商学院的结盟就是另一力证。2006—2007 年，58 名 INSEAD 学生在沃顿商学院学习，44 名沃顿商学院的学生则来到 INSEAD 学习；这些学生中有 24 人还到新加坡校区学习了一段时间。[12]学生还参与了计算机商业模拟比赛——

MGEC 市场竞赛。比赛中，沃顿商学院和 INSEAD 的学生分组创建虚拟公司，以盈利最大化和建立商业合作关系为目标展开竞争。[13]

两大顶尖商学院结成战略联盟还有一个重要目的，那就是推动教师科研。双方合作成立了"INSEAD—沃顿国际研究和教学中心"，以此促进教师和博士生交流，建立联合论文指导委员会，使用技术辅助教学。两院的教师和博士生一起合作发表文章、专著和案例，研究课题都与全球化有关，具体包括创业、市场营销、战略、管理和金融等。除了有 40 位教师和 6 名博士生参与合作科研，INSEAD 和沃顿商学院还有 23 位教师曾经到对方教过课。通过这种跨大西洋的合作，双方出版了一系列专著和文章，收获颇丰。另外，两个学院还在美国、欧洲和亚洲共计四个校区（包括沃顿商学院旧金山校区）合作开展以全球客户为对象的定制高管培训项目和公开课项目。双方还合作开办了一个企业管理项目，项目学员都是非常有潜力的管理人员。该项目采用模块教学，旨在满足跨国企业人员的特定需求。[14]

◉ 高度多元化课堂中的教与学

INSEAD 的全球化使命以及高度多元化的学生结构给课堂带来了很多挑战。以选修课为例，有的学生去过新加坡校区或沃顿商学院，有的一直在枫丹白露上课，这样一来，学生给课堂带来了各种各样的体验。所有课程都是全英文授课，而 INSEAD 的学生中只有 20％母语为英文。MBA 学生中没有任何主流文化，人数最多的国籍也只占学生总数的 10％。"即使只有你一个人来自某个国家，你的声音也不会被淹没。"弗兰克·布朗院长说。"在这个校园，没有哪一种国籍是占统治地位的。这一点我特别喜欢，"一位教师说道，"不再有孤立、弱势的感觉，这样思维才能更加开阔。"

INSEAD 两个校区每月会举办一次"国家文化周"，学生都积极参与，分享他们的文化和当地商业习惯。文化周会组织丰富多彩的活动和展览。比如，摩洛哥主题周，大家会搭建帐篷，在帐篷里安上水管（或烟囱）；德国主题周，校园餐厅里会供应德国泡菜；瑞士主题周，午饭时间大家可以听到瑞士民歌；英国主题周，一辆伦敦的士和一辆双层巴士会优雅地在校园草坪边驶过。一名学生说："我们想让大家了解我们的真正文化，消除疑惑，让大家明白'我们确实不一样，但是也有很多共同点'。"另一个同学补充说："大家想生动地展示各自的文化，让别人知道文化并不是老套的条条框框。"

INSEAD 的所有课程都是从国际化的视角来讲授的。没有哪一门核心课程需要标榜自己是"全球化的"。法塔斯说："我从不催促教师把课讲得更国际化。"布朗院长说："全球化是贯穿整个课程体系的"，不过他更倾向于把"全球化"解释为"培养学生从全球的角度看问题"。INSEAD 有一门以国际政治问题为主题的课程，除此以外，很少有其他课程专门提到"全球化"或"国际化"这两个词。事实上，早期有一种 MBA 排名专门评估商学院的国际化程度，结果把 INSEAD 排到了最后。"记者数了数'国际（化）'一词出现的次数。可是，因为国际化已经完全融入我们的课程体系，所以课程大纲里从来不专门提到这个词。"法塔斯解释道。

在 INSEAD 教课必须用到不同国家和地区的事例和案例。有些教师提到应尽量避免过多地使用美国的案例。威廉·马达克斯（William Maddux）教授说："学生要的就是涉及世界各国的内容和资料。"加卢尼克教授表示："INSEAD 的国际学生一直很多。不过前些年，国际学生主要来自希腊、意大利、西班牙和德国。现在大不一样了，有很多来自俄罗斯、中国、部分非洲国家和拉丁美洲的学生，他们以前不太喜欢参与互动，现在越来越习惯了。要充分调动全班的积极性，鼓励大家畅所欲言，对教师来说是很难的事情。比如，我们经常会开开玩笑，为接下来要讲的内容作铺垫或是让学生觉得亲切一点、放松一点。可是对着来自 30 个不同国家的学生讲笑话，这实在是太难了。我们时常看到学生茫然不解的眼神，毫无疑问，他们根本没听懂。"如果在 INSEAD 课堂上提到马尔科姆（Malcolm X）——美国商学院学生耳熟能详的文化人物——学生也会满腹疑惑。

文化相对论也是一个不小的挑战。马达克斯教授说："不论举什么例子，都要考虑到是否符合特定文化"，尤其是教领导力等"软"能力的课程，永远没有正确的答案。"如果你在课上说某个战略非常有效，可能会有学生回应说，'在我的国家，这个战略行不通。'我会试着引导他们思考怎样调整战略才能更好地适应当地文化。"有位教师举例说，在探讨如何给人们提供反馈意见时，"德国学生和挪威学生可能与中国学生的观点大相径庭，中国学生可能会提醒其他同学，'你们在中国可不能这么做。'同样，一个来自那不勒斯的意大利学生表达了某个观点，可能接着就有一个来自米兰的学生反对，说'在米兰不能这么做！'"在这种情况下，"我们鼓励学生去适应而不是屈从于某种文化，"加卢尼克教授说，"有时，我会和学生说，很多事是放之四海而皆准的，比如诚实和正直，不管在哪里都是受欢迎的品质。而另一些则取决于特定文化，比如说话是否应该直接、可以多直接。你们不可能强行推广一种方式，让所有人都接受。"另一位教师说："有意思的是，谈论过度自信等话题时，大家都会从不同角度各抒己见，不过所有人都讨厌过度自信。人的体验还是有共通性的。"

另一个挑战是创造开放自由的讨论环境。"由于来自不同国家，学生的政治背景各不相同，这给调解争论带来了很大困难，"一位教师说，"有时，学生因为坚决维护自己的政治立场而激烈地辩论起来，这种情况真的很难处理。"另一位教师说："我们鼓励学生活跃、自由地探讨问题，但是一旦出现学生过度偏执的情况，我们会强行制止，让争论平息下来。这在 INSEAD 非常典型。"彼得里利埃里教授认为，INSEAD 的课堂可以"让人激动不已，观点非常多元化，如果你习惯于美国课堂，那么你一定会有意想不到的体验"。他解释说：

> 不是所有的学生都熟悉同一种形式的政治正确性，这让他们在沟通中没有心理负担，同时却又极易引起矛盾。他们可以坦诚、自由地与人聊天，甚至结交真正的朋友。可是，必须确保整个谈话卓有成效，而不是在制造不和；确保通过谈话打破陈规和第一印象。教师要保持敏感度，游刃有余地协调谈话过程，引导学生抱着学习的目的展开对话。同一个课堂上有 75 名学生，各有各的精彩故事，各有各的出色才能，这当然非常好。可是，这还远远不够。我们都在试图找到合适的方法，尽可能让学生"回归体验"，把那些激烈的、高强度的讨论过程转变为一种有意义的学习体验。

最后一个挑战是，教师必须管理对课堂准则和时间要求的不同期望。加卢尼克教授说："每个学生入学时对课堂准则的理解都不一样，在这种情况下教课并不容易，但是从学生结构的多样化给课堂带来的丰富体验来看，教课难一点也是值得的。"一位教师说："MBA 学生对学习的投入越来越成问题。"另外，由于各国教育体制和政治体制不同，学生在社交方面有很大差异。与东亚和南欧的学生相比，美国和北欧的学生自信多了，总能大胆说出自己的想法。一位教师解释说："要想让各国学生都有均等的发言时间，这确实很难。人们总想充分表达自己的观点或者让别人理解自己说的话，所以说话时间总会比预期的长。"学生的文化背景不同也会影响到给教师的评分，有些学生总是习惯于肯定别人，所以打分特别高，而有些则评分从来不超过 4 分（满分 5 分）。

基于以上所有原因，在 INSEAD 教课的难度极大，可也正是这一点激励教师不断改进，最终获得事业上的成功。加卢尼克教授说："有点像精神分裂一样，我们非常喜欢走进教室，看学生学习，让他们积极参与各种讨论。可是如果课教得不好，你会绝望透顶。"一位资历尚浅的教授说："学生要求特别高，挺难应付。而高管培训项目的学员都希望资深教授能多腾出时间给他们上课，所以在这里上课并不轻松。他们的进取心也很强，所以老师的压力比较大。实际上，我的博士生导师曾经建议我不要选择来 INSEAD，担心教课会占用我太多时间。"为了帮助新近入职的教师，INSEAD 于 2006 年专门设立了一个正式的师资培训项目，为在学院工作第三年的教师配备两名培训师，一人辅导其教学，另一人辅导其科研。一些教师还认为最近几年来，INSEAD 越来越注重培养教师的科研能力。[15]

◉ 展望未来

2007 年秋末，学院领导对 MBA 项目报名人数的激增感到非常自豪，认为这证明 INSEAD 培养全球商业领袖的方式真实地起到了效果，虽然当时很多学院已经纷纷效仿 INSEAD 推出了一年制 MBA 项目。然而，院长弗兰克·布朗认为，INSEAD 还没有真正让人们了解其独特性，尤其是在美国，他曾经在那里和很多 CEO 聊到 INSEAD，显然很多人对 INSEAD 还非常陌生。布朗于 2006 年 7 月上任，是 INSEAD 历史上第二位美国籍院长。虽然他一直在美国生活，却在世界各地工作过。"我们确实需要更好地推广 INSEAD 品牌，"法塔斯说，"现在总还是有些人问，'如果我不懂法语，可以申请 INSEAD 项目吗？'"他接着说："我们的回答是，'如果你想在全球范围内发展职业，那就来 INSEAD。'我们努力想了解这个世界，问题是，'我们能够做到吗？'两个校区是否让我们更好地了解亚洲？我想答案是肯定的，因为教师在两个校区之间来来回回，已经完全融为一体。"

布朗院长介绍道，如果今后两个校区不够用了，INSEAD 可能会考虑再建一个分校区。"两个校区相距太远，又处于不同时区，管理起来的确不容易，"他说，"但是我们做得非常好。"IN-SEAD 的领导认为，在新加坡建立亚洲校区以及与其他国家增进交流和合作，是 INSEAD 获得成功的两大要素。同时，他们也知道，学院的管理和运营越来越复杂，比如其教师在不同的大洲工作，在这种情况下，要保持良好的发展，INSEAD 必须保持其特有的创业文化。最后，INSEAD 还需要募集 6 500 万欧元的赞助资金。[16]教师说，要达到这个目标，INSEAD 必须紧密结合实践，同时做一些有重大影响力的研究。加卢尼克教授解释说："这是个大挑战，意味着我们必须很好地满足管理人员的要求，同时又能在顶尖学术期刊上发表论文。这就像是资本市场，市场压力能让我们做得更好。"

———————

2009 年 3 月，由于经济危机的爆发，我们在课程方案和具体课程方面对 INSEAD 进行了跟踪调研。主要应对措施和新的计划如下：

- 学院给学生创造各种跨文化和跨地域体验，坚定贯彻全球化信条。
- 增设了几门选修课，让学生深入了解风险管理、公司治理、薪酬设计和监管制度等。学院正在设计关于公司治理和项目融资的两门新课；另一门关于监管的课程——"商法与政府规制"——已经有所调整，增添了一些与经济危机相关的资料。
- INSEAD 教师写了几个新案例，着重研究风险分析和管理等经济危机的关键领域。
- 学院在"商业与公共政策"等既有选修课之外，积极创造机会让学生更好地了解私营经济与公共政策之间的关系。

INSEAD 拟与欧洲、北美和东亚公共政策领域的一流院校合作推出 MBA/MPA 双学位项目，目前正在准备阶段。

- 学院增加了一门商业伦理课的课时，分为四个模块，每个模块半天，在 MBA 项目的不同阶段讲授：入学教育周、阶段一、阶段二和阶段三。

- 学院将在项目快结束时专门开设一门总结性课程，共包含八次课，由最资深的教师讲授。该课将运用整合性的案例（涉及市场营销、会计、金融、战略和领导力等主题）和商业模拟训练，把整个 MBA 项目讲授的知识串联起来。

- 由于 MBA 项目报名人数不断增加，INSEAD 决定在新加坡校区多招一个班（65 名学生）。选择在枫丹白露开始学习的学生人数没有变化。同时，INSEAD 将引进新流程更好地管理学生在两个校区之间的转换，确保枫丹白露和新加坡两个校区的学生人数全年保持平衡。

第 9 章
创造性领导力中心：以领导力开发为核心

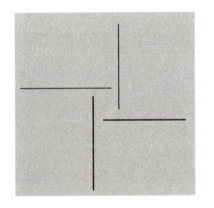

1970 年，创造性领导力中心（CCL）在北卡罗来纳州成立。其创办的理念是：领导力不是天生的，而是可以后天习得的。这家非营利教育机构致力于通过一系列领导力开发项目来培养学员的领导力技能，面向的人群主要是私营机构和公共部门中处于职业生涯中期的管理人员，也包括崭露头角的经理人和高层管理人员。有些项目是为特定组织专门开发的（定制项目），其他的则是内部开发的公开课。

创造性领导力中心为世界各地的客户培养创造性领导力，将其定义为"通过无限的思考和行动获得非凡成就的能力"。[1]创造性领导力中心的创始人史密斯·理查森（H. Smith Richardson）认为，领导力意味着创造性地应对变化，避免或克服领导者通常会面对的困难。多年前，史密斯·理查森的父亲创办了 Vick 化学公司。作为公司接班人，史密斯发现很多新的领导者都失败了，也意识到一个公司要想长久发展就需要培养领导力。基于这个想法，他于 1957 年成立了"理查森家族基金"，资助行为科学家研究领导力和创造性。[2]

截至 2007 年，创造性领导力中心已经发展成为世界一流的领导力开发机构之一，既做研究，也设计和开展培训项目，培养了40 多万人。[3]这家机构宣称自己是一家独一无二的商学教育中心，将行为科学研究与实际商业应用相结合，将前沿的领导力知识与新颖的培训、指导、评估和研究出版相结合。[4]负责研究和创新的副总裁戴维·奥尔特曼（David Altman）说："人们来到创造性领导力中心是因为他们遇到了复杂的挑战，需要寻求创造性的解决方案。"

创造性领导力中心认为其项目可以大大提高学员的学习能力，并让他们从以后的体验中学到更多。[5]创造性领导力中心有一个特殊的领导力开发模型（ACS），包括评估（A）、挑战（C）和支持（S）三个部分，旨在鼓励学员进行实践和反思。[6]评估工具主要用于了解学员的风格、个性和解决问题的方法。在项目开始前的几周内，中心工作人员会把评估工具发给学员及其同事。创造性领导力中心的一位项目经理说："以前总是让学生先选课，一周后再来上课。我们早就不这么做了。"[7]ACS 的第二部分是挑战。他们会创造或模拟一些高强度的工作环境，让学员不得不跳出安逸状态接受挑战，从而重新考察他们的能力、工作方式和效率。由于无法遵循常规思维，学员不得不挖掘新的能力，调整思维方式。[8]最后一个部分是支持，即在学员面对新的挑战时通过心理安慰增强其信心，让他们相信，只有改变固有的习惯，才能达到新的更有建设性的平衡状态。[9]培训过程中，工作人员、辅导老师和学员之间都会提供支持。项目结束后，他们会鼓励学员建立人际网络，持续开发自己的领导力。

凭借出色的培训效果，创造性领导力中心赢得了学者和企业高管的认可，在世界高管领导力培训项目的各类排名中名列前茅。根据 2009 年《金融时报》世界高管培训项目的排名结果，创造性领导力中心综合排名第六[10]，公开课程排名第七，定制项目排名第十四。根据 2007 年《商业周刊》的排名结果，创造性领导力中心的定制项目名列第八；其公开课程在目标达成、课程设计、教学资料、后续服务和师资力量这四个方面位列前十；其定制项目在未来用途和教学资料两个方面也位列前十。[11]

◉ 机构背景

2008 年，创造性领导力中心共有 500 名员工，分布在北卡罗来纳州的格林斯博罗总部及四个分校区：科罗拉多州科泉市、加利福尼亚州圣迭戈、比利时布鲁塞尔和新加坡。此外，14 个授权合作伙伴——创造性领导力中心认可的卫星组织——在澳大利亚、日本和墨西哥等国也开展了很多培训项目。创造性领导力中心为了拓展全球业务，于 1980 年开始对其项目和技术进行授权，并且给授权合作伙伴专门提供培训。[12]2008 年，创造性领导力中心的营业收入达 8 800 万美元[13]，其中学费、项目费和辅导费收入占 86%，其次是产品和出版物收入（6%）、许可使用费（3%）、捐赠和其他收入（3%），以及资助和研究项目经费（2%）。[14]

2008 年，超过 2 万人参加了创造性领导力中心的培训项目，他们来自 3 000 多个不同的组织，其中84%来自私营机构，7%来自教育机构，5%来自公共部门，还有 4%来自非营利机构。[15]76%的学员来自美国（10%来自欧洲）。[16]大约 27%的学员是高管或资深经理人，56%是中层或中高层经理，另有 17%是初级经理人或不属于以上分类的人员。[17]65%的学员是男性，35%是女性。学员中，有 2/3 参加公司定制培训（尽管该项目只占总收入的40%），22%参加公开课程，11%参加授权合作伙伴的项目。创造性领导力中心还通过研究和出版物影响实业界，包括通用研究和客户案例研究。

鉴于在美国以外进行实地领导力研究的需求，创造性领导力中心于 1990 年在布鲁塞尔成立了欧洲分中心，很多工作人员除了能讲流利的英语，还掌握至少一门主要的欧洲语言（2007 年，布鲁塞尔的工作人员可以讲 17 种语言）。和在北美一样，欧洲创造性领导力中心也会在项目开始前找学员的老板或经理访谈，为学员争取最大支持。[18]

2000 年，创造性领导力中心的负责人认识到需要在美国和欧洲以外开展研究和培训项目，于是 2003 年在新加坡成立了亚洲分中心。至 2007 年，亚洲创造性领导力中心有 23 位全职员工，在澳大利亚、中国内地、中国香港、印度、日本、韩国、马来西亚、新加坡和泰国开展培训项目。为了深入研究亚洲领导者和西方领导者的差异，亚洲创造性领导力中心在新加坡经济发展委员会的支持下，于 2005 年成立了亚洲研究部。两年后，有八位研究人员在进行几项重大研究。创造性领导力中心开始系统地收集资料，与不同文化的团队合作开展全球性研究。2005 年，创造性领导力中心与塔塔管理培训中心（印度一家一流的管理培训机构）建立合作关系，联合在印度开展领导力研究，并在领导力教育方面进行了一系列创新。

创造性领导力中心在全球不同的分支机构虽然开课数量不一，但领导力开发的理念是一致的。创造性领导力中心对全球不同地域的领导力进行了比较研究，同时也希望借此开发更多全球化培训项目及国家或地区培训项目。创造性领导力中心在美国开设的公开课培训项目包含该中心的所有产品和服务；而欧洲的公开课项目则只提供美国项目 15 门课中的 6 门，不过在欧洲开展的大多是定制培训项目。在亚洲，创造性领导力中心的公开课培训项目本土化程度更高，只提供美国项目 15 门课中的 2 门。创造性领导力中心在各分支机构都开展其核心项目——"领导力开发"项目（LDP）。有趣的是，LDP 学员的性别比例差异很大：在美国，70％的学员是男性；而在欧洲，男性学员只占 43％。

不同地区的领导力开发需求有很大差异。例如，北欧的公司大都采用复杂的精英管理系统。为了服务这个市场，创造性领导力中心招募了很多有行业经验的教师和工作人员管理那里的项目。不同国家和地区对领导力本身的看法也大不相同。例如，一些东欧国家对领导力抱有集权主义的观念，亚洲的创新领导力有时暗指可以进行一些非法活动。2007 年 3 月，创造性领导力中心开通了中文网站，介绍该中心在中国和亚洲提供的产品和服务。创造性领导力中心也为中国的企业提供定制培训项目，并有意在中国建立分支机构。中心的一位辅导人员说："在亚洲，我们说得更多的是管理教育。但是每个地方的需求都很大，全世界的领导力其实都有共同点。"

教学和研究：思想指导行动，行动提升思想

创造性领导力中心的培训项目和研究都是由该中心的 85 位核

心教师设计和开发的，他们中一半拥有博士学位，有 12 位是行业心理学家和/或组织心理学家。莉莉·凯利（Lily Kelly）曾任该中心的执行副总裁，主管全球领导力开发。她说："我们大部分教师都是兼容并蓄的。他们虽然只深入学习过一门学科，但在来创造性领导力中心之后都从事着跨学科的研究和工作。我们提倡打破传统的学科界限。"教师中，有的参与教学，有的参与研究，也有的既教学又做研究。大约有 24 人专职从事研究工作。奥尔特曼说："我们应该能够与高校竞争人才。"

创造性领导力中心的研究人员主要分为五个组："个人领导力开发"、"全球领导力和多样化"、"小组、团队和组织"、"设计和评估中心"，以及"知识和创新资源"。授课教师具备个人领导力开发和组织领导力开发两方面的技能。除了一些重要的长期研究项目，中心的教师也为企业和机构做一些小型的短期研究项目。

创造性领导力中心把研究作为培训项目的基础，同时注重评估培训效果，以此来检验和改善研究。通过把对学员的调查结果带回"实验室"，创造性领导力中心的工作人员和教师不但"让思想指导行动"，同时"让行动提升思想"。在创造性领导力中心，研究成果要体现在领导力课程和开发的评估工具中。反过来，课堂体验和评估数据也会反馈给研究项目或者启动一项新的研究——培训项目既建立在研究基础之上，也是研究必不可少的一部分。[19]

创造性领导力中心宣称其培训项目可以使他们"接触并了解真实的领导者和经理人，而不像传统的学术研究那样把大学生作为研究对象"。[20]奥尔特曼说："主要区别在于我们研究的是真实的人，我们的数据库里有 40 多万份调查结果。"除了在"项目实验室"中观察这些领导者，创造性领导力中心还使用传统或创新的方法，通过访谈、调查和观察进行研究。奥尔特曼说："我们的研究不但要在专著和期刊上发表，还必须能付诸实践。"

高级研究员玛丽安·鲁德曼（Marian Ruderman）解释了这对于中心的研究人员和教师来说意味着什么："在创造性领导力中心做任何研究，都必须时刻想着怎样应用到实践中。我们经常问自己，'现实中的领导力挑战是什么？眼下最关键的问题是什么？围绕这个专题有什么好的科学理论？我们知道什么？是不是有足够的内容可以创建一个产品、项目或服务？'"研究还要有前瞻性。高级研究员珍妮弗·马蒂诺（Jennifer Martineau）说："当项目对全球化内容的需求越来越强烈时，'全球领导力和多样化'小组早就在研究中积累了大量相关内容，可以把这些内容整合到培训项目中去。"

鲁德曼说："基本上，创造性领导力中心把产品开发看作一场接力赛。我们都属于同一个团队，但每个人在开发过程中擅长不同的领域。我们在研究的基础上开发产品，然后交给课程设计团队，他们再接着传给教师。作为研发团队，我们努力提供新的思想和内容。我们申请资助、进行研究、发表论文，以此开发培训项目，从而将研究应用于实践。"

创造性领导力中心每个新的培训项目都由一位设计人员负责评估项目的效果和潜在影响力。设计和评估人员会全面考察项目的执行情况。创造性领导力中心不仅收集学员的反馈，还收集其他方面的信息，既包括辅导人员在课堂结束后的反馈，也包括学员在项目结束后做的 360 度测评。高级研究员埃伦·范·维尔索（Ellen Van Velsor）说："关于领导力开发的理论还很薄弱，大多数研究都只是衡量各种领导力开发培训计划的效果，以及观察人们培养领导力的方法。"然而，依靠项目结束后 360 度评估的结果来衡量培训的效果其实也有欠缺。创造性领导力中心的一位经理说："有些性格类型的学员不愿意填写测评表格，也不愿意参加测评。其实如果这些人参加测评，就会更了解自己，可能是受益最多的人群。"

创造性领导力中心的研究人员不能完全自主地选择研究课

题，根据平衡计分卡的原理，他们的研究目标和任务必须与所在组的目标和任务有关。研究成果包括对新项目的贡献和发表的新论文。小组负责人的成果必须与创造性领导力中心的目标一致。研究都是应用型而非基础型的，大多数都要考虑在未来培训项目中的应用；教学和研究是互相支持、互相促进的。奥尔特曼说："我们不但要踏实做好自己的项目，还要经常关注外面的世界，要两者兼顾确实比较困难。我们既要关注外部的世界以及竞争对手，也要从学员和他们的公司那里寻求反馈。"创造性领导力中心从这些互动交流中总结出了九个核心主题（比如战略领导力、企业社会责任、人才管理和全球化等），策划部主任、市场营销部主任、培训项目部主任和研究部主任根据这九大主题来评估小组及个人的年度研究计划。创造性领导力中心还设立了一个"创新孵化中心"，奥尔特曼说："有些人在研究一些模糊的前沿创新课题，设立'创新孵化中心'可以给这些研究正名。过去，有些人在悄悄地做一些研究，这些研究不在我们的战略规划之内，但是花了不少精力，也让我们错过了很多机会。"

对个人和团队领导力开发的辅导

除教师和员工，创造性领导力中心还从世界各地聘请了 400 多人担任项目辅导老师，其中大多数是专职人员。自 20 世纪 70 年代初以来，创造性领导力中心的公开课程和定制课程一直雇用受过严格训练的专业辅导员，他们在培训过程中与学员一对一交谈，为学员提供个性化的意见。辅导员既能熟练运用评估工具，又非常熟悉个人发展和职业发展方面的资料。多年来，创造性领导力中心扩大了辅导员的服务范围，在解释和应用个人评估数据之外，还让他们辅导团队、讲习班，并为企业高层领导提供专门的辅导。此外，随着中心服务的范围越来越广，为了满足客户的需求，辅导员群体也越来越大。2007 年，创造性领导力中心的辅导员遍布 24 个国家，能说 28 种语言。

创造性领导力中心的辅导服务有一个鲜明的特点，那就是重在提高被辅导人员的学习能力。辅导员循循善诱地启发，而不是直接给出建议或直白地解释。辅导员与客户建立健康互信的关系，认真地鼓励客户深入评估影响其领导效力的因素，识别挑战、接受挑战，并创造有效的资源。同时，辅导员还会帮助客户认识其个人发展与组织目标之间的关联性。

这就要求创造性领导力中心在辅导员的招聘、选择、培训、支持和质量管理工作中投入大量的资源。首席评估官约翰·诺代（Johan Naudé）在总部负责这部分工作。辅导员必须在行为科学或相关领域获得较高学位或者拥有 MBA 学位，而且至少有五年辅导工作经验。辅导员是创造性领导力中心学习社区的一分子，诺代给他们提供了大量的职业发展机会（例如，2007 年，创造性领导力中心为布鲁塞尔分支机构的辅导员提供了 120 小时的继续教育）。辅导员在接受大量培训并由资深人员观察确认之后才会派去与客户工作，而且需要继续接受客户和同事的评估。诺代说："因为我们事先做了大量的工作，所以可以保证辅导的效果。"

近年来，一些新兴经济体中年轻经理人大量涌现，所以创造性领导力中心正在开发新的培训方法和辅导模式。"研究和创新小组"的一位经理林登·雷戈（Lyndon Rego）说："大部分的辅导都是面对资深人士的。不过，印度市场给我们带来了一个不同的挑战，它们有大量的年轻高管，我们就不得不思考——'辅导可以大众化吗？可以大规模开展吗？能不能随时提供辅导？能不能设个呼叫中心，让辅导员全天候提供服务呢？'尽管我们现在都是面对面地服务，但是也许通过技术手段我们可以为更多的人服务，比如社交网络［网站］、'第二人生'、游戏、手机短信和在线模拟等。"

◉ 建立基石：评估、挑战、支持（ACS）模型

行为科学研究是创造性领导力中心培训项目以及教学方法和

评估工具的基础。由于学员的年龄和经验不同，学习风格和观念也不尽相同，因此创造性领导力中心采用很多方法来适应不同学员的需求，但互动和反思一直是其评估、挑战和支持模型的主题和基石。互动体现在课堂作业、练习和模拟上；反思则通过自省、调查和各种活动来实现。奥尔特曼说："单独来看，每个模块可能不算创新，但是组合在一起就产生了协同效应，总体效果要远大于各个部分的总和。"

评估

20 世纪 70 年代初，领导力开发还是一个比较新的概念，没有多少人明白。创造性领导力中心坚信领导者是可以培养的（而不是天生的），据其员工说，这种信念对当时的领导力开发这一新领域意义深远。基于这种信念，创造性领导力中心的研究人员提出"要培养能力，就要先评估现有能力"，把评估作为职业发展和个人发展的关键的第一步。这种看法也与当时主流的看法相反，那时评估主要用于管理人员的选拔、晋升和绩效评估。创造性领导力中心的研究人员认为，任何评估要达到很好的效果，就必须是保密的，这样既能鼓励评审人员坦率地给出评估结果，也不会伤及被评人员的面子。

2007 年，创造性领导力中心更加强调自我认识与领导力之间的关系。中心的理念是帮助领导者"学习怎样学习"，让学员通过开放、广泛的反馈全面地了解自己。这种反馈让学员对自我认识更加深入，据此制定和实现个人发展目标。创造性领导力中心的教师借用库尔特·卢因——一位知名的社会心理学家——的说法，把这种认识自己的优缺点的过程称为"解冻"。

评估的目的是了解学员目前的状况——领导效果、行为方式、技能水平等。评估的结果通常是一些正式或非正式的基本信息，指出学员目前的状态、优势、领导效力，以及最需要改进的方面。通过评估，学员不但可以明白自己目前的状态，还可以据此制定未来的目标。学员可以自问："我现在是这样的情况，以后想成为什么样呢?"这么一来，他们心里就有了一个清晰的发展目标。

创造性领导力中心使用的评估工具很多，而360度反馈是重中之重。事实上，20世纪80年代，创造性领导力中心在360度评估工具的创建过程中起了很大作用，该工具后来在各类组织中都风靡起来。中心认为，360度反馈可以"系统地收集共事的人对学员的评价。这些人可能包括同事、直接下属、上级和上级的同事，以及客户等组织外部的人员，有时还包括家庭成员"。[21]这些共事的人或"评估人员"提供调查数据，用来评估学员作为组织中的领导者所具备的技能水平和领导效果。调查数据处理完毕后，一位辅导员会和学员详细讨论调查结果，确定领导力开发的目标，并制定实施计划。创造性领导力中心采用的360度反馈模型迫使"管理人员审视别人对自己的看法"。[22]有些经理人"知道评估人员一致认为自己有某些缺点时，觉得特别震惊"。[23]鲁德曼解释道："人们自己是无法改变的。360度测评向你周围的人发出了一个信号——你要开始改变。"

通过广泛使用360度评估，创造性领导力中心建立了一个庞大的数据库。它们认为这个数据库会让"所有的组织研究人员都羡慕不已"：这是世界上最大的"普通"在职人员心理测评数据库。[24]尽管参加测评的人大部分是北美地区的男性，但是随着创造性领导力中心在全球的扩张，这种情况正在改变。最重要的是，这些信息使创造性领导力中心认识到有两个关键因素影响个人领导力的开发：个性和工作经验。基于这种认识，中心着重从这两个角度开展培训。截至2007年，每年有39 000多人在创造性领导力中心参加了评估。

挑战

创造性领导力中心的挑战模块给学员带来很多新的体验，这些体验所要求的技能和观点是学员目前所不具备的。该模块旨在为学员创造一种不平衡的环境，让他们挑战自己固有的思维和行为方式。马蒂诺说："我们不想让学员通过培训项目只学到一些新的内容。我们更希望的是让他们'解冻'，让他们认识自己，深层次地试验一些新方法，从根本上改变理解问题的方式和做事的方式。"

挑战模块源于 20 世纪 80 年代末期创造性领导力中心的一项研究。该研究访谈了一些企业高管，他们中有些人做得风生水起，有些人则发展不顺。根据这项关于"成功和失败"的研究，研究人员开发了一个名为"工作挑战全记录"的评估工具，让管理人员把工作任务当成学习机会，避免降职或职业瓶颈。该研究得出的结论是，尽管领导力多在工作中得到提高，但是各种练习和模拟项目可以模仿工作中的挑战，学员通过这种亲身体验同样可以培养领导力。创造性领导力中心让学员离开日常的工作，置身于陌生的环境中，了解自己在管理风格或"成功定式"上的局限性。结合在评估阶段得到的反馈，学员在工作人员和同学的观察和陪伴下参加多项练习，发挥其领导力，应对各种挑战，改变固有的行为方式，并且互帮互助。创造性领导力中心的工作人员会全程提供反馈。区域业务拓展总监玛丽·霍林沃思（Mary Hollingsworth）解释说，这个阶段有多重目标："我们也教学员观察别人的行为。我们不会简单地告诉学员'这才是优秀的领导者'，而只会说'这样的做法能体现出色的领导力'。研究表明，有些行为直接关系到领导者成功与否，我们会在培训中详细讲解这些行为。"

支持

为了使学员在评估和挑战模块中备受鼓舞而不是备感沮丧，创造性领导力中心鼓励学员建立一个人际关系网络，为个人的发展和进步提供有效支持。支持模块提供一种强化自信的体验，可以让学生对其优点、技能、已有的思维方式或行为方式更有信心。面对巨大的挑战时，学员或许压根就感觉不到挑战的存在。创造性领导力中心发现，有了足够的支持，学员在压力下更倾向于采取积极的行动。

支持模块包括两部分：第一部分是保证课堂上积极的学习气氛，让学员敢于冒险和尝试；第二部分是在项目结束后，专门安排一位辅导员帮助学员建立支持性网络。创造性领导力中心鼓励学员通过交流或参加 360 度评估得到同事、上司、朋友、家人和辅导员的支持，让他们见证自己的成功。这种方法可以让管理人员的同事、下属和上级——所有在项目结束后参与测评的人——知道他们下定决心积极做出改变，并助他们一臂之力。

ACS 模型是创造性领导力中心最受欢迎的两个培训项目的基础："领导力开发"项目（LDP）和"镜子体验"。最近，创造性领导力中心还推出了一个新项目，重点关注国际环境下的领导力挑战。

◉ "领导力开发" 项目

早在 1974 年，创造性领导力中心的员工已经开始设计培训项目，以检验其理论和技术。经过多年的调整和积累，中心的首个培训项目已经发展成为今天的"领导力开发"项目（LDP）。每年，全世界有 2 000 多位领导者参加 LDP 项目，每班学生 24 人。截至 2006 年，LDP 项目已经培训了 47 000 人，他们分布在世界各地。大部分学员是由所在单位送来培训的，通常是因为单位觉得他们大有发展前途或者准备近期提拔他们。有时，在创造性领导力中心的培训结束后，有些学员觉得自己应该换个更适合自己的职业或公司。而在另外一些情况下，领导技能上的小小改进可能会带来重大影响。奥尔特曼说："打个比方，开飞机从旧金山飞往东海岸，如果航线偏离 5％，就会降落在波士顿，而不是原定目的地华盛顿。同样道理，领导力的一点点改变就可以让你调整方向，获得巨大的收益。"2007 财年，LDP 项目学员的平均年龄是 38 岁，42％是中高层经理；大约 40％有本科学位，37％有更高学位；约 1/3 供职于超过万人的公司。

LDP 重点关注管理人员的行为对自己和周围的人有何影响。创造性领导力中心通过有助于自我认知的工具和活动来培养学员的领导能力，教他们不断完善自我、发展自我。通过深入评估、小组讨论、自我反省、小组项目和个人辅导等方式，学员可以学会如何有效地给予和接受反馈，在组织中引领变革，建立更有益的人际关系，培养团队成员，平衡个人差异，设立清晰的、切实可行的目标。一位在格林斯博罗总部任 LDP 项目主管的资深教师说："这里崇尚的是精英哲学。我们经常告诉学员，'你现在状态很不错，不过我们希望能助你迈向巅峰。'"

项目和流程

本项目共五天时间。第一天主要观察每位学员的个性、行为、优点和不足。学员还要观看和讨论他们某次集体活动的录像。第二天主要考察 360 度评估的结果，并开展一些压力比较大的小组项目，锻炼学员求同存异的能力。这一天的活动主要帮助学员了解自己的行为可能带来哪些意想不到的影响。比如，整个培训班的 24 名学员分成两组，蒙着眼睛坐成一圈。每个人都会拿到一个塑料制品，这些塑料制品共有五种形状和五种颜色。学员互相描述自己手里的塑料制品的形状，然后向工作人员询问塑料制品的颜色。学员能给出的信息很少，得到的信息也非常有限。20 分钟之内，最先说出塑料制品的形状和颜色数量的组获胜。该练习旨在鼓励学员对第一天观察到的可能导致效率低下的团队情况和个人行为做出改进。

第三天，根据得到的反馈和 360 度评估数据，学员有选择地参加一些练习和模拟训练，专门练习领导行为。第四天，学员之间互相给对方作出评价，并从辅导员那里获得一对一的反馈。第五天，学员学以致用，制定未来规划。项目结束后，学员还会参加一个名为"周五下午5点"的后续项目。这个项目为期10周，学员每隔一周的周五下午5：00要提交一份有关下周要实现的目标（这些目标是学员与辅导员共同设定的）的报告。辅导员会跟进目标完成情况，学员也会分享自己的成就和挑战。最后，LDP项目结束三个月之后，学员的同事会提供反馈，讲述他们在学员身上看到的变化。

LDP项目一般都给24名学员配备两名工作人员和12名辅导员。工作人员参与整个过程，他们有时和学员在同一房间，有时则在单向镜后观察学员。辅导员会专门安排半天时间给学员提供评估反馈，在学员回到工作岗位后还会与学员联络，鼓励他们保持学习的劲头。学员会给每堂一对一辅导课打分，还会用创造性领导力中心的测评工具衡量自己的进展是否与个人目标一致。项目结束后，学员还可以使用一个在线目标管理系统（为期10周），与创造性领导力中心的辅导员和/或其他学员讨论自己的进展。

◉ "镜子体验"

创造性领导力中心的另一个核心项目是"镜子体验"（LGE），让学员置身于一个模拟的工作环境。与LDP项目相似，LGE让学员更加了解自己在自然状态下的行为方式，并提供改进的机会。

在和业界人士的交流过程中，创造性领导力中心的一些研究人员对管理信息共享与决策越来越感兴趣。1979年，在管理大师亨利·明茨伯格的影响下，他们用美国海军研究局提供的启动资金创办了一个虚拟的镜子制造商——"镜子公司"（LGI），并以此开设"镜子体验"项目（LGE）。该项目模拟一位经理工作的一天，对学员在模拟中的个人表现和相对表现提供反馈。1979—2007 年，30 多万名管理人员参加过这个虚拟公司的运营。过去几年中，LGI 和 LGE 已经改进了几次，最近一次调整是在 2006 年 7 月，增加了三个职位，融合了更多国际化元素，更侧重于复杂环境下的领导问题。

这个项目教学员怎样在组织中影响和领导他人，重点关注不同的领导风格对同事和工作环境的影响，以及个人自身领导的成败。学员可以体验到与真实工作类似的复杂决策环境。通过一系列反映日常工作行为的管理活动，学员可以更深刻、更全面地认识自己。学员还可以提高其他方面的能力，比如分辨机遇、避免陷阱，认清战术问题和战略机遇，更好地制定决策。整个过程充满了各种意想不到的问题，而这些问题正是管理人员在日常工作中经常遇到的。工作人员和其他学员也会对每位学员的技能和行为做出评价。

项目和流程

该项目为期五天。在项目开始的前一天，学员需要上一堂简短的入门课，了解虚拟公司的总体情况和高管职位，熟悉其他学员。学员会了解项目的基本规则，还会拿到一份出色的公司年报。"镜子公司"有 5 250 名员工，年销售额 14 亿美元，有三个职能部门，每个部门的内部和外部运营环境都不相同。每个学员都是公司管理层的一员，职位从总裁到工厂经理不等。学员根据各自的学习需求选择职位。一旦角色确定下来，每位学员都会拿到打印好的多份电子邮件和报告，内容包括部门介绍、产品信息和财务数据等。学员需要详细阅读这些资料，为解决战略投资、产能、高企的能源成本、人事等方面的 172 个问题做准备。[25]

项目正式开始的第一天，学员开始"工作"。他们有各自的办公区，在那里，办公桌、内部电话、收文筐、发文筐和会议桌等一应俱全。公司开始运转，会议定好了时间，电话响个不停，记事贴满场飞，学员互动起来，教师则在单向镜后面观察这一切。一位工作人员说："一开始，学员会时不时地看一下单向镜，不过很快他们就忘了镜子的存在，完全沉浸在手头的工作中。"

学员之间可以任意交流。他们在办公桌边工作，或者参加会议、非正式讨论，或者与公司内外的任何人沟通；交流方式也可以随意选择，互留便笺、电话或见面都可以。由于这项模拟关注的是管理行为，所以特意使用较低水平的技术手段。如果让学员使用电子邮件，他们就会倾向于用电子邮件进行管理，而个人之间的交流和互动就会大大减少。此外，项目的节奏适宜，可以让学员更放松地展现其通常的管理风格和行为方式。最后，公司总裁主持召开全员大会，持续六个小时的模拟过程至此结束。学员需要填写一份《流程和问题调查问卷》，记录他们了解的情况、做出的决策、解决的问题，以及部门同事和公司同事的影响力和领导效果。这些信息汇总之后，会用来和创造性领导力中心数据库中的基准进行对比，为接下来的总结讨论阶段做准备。[26]

接下来是在三次独立的总结讨论会上，揭开整个练习的谜底，让学员看到自己的优势、劣势和个人行为造成的影响。第一次讨论会上，学员分享自己的感受和收获。第二次讨论会着重探讨部门（团队）的效力。第三次讨论会上，工作人员给学员提供反馈，学员之间也互相评价，帮助每位学员设定改进目标。[27]第二次讨论会上，学员会审查《流程和问题调查问卷》，讨论问卷内容；相关工作人员也会讲述自己的观察结果。学员重新审视当天特别关注的信息和收集到的其他相关信息，回顾他们当时沟通信息的方式以及据此做出的决策。学员还会了解到其他学员是怎样看待自己的影响力和效率的，为第三次讨论会做准备。第三次讨论会上，学员开诚布公地依次作出对他人的评价。

◉ 提升全球领导力

"领导力开发"和"镜子体验"这两个项目越来越受欢迎，创造性领导力中心也随之开发了很多公开课程。20 世纪 90 年代，全球化和科技发展改变了领导力实践；于是，创造性领导力中心的研究人员针对外派人员的经历和全球领导力的要求开展了一系列研究。20 世纪 90 年代末之前，创造性领导力中心的很多研究人员和其他领导力开发专家一直关注的都是"领导者做什么"——认为领导力主要与个性、技能和个人风格有关——而这些新的研究则将重点放在关系和实践上。跨地域的领导力要求特别关注关系管理和本地实践。一位公开课项目部的成员认识到创造性领导力中心可以帮助管理人员克服这些挑战，于是，2008 年 2 月，"提升全球领导力"项目（AGL）应运而生，旨在让管理人员了解文化规范以及文化体系对工作环境和组织运营的影响。学员可以学习应对全球化挑战的领导力工具。该项目在三地同时开展，统一管理。学员中，有的已经担负全球管理职责，有的则即将赴任这类岗位。每位学员与其他大陆的另一位学员搭档成为一个小组，完成项目前后和项目期间的所有作业和任务。

各学习小组一起协作，模拟运营一家跨境航运企业，尝试新的做法和手段，不断地自我反思，获得提高。这个项目模拟区域副总裁和人力资源部的一次会议，会上探讨了很多重大事项，公司需要重新思考"定位和目标"，探索全球化运营模式，而不再是各区域分支机构的简单叠加。模拟训练首先从新加坡开始，学员在新加坡做的工作会交给布鲁塞尔的学员，然后又转交给美国的学员，最后在当天结束时又返回给新加坡的学员。学员主要通过 Skype 和电子邮件交流。AGL 项目为期三天，这项模拟占了一半的时间。

AGL项目着重指出，由于性别、种族、国籍、社会经济地位、宗教信仰等方面的差异，社会分为不同群体，学员必须了解自己在这些群体中的身份，亦即社会身份。鲁德曼解释说："在全球化的世界里，人们对不同社会身份的人有不同的态度。我们想让大家有这种意识。过去，在创造性领导力中心，我们提供评估工具让学员认识自己，谋求更好的发展。而现在，我们强调'认识自己，了解自己的社会身份'。"鉴于这个原因，AGL项目专门设计了一项练习，让学员勾勒出自己的"社会身份"。目前，鲁德曼和她的团队在开发新的评估工具，帮助负责全球事务的管理人员了解不同地域在参与、自主权和面子问题等方面的差异，以及对有效领导力的不同理解。

◉ 扩大影响力， 提高竞争力

自成立以来，创造性领导力中心一直与领导力开发市场一起成长。一位负责人说，1970年，创造性领导力中心成立之初，纽约公共图书馆系统里只有一张以"领导力"为题的标签；而到2007年，这个数字已经超过2 000了。在谷歌上搜索"领导力开发"会得出170万个搜索结果。中心的一位主管说："我们是先锋。现在，竞争对手的产品和我们的很像，但是我们完全以学员的体验为重心设计项目，这是我们的独特优势。"创造性领导力中心已经不再是领导力培训市场的垄断者，它们估计这个市场每年有40亿美元之巨。以创造性领导力中心的定制培训项目为例，项目一般为期3天，学员共计24人，平均费用为9万美元；而如果学员达到200人，就需要分为9个培训班，总费用高达82.5万美元。再比如领导力评估，反馈讨论会一般为期一天半，学员24人，费用约为2.8万美元；而如果学员达到200人，就需要分9批进行，总费用达25万美元。

一位员工说："我们现在面临的是一场全面战争。"创造性领导力中心的总裁（2007年夏至今）约翰·瑞安（John Ryan）说："当前，我们需要更强大的创新设计能力。创造性领导力中心在个人领导力开发方面是领头羊，但是年增长率只有6%，主要是因为我们在定制课程方面做得不够，还没有充分挖掘组织领导力开发的市场。"

领导力开发的需求强劲，越来越多的机构纷纷加入竞争，希望在这个市场上分得一杯羹。创造性领导力中心认为自己的竞争对手有几类：一类是专门的培训机构，比如专业测评机构——美国智睿咨询有限公司（DDI）；一类是涉足组织领导力开发的咨询公司；最后一类是开设培训项目的商学院。凯利说："领导力市场增长很快，门槛又低，任何人都可以在这个领域开展业务。客户很难弄清楚哪些才是合法、优质的培训机构。"

最近，几所商学院都在核心项目中增加了体验式领导力开发培训，斯坦福大学商学院和麻省理工斯隆管理学院等还专门雇用了这方面的人才。斯隆管理学院把为期13周的传统学期改为新的6—1—6结构，在两段为期6周的课程之间，专门安排了一周的高强度体验式领导力培训。[28]奥尔特曼说："与我们的项目相比，商学院的项目缺乏一手实践和深入体验，但是普通的学员可能感觉不到这种差别。""MBA项目要想做成我们这样就必须有人掌握辅导技能，学院的教师不具备这种技能，"创造性领导力中心的一位经理补充道，"我们的方法是无法复制的。"

◉ 展望未来

瑞安认为商学院除了无法复制他们的方法，其学生的基本兴趣点也是一个问题："人们为什么要到一流商学院学习？想成为领导者的学生究竟有多少？相比之下，我在访问我的母校海军学院时问大家'谁想成为领导者'，在场的所有人都举了手。"奥尔特曼指出了商学院在领导力培训方面尚待加强的几个方面：

> 第一是在"扁平的世界"里管理人员需要什么样的领导力。第二，MBA学生要学会跨领域工作。第三，MBA学生要学会处理复杂的问题。他们通常能很快地分析问题，但是不太擅长用合适的方案解决复杂的问题。第四，我们知道，很多经理之所以不成功，是因为他们没能适应变化，也没处理好人际关系，商学院应该考虑教MBA学生避免这些问题。最后，深刻的自我认知会让人受益无穷。我们认为，"软能力"是最硬、最难的能力，是决定领导者成败的分水岭。

放眼全球，瑞安对领导力开发的市场需求充满信心。"报纸上每天都有涉及领导力的内容。即使打分宽松一些，目前全世界的领导力水平也只能算是刚刚及格。"瑞安说创造性领导力中心有责任改进这种状况。该中心的工具已经被译成多种语言，而且现在还有更多的翻译计划。创造性领导力中心将在新兴市场推进领导力开发，为俄罗斯和乌克兰等国家开设更优惠的培训项目。奥尔特曼说："一流管理学院的高管培训和领导力开发项目都只针对高层人士，我们都没能解决在社会经济金字塔中处于中低层的人们所面临的问题。现在，创造性领导力中心和很多非政府组织都有合作，我们不再局限于课堂或是只给少数有特权的高层领导培训。"他接着说：

> 我们每年帮助2万名学员，但地球上有70亿人，我们总会问自己，怎样为世界上的其他人提供领导力培训？一次给25人培训5天，收费8 000美元可就不行了。怎样通过领导力开发提高人们的生活水平？而且培训的质量要高，要适应特定的文化，还要有好的扩展性。怎样才能让领导力开发变得大众化？在这些方面我们还没做什么研究，也没能为世界上更多的人提供服务。

2009 年 3 月，由于经济危机的爆发，我们在项目发展方面对创造性领导力中心进行了跟踪调研。主要应对措施和新的计划如下：

- 客户中增加了一些法律、政府和医疗行业的单位。创造性领导力中心开展"跨界领导力"培训计划，为以前从未服务过的人群提供培训，比如加勒比海地区的公共卫生官员，埃塞俄比亚、肯尼亚、乌干达和加纳的非政府组织和社区领导者，斯里兰卡和美国的年轻人等。

- 2009 年 1 月，创造性领导力中心在俄罗斯设立办事处，以期扩大区域影响力；目前正计划在印度也新设一个办事处。

- 创造性领导力中心在培训方式上有所创新，它们开发了一套名为"企业内训方案"的产品线，帮助公司自行开展创造性领导力中心的培训。

- 创造性领导力中心引入了一些可以缩减成本的计划，以降低培训课程的总费用。例如，通过实行"跨界领导力"培训计划，推出了一个面向非政府机构领导者的"培养培训师"项目，由于获得了资助，该项目收费很低。

- "提升全球领导力"项目试运营结束后，创造性领导力中心决定暂时停办这个项目，项目内容和评估工具转由其他项目使用。

第 10 章

哈佛商学院：综合管理和注重实践

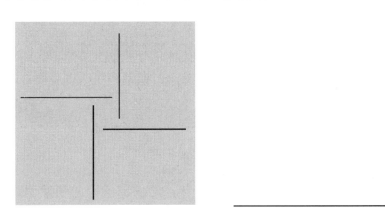

2008 年，位于波士顿的哈佛商学院成立 100 周年。院庆之际，哈佛商学院回顾过去的发展历程，更重要的是，借此机会展望未来。院长杰伊·莱特（Jay Light）说：

> 不少人认为我们 MBA 项目的发展战略一直鲜有变化：始终是两年制项目，让学生在课堂上讨论复杂的商业案例，以此为主要授课方式讲解综合管理知识。其实迄今为止，我们项目的基本要素已经发生了巨大变化：学生越来越多元化，教师的学科背景越来越丰富，课堂使用的先进技术是几十年前完全无法想象的。更重要的是，为了项目的持续发展，我们对课程方案做了重大调整，每年都会增加新案例、开设新课程。没错，就连教学材料——我们称为"案例"——也改变很多：很多案例都采用多媒体形式；作为教学工具，相比几年前，现在案例的内容更丰富、更复杂。我们知道其他学院，甚至整个世界都有着日新月异的变化。当然，还有一些"颠覆性的技术"问世。我们该如何应对影响商学教育的新因素，同时继续发挥哈佛商学院的独特优势呢？

于是，院庆整个一年，哈佛商学院的领导团队和全体教职人员都在不断反思学院应该如何继续履行其使命——"培养改变世界的领袖"。哈佛商学院一直在"为管理实践提供教育和培训"，或者像著名的案例教学老师罗兰·克里斯滕森（C. Roland Christensen）所说的，"把知识和实践结合起来"。[1]案例教学是哈佛商学院最核心、最有特色的教学方式，在 MBA 项目两个学年里贯穿始终。哈佛商学院的教师以实地研究著称；实际上，全球商学院使用的案例中，有 80% 都是由他们撰写的。乔·巴达拉科（Joe Badaracco）教授解释了案例教学在哈佛商学院的重要地位："不仅是少数教师使用案例教学，基本上每个教师都这么做。要把案例教学法当作培养方案的核心，就必须保证课程内容的实用性、贴近实践。学生希望了解和探讨当前的管理问题。如果离开案例教学，我们会变得和其他学院相差无几。"

哈佛商学院 MBA 项目还有两个特色——核心课程长达一年；选修课覆盖范围广泛。第一学年，所有学生分班学习，每个班 90 人左右。在这一年里，学生主要学习综合管理的基本概念和技能，内容涵盖多个重点学科。（第一学期的课程重点讲授商业企业的内部运营；第二学期主要讲解组织与经济、政府、社会等宏观环境的关系。）第二学年，学生可以学习各种各样的选修课并且参加实地调研，综合第一学年学到的技能深入学习自己感兴趣的专业领域。尽管哈佛商学院与美国以及其他国家和地区的院校很少合作，许多学生还是会交叉选修哈佛大学其他学院、麻省理工斯隆管理学院和塔夫斯大学商学院开设的课程。最近几年，越来越多的学生选择哈佛商学院与哈佛大学政府学院、法学院和医学院合作新开办的联合学位项目。

◉ 学院和 MBA 项目背景

哈佛商学院成立于 1908 年 10 月，当时只有 15 名教师（含院长在内）、一个新的学位项目（工商管理硕士）、30 名正规学生、47 名"特殊"学生（只在哈佛商学院选修一门或多门课），连场地都是借用的。那时的必修课包括经济资源、商法和会计准则。而且哈佛大学只给学院五年时间作为实验期，学院需要向校长和其他哈佛人证明能否发展起来。

成立之初，哈佛商学院就确定了其使命：一是设计出色的课程方案，教育和培养商业领袖；二是为商学理论和实践作出卓越贡献。1911 年，哈佛商学院成立了商业研究处，旨在推进课程开发。最初，该研究处针对各类零售商品收集定价信息，并在某新闻月刊上公布研究结果。[2] 而后，研究处开始基于实地调研开发大量案例。1920 年，哈佛商学院——由哈佛商学院第二任院长以及哈佛大学法学院毕业生华莱士·多纳姆（Wallace P. Donham）牵头——正式引入案例教学法；到 20 世纪 30 年代中期，案例教学已经成为学院的主要教学方法。[3] 刚开始，人们将其称为"实验教学法"或"问题教学法"。早期，凡是教师认为有利于课堂讨论的资料，比如法律文献、一篇报道或一个特殊的商业问题等，他们都会带到课堂上来给学生讲解。这种方法很快在哈佛商学院内部和其他商学院流行起来，到 1922 年，已经有 85 所院校采用了哈佛商学院的案例汇编。[4]

1924 年，纽约国民银行的行长乔治·贝克（George F. Baker）给哈佛商学院送上厚礼。他给学院提供资金，让学院在哈佛大学的剑桥校区以外、查尔斯河对岸的波士顿地区建一个新校园，这正是学院当时急需的。1925 年，哈佛商学院第一个博士项目（商业科学）的学生毕业。1943 年，学院推出高管培训项目（最初称为再培训项目），旨在支持第二次世界大战以及战后退伍军人从商。

接下来的 60 年，校园一再扩建，而且一系列创新举措进一步拓宽、重塑了哈佛商学院的项目体系。1963 年，学院 MBA 项目首次公开招收女学员。10 年后，学院在瑞士推出"高级经理人项目"，这是其首次在美国之外的地区开办高管培训项目。1984 年，该项目回到哈佛商学院校区继续举办，最终整合至"高级管理项目"（AMP），成为学院不断发展壮大的高管培训项目体系的一部分。为大力支持案例的出版和发行（这种做法已存在多年），进一步扩大哈佛商学院在校园项目以外的影响力，学院于 1993 年成立了由学院全资拥有的哈佛商学院出版社。2007 年，哈佛商学院出版社销售了近 800 万份案例和 200 万册图书，发行了 248 000 份《哈佛商业评论》。

MBA 学生与核心课分班上课

自成立以来，哈佛商学院一直将学生的录取视为邀请他们来学习知识、体验文化，希望学生能通过项目学习完成重要转变：

在这里，他们现有的观点和假设会受到挑战；他们可以培养创新思维和领导力，发展新技巧和新才能，增强判断力，培养很强的社会责任感。"我来这里是为了想清楚自己今后究竟想做些什么，"一名学生说，"现在我知道了，原来可以跳出思维定式，反思自己怎样思考、怎样工作，想明白自己看重什么。如果两年快结束时能找到一部分答案，就非常有价值了。"

哈佛商学院的 2009 级 MBA 学生共有 901 人，其中 36％是女性，24％是美国少数族裔，33％是留学生。报名人数比上一年增加了 10.5％，达到 7 424 人。特别值得一提的是，收到哈佛商学院录取通知的学生中，有 90％选择接受录取，来哈佛学习。截至毕业时，2007 级 MBA 学生中有 97％获得了工作机会，实际就业率达 94％。2006 年就业数据显示，42％的毕业生从事金融服务行业，21％的毕业生从事咨询行业。约 10％的学生是由公司资助来读 MBA 的，公司支付了大部分学费，希望学生毕业后回公司上班。在 2003 届 MBA 毕业生中，约 3％在毕业前或者一毕业就开创了自己的公司。最近的几次校友调查显示，毕业 15 年以上的哈佛商学院校友中有 1/3 都选择自己创业。[5]

第一学年，MBA 学生最重要的体验是分班学习核心课程。每个班有 90 名左右的学生，是根据学生不同的文化和行业背景、兴趣和目标精心挑选组合而成的。学生在第一学年都以班为单位一起学习交流。这种分班教学的形式旨在创造亲切的氛围，鼓励学生在学习中互相支持、共同成长，培养学生的沟通能力、决策能力和人际交往能力。除了一起上课，各班还会选举班干部进行内部管理，组织班级活动。同班同学往往能成为终生的朋友，始终保持联系。校友总会第一时间提到当时所在的班级——即使毕业多年。就像一个学生回忆分班学习体验时所说的，"单靠我们自己是不可能成功的"。[6]

必修课

哈佛商学院的必修课覆盖了会计、市场营销、运营和战略等主要学科；两个学期都上的课包括金融、领导力和组织行为学；还有一门关于企业、政府和国际经济的必修课；另有两门课，分别是"领导力与企业责任"和"创业经理人"。（表 10—1 是每门核心课的介绍。）

第一学年的所有课都围绕综合管理展开。所以，大多数必修课上讨论的不止是理论、框架和工具，还包括在组织情境中的应用以及对总经理的启示。即使是金融课，教师也会把专业知识置于组织情境中讲解。尽管课上会提到各种工具和技巧，但每堂课都是围绕如何在决策中使用这些工具来展开的。教师认为，与其他学院相比，就连技术与运营管理这种更细化的专业课也要更多地结合综合管理情境。

表 10—1　　　　　　　　　　哈佛商学院 MBA 必修课

第一学期课程名称	课程简介
金融Ⅰ	旨在探讨财务在公司职能领域的作用，让学生了解财务决策本身如何创造价值。
财务报告与财务控制	指出会计是了解公司经济状况的主要渠道，让学生更广泛地了解会计对企业的作用。
领导力与组织行为	旨在让学生了解管理人员应当如何通过解决人的问题有效地管理企业。
市场营销	旨在让学生了解市场营销在企业里的重要作用以及市场营销和其他职能领域的关系；如何通过深入了解消费者行为保证市场营销的效果，为顾客创造价值。
技术与运营管理	旨在培养学生改善运营、提高公司竞争力所需要的技能和理念。让学生了解产品开发和制造以及服务创建和交付的复杂流程。
第二学期课程名称	课程简介
企业、政府和国际经济	旨在介绍如何分析企业经济环境，了解其对企业的影响。
金融Ⅱ	以金融Ⅰ为基础，进一步关注三类管理决策：如何评估复杂的投资；如何在企业内部制定和执行财务政策；如何整合企业的多个财务决策。
领导力与企业责任	旨在让学生了解当前企业领导者的多重责任。通过各种涉及艰难管理决策的案例，深入分析企业领导者的法律、道德和经济责任。同时，还教学生一系列管理和治理体制，用以促进企业和员工负责任地行动。学生还会了解到个人价值观在有效领导力中的关键作用。
谈判	着眼于培养学生的谈判技巧和分析能力，让学生参与很多精心设计的谈判练习。

续前表

第二学期课程名称	课程简介
战略	旨在培养学生制定战略的技能。
创业经理人	关注那些希望抓住机遇发展企业的管理人员可能面对的各种问题，让学生领悟怎样成为创业经理人，要遵循哪些原则、具备哪些技能。

资料来源：哈佛商学院资料。

比如，必修课中的战略课通常要求学生考虑其提出的战略对企业分销、财务和人力资源的影响。市场营销课也是这样。"我们会问学生'公司面临的问题是什么?'我们会说市场营销的关键是瞄准客户，然后从整个公司的角度给学生讲解市场营销的框架，框架的核心就是可持续地为公司创造价值，"约翰·古维尔（John Gourville）教授解释说，"所以我们提供的是开阔的管理视角。你可以这样理解，市场营销有两种，一种是'狭义营销'，一种是'广义营销'。'狭义营销'主要考虑市场营销的策略——定价、促销和产品开发；'广义营销'的视角更开阔——市场营销怎样影响管理决策。我们教的就是这种'广义营销'。"

哈佛商学院的教师都提到，近期新增的两门必修课——"创业经理人"和"领导力与企业责任"——给第一学年的课程带来新面貌，让学生把各种管理工具和方法整合为更全局的管理观。

"创业经理人"课程：2000 年，哈佛商学院把第一学年必修课中的"企业管理"替换为"创业经理人"（TEM）[7]，教给学生成功创立和发展一家创业型组织所需的各种技能，让学生学会为利益相关者创造价值。课程旨在让学生做好准备，在任何类型的组织中都要扮演创业者的角色，无论组织的规模有多大，也无论组织是新成立的还是发展数年的。该课程尤其关注创业经理人面临的一系列挑战和问题，包括识别潜在的发展机会、寻找资金、组织创立后如何管理、如何实现可持续发展等。[8]理查德·哈默米沙（Richard Hamermesh）教授就教这门课，他总结道："我们不能保证每个毕业生都成为优秀的创业家，但是可以让他们有很好的知识储备，足以应对今后遇到的各种实际问题。"[9]

不过从根本上说，TEM 着眼于教学生整合性地思考企业里的多个职能领域。因此，这门课以第一学期的多门必修课为基础，在第二学期开课。学生可以在课上充分利用他们新学到的会计、财务、战略和运营知识，而且 TEM 使用的所有案例都给学生提供跨职能、跨专业的视角。除讲授综合管理，TEM 的授课教师认为这门课还能让学生了解如何领导不同类型的组织——非营利组织、小公司和大企业等。一位教授说："我们不是在刻意地教领导力，而是自然地把领导力融入整个课堂教学。"

"领导力与企业责任"课程：自成立以来，哈佛商学院就一直把商业伦理和社会责任视为课程内容的一部分。后来，学院准备在某个学期单独开设一门这方面的课程，花了几年时间研究可行性、设计课程方案；加之当时有一系列公共治理失败的案例，因此，2003 年，学院正式推出"领导力与企业责任"课程（LCA）。该课程综合经济学、法学和伦理学三个学科领域来分析企业责任。课程包括 30 次课，在 15 周内教完。LCA 主要分析学生可能面临的一系列难题，包括客户隐私、环境问题、无止境地追求股东利益等。学生将学习如何在两难选择之间进行决策，尤其是当个人价值观与公司或者上司的价值观相冲突时应该怎样处理。[10] 这门课的定位就是要适用于实际管理。课程一开始就用到恶意收购、高风险财务问题等案例，学生很容易体会到课程与毕业后实际工作的关联性。

课程的第一部分侧重于管理决策，与企业对投资者、客户、供应商、员工和公众的责任是直接相关的。第二部分侧重于公司治理，主要让学生思考外部因素（如法规、非政府组织和媒体）、董事会和内部因素（如组织设计、薪酬体制和企业文化）对塑造管理和员工行为的作用和影响。课程最后以个人发展模块结束。

林恩·夏普·佩因（Lynn Sharp Paine）教授是 LCA 的主要设计者，她介绍说："企业领导者身负多重责任。要很好地履行这些责任，就需要掌握一些基本的综合管理工具。不过，这门课的重点并不是让学生掌握工具本身或者基本的综合管理知识，而是侧重于教学生如何履行重要职责。""我们培养的是未来的实业家，"佩因接着说，"我们关注的不是偶发事件或抽象的道德哲学问题，而是学生在今后的职业生涯中必须面临的抉择问题。这门课给他们提供的是分析问题和思考问题的框架，而不是一整套已有的解决方案。"

参与 LCA 课程设计的教师团队几乎涵盖了学院的各个学科。最初几年，LCA 的授课教师一般都是比较资深的教授。和其他的跨学科课程一样，LCA 也面临着可持续性问题，不过在引进师资方面基本不用担心。课堂上讨论的话题本来就是各位教师乐于讨论的，一位 LCA 教师解释说。2008 年，三位行业经验丰富的讲师加入 LCA 课程组。

选修课

哈佛商学院的选修课多达近百门（包括只教半学期的课），涵盖十几个不同领域。少数选修课选课人数众多，需要分班上课；更多选修课则是由教师科研延伸出来的专业课。除了上课，学生还要独立进行实地调研、承担科研项目、撰写研究论文、参加年度商业计划大赛等，因而可以把项目学习与个人兴趣和职业发展目标结合起来。实际上，必修课让学生广泛涉猎有关综合管理的课题和工具；而选修课则让学生深入钻研自己感兴趣的专业领域。

哈佛商学院在选修课方面一直在加快创新的步伐，尤其是开发了不少只教半学期的课，教师不用再花大量时间提前准备整个学期的教学材料，因此有足够的时间设计新的课程。比如，1998 年开设的选修课中，有 47% 都是在前三年内新推出的；2002—2006 年，学院开设了 56 门新课。和其他一流商学院一样，要么因为课程的内容（如企业战略）受欢迎，要么因为授课教师知名度高，或者兼而有之，在哈佛商学院总会有些课选课人数爆满。

访学团项目

第一、二学期之间的寒假，学生（主要是二年级的学生）可以报名参加由教师带队的访学团项目——每个团 40～60 个学生，项目持续一两周，包括上课、接受职业发展培训、参加文化活动和社交活动等。以 2007 年为例，几个访学团项目的内容包括医疗保健（波士顿）、社会企业（卡特里娜飓风席卷新奥尔良之后）、中国/越南、印度、欧洲和中东地区。超过 1/3 的学生（300 多人）都参加了 2007—2008 学年的访学团项目。

例如，中国/越南访学团项目出发前，学生需要通过阅读资料、分组讨论等提前做好准备。到达当地以后，学生在教师的陪同下会见一些企业高层和政府官员，到公司实地访问，游览名胜风景。回校后，很多参加了这个项目的学生都报了一门春季选修课，名为"21 世纪在中国经商"。学院希望今后能组织更多类似的访学团项目，目的地包括波士顿以及行业集中、地理位置好的其他国家和地区。

新变化

过去 10 年，MBA 课程改革的另一个创新点在于，推出了入学前在线教学模块，包括会计、定量方法和信息技术等专题，以期减少学生在知识储备上的差异。另外，除了在第一学年引入 TEM 和 LCA 课程，学院重新设计、充实了"金融"课程，还专门为"技术与运营管理"课程增加了一个关于信息技术管理的模块。

2005 年，学院开始推行学习小组形式。因为案例教学法对学生的课前准备要求非常高，所以哈佛商学院鼓励学生同时以个人和小组形式学习。一直以来，学生都是自发地和其他同学搭档成组，一起为上课和课堂讨论做准备。可是，拥有相同文化或行业背景的学生总会走到一起，组员相对同质化。2005 年，哈佛商学院决定把这种学习小组正式固定下来，同时注意学生组合的多样性。此后，学院形成了惯例，在分组时注意把背景各异的学生混合起来，每组五六名学生，在第一学年一起合作开展有学分的小组项目，一起备课。

2007 年，哈佛商学院推出 2＋2 项目，招生对象是那些尚未决定毕业后是否攻读 MBA 或者可能打算一找到工作就不再读MBA 的本科生。符合条件的报名者可以延期两年入学。具体条件是：本科顺利毕业，并且在学院认可的企业或组织出色地工作两年。感兴趣的本科生在大三结束那年的暑假报名 2＋2 项目，大四那年暑假会收到录取结果。被录取的 2＋2 学生可以在大四毕业后工作两年，期间每年暑假到学院来短期上课。哈佛商学院希望每年只招收一小部分 2＋2 学生，保证只占 MBA 总入学人数很小的比例。

在毕业生方面，学院专门设立了一个资助计划，为那些毕业后所工作的地区或行业薪资低于 MBA 平均薪资的毕业生减免贷款。加上已有的"领导者项目"（给刚毕业的 MBA 学生提供一年资助，鼓励他们与社会企业和公共部门的高层合作开展有重大影响力的项目）以及不断加大的经济资助力度，学院希望借此鼓励学生从事自己真正感兴趣的工作，而不用过多考虑物质方面的因素。

最近，哈佛大学制定了"统一校历"，将从 2009—2010 学年开始正式执行。今后每个学期，所有学院必须在几乎同一时间开学和结课。这项改革旨在为学生跨学院选课和教师跨学院教学创造便利。新校历中，春季学期（1 月开始）的调整比较大。哈佛商学院已经开始筹划今后在春季学期组织更多访学团项目，同时考虑再开设一些课程。"调整后，春季学期对我们来说非常重要，可以利用这个机会实验一下我们多年来的设想，"副院长卡尔·凯斯特（Carl Kester）说，"我们可能会考虑压缩课堂规模、增强模拟训练、缩短专业课，或者推出一些能很好地补充现有课程体系的新课程。"

● 案例教学法

　　哈佛商学院以案例教学闻名于世。学院一直致力于采用这种基于讨论的教学方式，使用的所有案例都来自真实的商业环境和企业决策。几乎所有的课，包括会计等技术性较高的课程，都采用案例教学。因为课上用的案例大都是教师本人写的，所以他们对教学材料了如指掌。每年，哈佛商学院的教师会通过实地调研开发出近 250 份新案例，这还不包括大量的补充材料、技术说明、模拟研究、教学手册以及多媒体产品。MBA 学生在两年项目期间分析的所有案例中，大概有 1/3 都是新开发的。基于实地调研的案例开发一般为期六周左右，实际完成的时间往往更长。教师要么独自一人写作案例，要么和其他同事或研究助理合作撰写案例。通常，他们会到目标企业进行两三天的访谈，收集定性和定量信息；此外，他们还会通过公共信息渠道为实地调研提供补充资料。随后，企业相关负责人会审阅案例草稿并同意对外发布（企业授权公开出版案例），之后教师才可以在课堂上使用。尽管案例是教师的研究成果，但未经企业正式授权和发布，哈佛商学院不可以使用案例。

　　哈佛商学院典型的案例教学法是让学生设身处地地站在高层管理人员或 CEO 的角度来整体考虑企业问题。这种视角让哈佛 MBA 毕业生赢得了好名声，很多用人单位都称赞他们"非常全面"，解决问题的能力很强。"哈佛商学院的毕业生在争论中可以很快找出问题、实质和漏洞。他们总能够随机应变，比别人更敏捷，"一位雇主说，"我觉得这一定是得益于案例教学法。"MBA 项目的行政人员和教师都认为，案例教学可以让学生反复锤炼和表达自己的观点，提高他们的自我认识和自信心，让他们思路更清晰，沟通能力更强。很多用人单位都赞赏案例教学，认为这种方法"出色地模拟了工作环境"。汤姆·派珀（Tom Piper）教授表示，循序渐进的案例教学让学生习惯于从决策者的角度看问题，所以我们的毕业生都"勇于采取行动"。

案例和案例讨论有三个独特的作用：第一，在商业世界里，市场和技术日新月异，案例和案例讨论可以培养学生分析问题的能力。第二，管理是一种社交艺术，管理人员需要既会用人又会与人合作，案例教学可以培养学生说服别人的能力，这是重要的管理技能之一。第三，案例教学可以塑造学生的思维方式和行动方式。教师认为，案例讨论不仅能提高学生的沟通能力，还能培养他们的领导力：案例教学法不仅教学生如何通过周密的论证影响同事，清晰地沟通复杂的概念；还能让学生学会倾听和接受别人的意见和建议。"我是金融专业本科毕业的，在金融服务行业工作过，"一个学生说，"但是我喜欢培训工作，以后也打算做这方面的工作。将来，我也需要和形形色色的人打交道。"另一个学生表示，"案例教学让思维变得更有逻辑性，思路更开阔。别人提出不同观点时，你就需要进一步思考。在 80 分钟的时间里，你的观点可能会有很大改变"。[11]

使用案例教学的教师会花很多心思鼓励学生之间多交流。哈佛商学院的教室都是可以容纳 62～102 人的圆形阶梯教室，其设计理念是让教师和学生离得更近，鼓励学生之间的互动，增进相互信任。为了让学生更多地参与，在探讨某企业、行业、地区或具体问题时，授课教师会鼓励有相关工作经历或个人体会的学生踊跃发言。他们在拟定讨论问题时会特别考虑到激励学生积极互动的需要。

案例教学让教师和学院获益颇丰。对教师来说，案例教学激励他们不断完善知识，给他们"继续教育的机会"。基于实地调研的案例——在目标企业或组织的配合下开展调研——让教师直接投入实践。而且，这种方法十分注重创新和持续改进——案例的主题内容会不断得到完善或受到挑战，因为大家都用最新的事件和管理思维来考量案例中描述的情境。"要进一步推动研究,"乔舒亚·马戈利斯(Joshua Margolis)教授解释说,"就得思考在课堂上被问住的难题,那绝对是值得研究和探索的。"与此同时,案例教学法对授课教师来说很有挑战性。他们必须熟知案例细节,并且能有效地引导课堂讨论,因为课堂讨论效果的好坏很难预料,往往要看学生的技能和知识是否熟练、准备是否充分、是否有足够的热情参与讨论等。

◉ 教 师

哈佛商学院在教学和科研方面都追求一流的品质,所以要求教师具备出色的教学能力和科研能力。

理论联系实践

哈佛商学院设有 10 个学科,教师人数从 1996 年的 167 人增至 2007 年 8 月的 206 人。学院基本上每年都招聘十几位学术型教师,还邀请一些人专门教课或者进行访问。目前,学院共有终身教授 83 人,副教授 33 人,助理教授 54 人。

2000 年以来,有两类教师越来越受重视,他们对学院的工作和活动贡献很大:一是"管理实践教授",他们在企业界卓有建树,加入哈佛商学院以后给课堂带来了大量的实际管理经验;二是"贝克基金会教授",他们退休不久,但还在为学院承担一些教学和辅导工作。除此以外,教师团队还包括讲师、高级讲师、博士后研究员和各种短期聘用的研究员。

教师队伍还有一个重要变化——教育背景和来源国别越来越多样化。1980 年,30％的教师拥有哈佛 MBA 学位,36％拥有哈佛商学院或哈佛大学的博士学位。到 1999 年,这两个比例分别降至 20％和 30％,而且随后几年还在持续下降。毕业于以学科为基础的博士项目的新聘教师越来越多。教师的组成越来越国际化：20％的教师来自其他国家和地区，超过一半的教师曾经在国外做过研究。哈佛商学院的研究人员一直活跃在 40 多个不同国家。

很多商学院有两类不同的教师：一类是以学科为基础的教师，他们精通理论，主要从事经典的学术研究；另一类在科研和教学方法上更偏重于管理。哈佛商学院则希望所有的教师，无论属于哪一类，都要强调分析问题和解决问题。这可能给教师带来很大挑战，因为教师会觉得很难找到平衡点。尤其是那些年轻的教师更觉得为难。他们伏案写作，争取在一流学术期刊上发表文章。可是绝大多数期刊偏好那些注重理论、方法论缜密的论文，往往不看重研究的实用性。与之截然相反的是，管理人员不怎么关心理论，只要研究中提及的理论有助于他们理解和解决日常工作中的实际问题就行。

在哈佛商学院的课堂上，教师围绕研究成果（既在理论上严谨又贴近实践）编写教材，以期实现最佳平衡。简·里夫金（Jan Rivkin）教授说："如果你在学科研究上有所建树，可是对真实的商业世界一点都不感兴趣，那么哈佛商学院就可能不适合你。"一旦来到这里，他接着解释道："如果你打算做一个科研项目，项目做得好的话你可能会在学科领域成为世界知名的专家。但是，如果项目本身和手头的课程开发工作没什么关联，那么做成这个项目的可能性应该很小，因为你压根就没这个时间。不过，如果你能使用案例来探讨科研课题，在论文中阐述观点，在课堂上传授研究成果，那就能一箭双雕了。其他学院的同事有时会问我在科研和课程开发上分别花多少时间。我开玩笑说，各花 60％的时间。这倒不是说我将 120％的时间投在工作上，其实，教学和科研很多方面都是重合的。"

这种对教学和科研的双重追求以及对二者互补关系的定位有助于团结教师。"虽然我们现在的教师队伍越来越壮大，越来越多样化，"巴达拉科教授表示，"我们的想法基本上都是一致的。大家对严谨性和实用性之间的平衡有着不同的见解，但是绝不会各成一派。200 人的大队伍能做到这一点，真不简单。"许多教师还和其他学科的教师一起合作进行跨学科研究。比如，学院有一个关于公司治理的科研项目，参与的教师分别来自会计与管理、组织行为、财务和战略等学科。

一般来说，教师一半时间用于科研，另一半时间用于教学和行政事务。在教学和行政方面，教师 65％的时间花在 MBA 项目上，17％用于高管培训项目，11％用于处理学院行政事务，7％用于博士项目。

教师培养

哈佛商学院设有一系列正式和非正式的培养机制帮助新入职的教师尽快掌握教学、实地调研和案例写作技能。最重要的一个机制是每门必修课对应成立一个课程组，任课的所有教师都要参加，含课程负责人在内通常包括 7～10 人。由于教师资历不一，课程组可以促进信息共享，组员可以一起讨论下一次课的教学计划。很多课程组甚至在每堂课结束以后都碰面交流一次。通过这些活动，资深教师可以帮助新来的教师——特别是那些在相关领域缺乏经验和技能的新教师——更快适应案例教学。而且，课程组的活动对于教师后期职业发展也非常有益。"课程组开会时，教师会分享教学经验和教学计划，一起提炼每个案例的重要思想，"迈克尔·托费尔（Michael Toffel）教授介绍说，"我们离不开课程组。他们促使我们不断提高和改进教学。比如，作为一个综合管理课的教师，我所在的课程组在指导我进行案例教学方面发挥了很大作用。"

学院鼓励教师交流经验的另一个机制是课程开发研讨会。会上，教师会分享和探讨课程开发方式，包括通过案例和实地调研开发课程概念和理论框架，互相给予反馈和建议。"研讨会这种教师发展活动与学院和 MBA 项目的使命紧密结合，"一位教师说，"每场研讨会强调的都是思想的碰撞和经验的交流，而不是在学术期刊上发表的科研成果。"

为了将学院传统的教师辅导制度发扬光大，帮助教师更好地教学，学院于 2004 年成立了以罗兰·克里斯滕森教授命名的教学中心（CCTL）。中心主任威利斯·埃蒙斯（Willis Emmons）说："最大的变革就在于从学院层面推进教师的教学发展工作，而以前主要是学科内部不定期、非正式的交流。中心的宗旨是辅助而不是代替学科，协助教师识别并分享最佳教学实践经验。"

该中心主要组织以下四方面的活动：为教师提供辅导、交流最佳教学实践经验、召开关于案例教学的座谈会和研讨会，以及开展关于管理教育和教学的应用研究。目前正在研究的课题包括案例教学的特殊挑战、教学效果和教学评估、教学创新、性别和多样化问题、教学风格和技巧等。虽然该中心的主要服务对象是新入职的教师，但是终身教师也经常向其寻求建议。此外，通过官方网站、推广活动和在校"教教师"项目，该中心还在案例教学和以参与者为中心的学习方面为国内外多所院校提供指导和帮助。

另外，该中心每年举办一次专题座谈会，每次都有 40～60 名本院教师出席。第一届座谈会主题是从教 MBA 项目转型为教高管培训项目；第二届主题是 MBA 项目的评分和反馈；最近一届的主题是课程组。除此以外，CCTL 还参与组织 START 项目，该项目为期四天，所有新入职的教师（无论是刚毕业的博士生还是从外校转来的资深教师）都必须参加。项目不仅会总体介绍学院的工作流程和制度，还会主办实习案例教学活动。新教师在实习教课时会当场录像，随后传给同事观摩、切磋。埃蒙斯主任说："这种模拟方式的效果非常好。"

2008 年 1 月，学院重新开始推行教师教学研讨会。20 世纪八九十年代，这种研讨会曾经非常受欢迎。教师每个月或每半个月聚集一次探讨教学相关的话题，比如怎样更好地利用 BB 网络教学平台，上课时怎样更有技巧地开场和结束等。

◉ 跨学科计划

尽管为了方便招聘、辅导、培养、规划及其他的活动，哈佛商学院按学科组织教师，但是学院一直坚定地支持各种跨学科计划。这些计划可以推动整合性的研究和课程开发（一般由教师合作进行），促成高管培训项目，培养校友关系，给在校 MBA 学生创造更多实习、就业和参加会议的机会。

领导力计划

领导力计划是在 20 世纪 90 年代末推出的，致力于针对个人领导力以及领导者对组织和社区的影响展开前沿学术研究。哈佛商学院将该计划的研究成果用于课程开发，进一步提高领导力研究的学术水平。托尼·梅奥（Tony Mayo）是组织行为学的教师，也是该计划的负责人。他介绍说，领导力计划支持了三方面的研究：前任领导力、新兴领导力和全球领导力。[12] 前任领导力着眼于研究以往企业领导者的经验和教训，了解他们成功或失败的原因。新兴领导力着眼于研究 21 世纪的企业领导者及其运营企业所采用的战略和手段。全球领导力着眼于探索在全球背景下领导企业的重要技巧。2001 年，该计划开始收集整理 1 000 名 21 世纪企业领导者的背景资料。根据研究结果，哈佛商学院建立了"杰出美国商业领袖"数据库，以此作为教学工具，按年代顺序详细列出这些商业领袖的成功经验，以便更好地培养未来的领袖。

社会企业计划

哈佛商学院认识到美国的非营利组织不断增加，而且在校学生和毕业生中从事非营利事业的人也越来越多，于是，1993 年，时任院长的约翰·麦克阿瑟（John McArthur）推出了社会企业计划，最初还得到校友约翰·怀特黑德（John C. Whitehead）（1947 级 MBA）的赞助。"我们推出这项计划的初衷是研究如何充分利用哈佛商学院的人才优势和能力来提升各种基于社会目的的组织的领导力、管理能力和组织能力，"已退休的詹姆斯（James）教授评价道，"培养新的智力资本，给实业家带来变革性的学习体验，这样才能给世界创造更多价值。我们正在做的就是把计划进一步细化，朝着目标努力。"[13]

共有 40 多位教师为社会企业计划献策献力，从事相关科研和教学活动。他们贡献了很多案例和工作论文，题目包括社会企业的战略和管理、非营利组织的治理、社会资源和财务资源等。比如，得益于一些教师的研究，2005 年，哈佛商学院举办了以"全球贫困：商业解决方案和方法"为主题的学术会议。而后基于会议成果，学院几位教师于 2007 年联合出版了《全球贫困的商业解决方案：创造社会经济价值》一书。该书从不同视角阐述其观点——扶贫不仅可以帮助世界上的贫困人口改善生活，还能成为一项可以盈利的事业。自 1993 年以来，学院还通过社会企业计划开发设计了一些核心高管培训项目，包括"非营利组织的治理和战略管理"项目等，至今已培养了 2 500 多名社会企业领导者。

2004 年，哈佛商学院的教师与哈佛大学教育学院和九个市内学区*的教师一起联合推出了"公共教育领导力项目"，旨在通过开展综合性的研究、教学和课程，共享教材，以及与学区开展合作，基于教育实践来创造知识。

---

* 美国的学区是指州政府用于管理公立中小学的基本单位。——译者注

全球计划

全球计划于 20 世纪 90 年代中期推出，致力于通过建立多个区域研究中心，促进教师科研和案例开发，从而实现一系列发展目标。哈佛商学院探寻国际化之路和其他学院不一样，其独特之处在于侧重教师的学习和发展，而不是通过教学项目或与外院合作。该计划还可以加强学院与校友、实业家和国外院校的联系。截至 2008 年，哈佛商学院通过该计划成立了五个国际研究中心：亚太研究中心（1999 年在中国香港建成）；拉美研究中心（2000 年在阿根廷首都布宜诺斯艾利斯建成，另有一些研究人员在巴西和墨西哥工作）；日本研究中心（2002 年在东京建成）；欧洲研究中心（2006 年在巴黎建成）和印度研究中心（2006 年在孟买建成）。

所有研究中心都着眼于在当地与企业领导者、政府和研究人员建立密切联系。比如，里贾纳·艾布拉米（Regina Abrami）教授以"美国—柬埔寨纺织品贸易协定"为专题与亚太研究中心合作开发一个案例，专门研究柬埔寨签署协议的决定，以及 2004 年一旦国际纺织品配额制度废除，协定可能带来的影响。而在世界的另一端，米希尔·德赛（Mihir Desai）教授则与拉美研究中心合作，研究陶氏化学公司为何竞标收购阿根廷一家私有化进程中的石油化工公司。"要细致、详尽地研究跨国公司的投资决策真是很难，"德赛说，"而研究中心对案例涉及的公司和所在地情况都比较熟悉，如果没有研究中心的帮助，这个案例肯定做不成。"[14]

为了和世界各地的学者建立联系，哈佛商学院主办了"以参与者为中心的学习研讨班"（CPCL）。这个项目为期 10 天，很多新兴经济体的顶尖商学院都选派教师来接受案例教学培训。参加人员包括院长、系主任以及有五年以上教学经验的资深教师。该项目专门安排课程培训案例写作，帮助各学院开展自己的实地调研。同时，参加项目的外国学者可以与哈佛商学院的教师交流，寻找合作研究机会。后来，鉴于该研讨班的成功，哈佛商学院还专门为东欧和亚洲的学院设计了符合当地特色的师资培训项目。

医疗保健计划

哈佛商学院在 2005 年推出医疗保健计划，那些对医疗行业的业务和管理感兴趣的教师于是走到了一起。该计划致力于创造和传播知识，研究如何提高各种医疗机构的领导力，从而改善全球医疗保健体系。虽然这个计划是最近才推出的，但学院长期以来非常关注医疗保健行业，20％的教师做过相关研究，哈佛商学院出版社目前已出版了 400 多份关于医疗保健行业的案例。与医疗保健相关的案例数量逐年稳步增长，2006 年已经占到必修课使用案例总数的 10％。300 多名学生选修了三门与医疗保健行业相关的课程；每年大概有 90 名毕业生选择在医疗保健行业工作——相比过去 10 年，增幅明显。2008 年 1 月，哈佛商学院推出医疗保健行业访学团项目，让那些对该行业知之甚少或一无所知的 MBA 学生得以探索未来发展方向，给今后的学习打下更好的基础。

医疗保健计划还促成了很多研讨会和学术会议。比如，哈佛商学院与"基因与基因组伙伴医保中心"联合举办过一次年会。此外，学院还通过该计划推出了一个医保行业高管培训项目以及多个定制项目。学院教师欣喜地看到医保领域的教学项目市场很大，也非常期待与业内高层人士交流，检验自己的研究成果和理念。责任教授理查德·哈默米沙说，通过这些活动，"我们可以提供更有价值的教学项目，鼓励教师进行合作科研，培养更多人才，在医疗保健行业树立哈佛品牌"。另外，该计划成立了一个校友导师项目，每月组织一次教师会议，让教师探讨科研进展以及该计划的未来活动安排。2007 年，大约 15 名教师参加了这些会议，全院 1/5 的教师参与了某种形式的医疗保健领域的研究，

8~12 名教师表示该行业是他们的主要研究领域。

◉ 展望未来

哈佛商学院告别过去的 100 年，迎来了它的新世纪。显然，管理世界风云变幻，对企业领导者的要求也在相应改变——必须更好地理解全球化、技术和多元化对工作的影响。有些教师在思考学院是否应该进一步开展全球计划，推出更多举措培养 MBA 学生的领导力，或者加强体验式教学。

有些教师则担心学院正在一步步远离实地研究这个重心。副院长卡尔·凯斯特（Carl Kester）担心有些案例越来越像习题集，设计思路比较窄，单纯教授技巧，而不是结合公司和行业的大背景来讲解各种技巧。"这些案例光注重方法论，只给出一个最佳答案。有些甚至直接变成单纯的数学题，一点难度都没有。"他认为，要保证课程质量，就必须把哈佛引以为豪的案例教学法发扬光大。然而，很多教师开始用案例来讲解估价、预测和竞争力分析等复杂的技巧，越来越偏离了分析、决策、执行和行动能力等案例设计的初衷。这些年来，案例越写越长，不少人担心这会加重学生的负担，影响他们的备课质量。

更大的疑问是，哈佛商学院是否还能一如既往地做到教学和科研两不误，需要做出怎样的改进才能更好地适应现在的环境。另外，越来越多的学生希望毕业后从事金融服务和管理咨询业，那么着眼于综合管理的课程方案还适用吗？

最后，哈佛商学院还面临一个核心挑战——和大多数学院一样——扩大师资队伍。过去 10 年，哈佛商学院的终身教师人数基本上保持在 85 人左右。院长莱特说："哈佛商学院有很多好的机会，市场需求也急剧扩大。可是如果师资力量不够，我们就没办法拓展活动。如果能找到好办法解决师资问题，我们的发展机会就会更大。"

———————

2009 年 3 月，由于经济危机的爆发，我们在课程方案和具体课程方面对哈佛商学院进行了跟踪调研。主要应对措施和新的计划如下：

- 学院坚持更广阔的综合管理教学，继续以案例教学作为主要教学方式。
- 学院正在考虑在全球化、领导力开发、批判性思维和体验式教学等重要领域开发更多的课程，目前已成立多个调研组专门研究可行性。
- 2010 年全校统一春季学期设置，哈佛商学院可以更灵活地开展新计划，进行体验式教学，包括组织实地调研项目、访学团项目和短期强化课程等。学院正在为推出更多新项目做规划。
- 学院将更多地关注政企关系、监管、风险管理和内部治理体制。许多新案例已经用于课堂教学，比如第一学年的"金融"和"领导力与企业责任"两门课的教师共同教授一个关于摩根大通·贝尔斯登的整合性研究案例。2009—2010 学年，学院将针对这些主题为二年级的 MBA 学生开设一些新课。
- 学院考虑与哈佛大学其他学院（法学院、肯尼迪学院等）联合开发一些新课。

第 11 章

耶鲁管理学院：整合与大变革

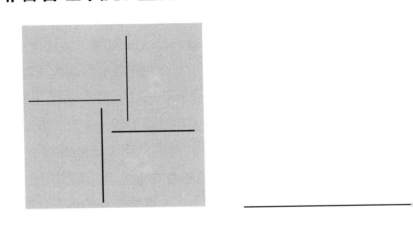

2005—2006 年，耶鲁管理学院对 MBA 核心课程进行了一次详细的评审；评审结束后，学院决定启用一套新的课程方案。2006 年 3 月，全体资深教师一致通过了新的课程方案。当年夏季，方案得到完善；当年秋季，新课程方案即正式实施。这套新方案剔除了财务和市场营销等基础课，代之以多门整合性课程，这些课程从企业领导者经常需要接触的客户、竞争者和投资者等利益相关者的角度传授知识，开展跨专业教学。

新课程方案不仅实现了跨专业教学，还加强了对学生领导力的培养，添加了职业发展和创新能力等诸多新元素，并在整个核心课程体系中强调国际化体验。为了在课程方案中增加这些元素，学院在确保不影响学生充分理解重要学科概念的前提下，将核心课程的部分内容移至选修课。

学院进行课程改革是出于以下几点考虑：其一，人们担心传统的 MBA 课程方案与现代企业需要的管理能力和领导力越来越脱节。其二，学院教师专门就 MBA 课程的调整询问企业人士的意见，问他们怎么做才能符合实际管理需要。他们的答复与学院的使命和文化如出一辙：重点目标是培养学生成为负责任的领导者——在成就事业的同时，满足各个利益相关者的需求和期望。其三，很多教师非常希望学院能成为管理教育的典范，而如果新的课程方案顺利实施，就会使这个愿望成为可能。

◉ 学院和 MBA 项目背景

耶鲁大学商学院开设有两年制 MBA 项目、博士项目、医保领域 EMBA 项目和多个高管培训项目。2008 年，学院仅有 208 名在校 MBA 学生和 5 000 多名校友。学院有终身教授 36 人，副教授 8 人，助理教授 16 人，"双聘"教师 18 人，兼职教师 8 人，访问教师 5 人，讲师 33 人。80％以上的学生来自北美，15％的学生来自亚洲。2006 届毕业生中有 46％以上在金融服务行业就职，15％从事咨询行业，10％左右在非营利机构工作。[1]

耶鲁大学于 1974 年成立了组织与管理学院，旨在为政府部门、非营利机构和营利性企业培养领导者。学院认为，管理人员在职业生涯中会经常变换行业，而且企业领导者需要了解不同行业的同事并能与其有效共事。学院近 95％的毕业生都在营利性行业谋到了第一份工作，不过一直以来，学院吸引的学生虽然各有各的职业追求，但都愿意积极为社会做贡献。

自成立之初，学院就有别于其他传统商学院，这正是其引以为荣的。尽管学院也在金融、市场营销、会计等领域开设了常见的核心课程，但是几乎所有课程都会讲授各种涉及非营利和公共机构的案例和资料，这和大多数其他学院完全不同。例如，学院把政治学视为必修课，而且录取的学生中近 1/3 来自非营利机构或公共部门。特别是在成立初期，学院给学生颁发的是"公共管理与私营管理硕士"学位而不是 MBA 学位，这更说明了耶鲁管理学院的独特性。

然而，20 世纪 90 年代，一些竞争院校也开始推出更多涉及非营利组织和公共部门的课程以及其他有益社会的领导力培训活动，耶鲁的管理教育方式不再一枝独秀。同时，学院也明白其定位常常使报名者和用人单位都感到困惑。尽管学院自己认为提供的是 MBA 项目，而且不断聘请金融、市场和经济学领域的资深教师，可是市场反响并不强烈。因此，学院正式改名为耶鲁管理学院。五年后，学院把项目的学位名称改为更广为人知的 MBA。

2005 年春，乔尔·波多尔尼（Joel Podolny）被任命为耶鲁管理学院院长，于 7 月 1 日正式上任。他拥有哈佛大学社会学博士学位，在加盟耶鲁之前是斯坦福大学商学院和哈佛商学院的终身教师。他到任时，耶鲁管理学院 MBA 项目第一学年的课程方案主要是基于学科专业设置的。核心课程包括财务会计、财务报告Ⅰ或管理控制Ⅰ、数据Ⅰ（概率模型与统计估计）、数据Ⅱ

（假设检验与回归分析）、经济分析、决策分析与博弈论、管理战略环境、领导力、管理组织政治或设计与管理组织、营销管理、运营管理 I 和财务管理。

◉ 变革势在必行

其实，在波多尔尼到任之前，教师、学生和行政人员都对现有项目有些不满，很多人希望学院进行课程改革。然而，后来的一次改革尝试——与 2006 年新课程方案的推出比起来，目标温和多了——却无疾而终，大多数资深教师投了反对票。大家都认为大幅改革很有必要，但又没想清楚应该从哪方面着手。波多尔尼则认为，对申请人来说，课程方案是项目的精髓，是他们最看重的，所以任何改革都应该从课程方案入手。他常常引用副院长斯坦·加斯特卡（Stan Garstka）说的一句话，"没有内容就没有品牌"，以此告诫大家要想提高学院的品牌形象和影响力，必须给学生提供真切的、有价值的体验，而重新评估和改进课程方案就是达到这个目标的最有效的方式。

2005 年秋，波多尔尼召开了数次教师会议。会上，他给各位教师看一些纪要，提醒大家要实现学院的独特使命——"培养企业和社会领袖"——就应该采用同样独特的教学方法。虽然最终设计出来的新课程方案远比这些纪要激进得多——纪要只是一再强调要多采用分组教学，多培养团队精神，以及多开设"行"和"省"方面的课程，为"知"作补充——但至少这些纪要引发了大家对课程改革的讨论。

大家在讨论时，考虑的不仅是使命，还有战略。虽然 20 世纪 90 年代，学院把学位更名为 MBA，从此可以和其他学院一样堂堂正正地开发 MBA 市场，可是一直以来其招生规模比大多数顶尖 MBA 项目小得多，而 MBA 教育要的就是规模经济。规模大的商学院可以开设更多选修课，并且通过众多学生分摊 MBA 项目的服务成本。规模较小的项目，跨专业协调教学相对更容易，可是传统的 MBA 课程方案下根本不需要或者很少需要跨专业教学。除了声称自己可以创造更温馨的环境、拉近人与人之间的距离以外，规模小其实给学院带来的益处很少，甚至毫无益处。因此，如何把规模小转变成学院的优势便成为早期探讨的核心议题。

开发新的课程方案

刚接任时，波多尔尼并没想好新的课程方案具体应该设计成什么样。他和副院长加斯特卡、会计与财务教授杰克·托马斯（Jake Thomas）等几位资深教师花了四五个月的时间争取让其他教师心悦诚服地接受课程改革这个提议。他们认为没必要非得让每个人都立刻举手赞成，可是真要设计出一套新的核心课程并且把它教好，还是需要各个领域的资深教师积极参与、投入心血。加斯特卡说，他们在最初推行课改工作时一直很低调：

> 我们那个时候还不是很清楚具体应该怎样改革，所以不想太早公布这个计划。我们花了很长时间思考教师的情况，考虑如果实行课程改革的话他们会有哪些得失。接着，我们在教师中找了一些关键人物，他们平时就比较有号召力，如果他们不支持，改革就可能推不动。刚开始，有些人表示坚决反对，其中几位还是学院最优秀的教师。最终，我们让他们明白，他们的课可能是最出色的，也是教得最好的，可是整个课程方案不合理，所以必须改革。

2005 年 11 月，波多尔尼成立了一个指导委员会和六个分委员会，一起负责设计全新的课程方案。指导委员会包括八名教师、两名学生；每个分委员会包括六名教师、两名学生；不过如果波多尔尼和加斯特卡觉得有必要的话，可以给委员会再加一位教师，争取更多人支持。超过 2/3 的资深教师都参与了至少一个委员会。所有人都知道，负责设计核心课程的分委员会，用波多尔尼的话来说，将产生最大的能量。波多尔尼任命杰克·托马斯教授负责分委员会的工作。

刚开始，波多尔尼就反复提醒各委员会在设计课程时要秉承学院的使命。他说："耶鲁管理学院的使命是培养领袖，而不是技术官僚。耶鲁大学致力于培养能为社会做贡献的领导者，商学院是这样，法学院、神学院也是这样。"同时，2005 年底和 2006年初，托马斯教授用了大量时间与教师、学生、校友和用人单位访谈，了解他们对现有课程方案的看法和对新方案的建议。他负责的分委员会还深入分析了美国另外 11 所一流商学院的课程方案。

初期，有不少教师提议围绕职业发展来设计核心课程。这种方式可以避免旧课程方案的主要弊端，更易实现跨领域教学，从而让学生在解决商业问题时思路更开阔，可是实际操作起来难度很大，因为学生即使职业目标不一样，也必须上相似的课程，而且对于那些经常换行业、换领域的学生来说也不适用。

不过，这种侧重职业发展的建议倒是给教师很大的启发。他们后来整整花了两周时间进行密集讨论，最终，设计理念的重心从职业发展转到了角色（也就是接下来提到的"视角"）。根据这个理念，新的核心课程可以围绕组织内部和外部的利益相关者来开发，分析各利益相关者如何通过不同角度看待和解决问题。这些课最终成为耶鲁管理学院核心课程的重中之重，也就是后来为人熟知的"组织视角"系列课程。

为了设计新课程，波多尔尼从召开一系列教师会议入手，参会的八位资深教师既要设计新课，又在讲授现有核心课程。之所以多次请他们一起开会，目的就是重新审查现有课程方案，详细梳理每一门课程，把课上教的所有主题整理出来，以便为新课程组织内容。加斯特卡提到了这个过程带来的收获："我们在黑板上列出一长串现有核心课程教的内容，会发现有不少内容是完全重复的。比如，好几门课都用不同方式提到了代理理论，可是我们从来没真正把代理理论固定到某个课程里专门讲解。通过课程改革，我们可以更有效地授课，因为我们不用再受限于那套旧的核心课程，而是可以从零开始，设计全新的课程方案。"

为了争取更多教师的支持和参与，托马斯、加斯特卡和波多尔尼还特意单独约见那些对课程改革不太放心的教师。2006 年 3 月，所有教师无记名投票通过了新的课程方案——长达 11 页，结合管理世界的变化和学院的使命，体现课程改革的合理性和必要性。虽然该文件附件中列出了一份新课程可能涉及的各个主题的清单，但是没有提供课程大纲，也没有提到具体要用的案例或阅读资料。要充实和完善整套课程设计方案，还有大量的细节工作要做。课程方案是在上午获得通过的；当天下午，波多尔尼就把方案拿给学生会看；当天晚上，他又赶去人头攒动的市政厅听取建议。

波多尔尼对当天的两次对话印象很深。一次是在投票结束后，他碰见市场营销系的教授拉维·达尔（Ravi Dhar）。教授微笑着对他说："恭喜！我想咱们学院的声誉就靠这个了；当然，你的名声也靠它了。"另一次是他在市政厅时，一个学生问他："您有什么担心的吗？"波多尔尼回答说："执行和沟通。"其实他最担心的是核心课程的调整可能还不够到位。

为了确保新课程真正做到整合而不是旧课用新名，耶鲁管理学院再次请示那八位资深教师，让他们两两一组设计八门"组织视角"系列课程。每位教师负责牵头设计一门课，同时协助同组教师设计另一门课。牵头设计课程的教师擅长该门课程涉及的学科之一（而不是最主要的学科）。比如，牵头设计"投资者"课程的教授并不是金融学背景。波多尔尼认为，在设计阶段必须打破旧的思维方式；但是一旦新课程方案投入使用，他还是会请和课程领域最接近的教师来负责这门课。一位参与课程设计的教师回忆说："要打破陈规其实比想象的难得多，所以我们不会单独做设计。"波多尔尼本人正式参与了八个课程设计组中的两个，还给其他设计组提供了一些非正式的帮助。课程的人员配置问题比较复杂，因为要保证第二学年的课程仍有足够强大的师资。一些学院最资深、最优秀的教师参加了课程设计组。同时，波多尔尼和加斯特卡清楚地知道，他们不能把学院最强大的师资力量都用于设计和讲授核心课程，否则第二学年的选修课就只剩"空壳"了。

课程方案与学院的匹配：使命、教师和规模

波多尔尼认为新课程方案与学院的特点非常契合。因为核心课程是围绕各个利益相关者来设计的，而这些利益相关者是一个卓有成效的领导者必须打交道的，所以领导力成为整个课程方案的核心。核心课程体系的其他方面则提供了有效的补充，比如"领导力开发"项目和"个别问题界定"这门新课。

乔纳森·范斯坦（Jonathan Feinstein）教授认为整合后的课程方案与学院的使命非常匹配。他说：

> 学院的使命是培养学生尽最大努力为企业和社会做贡献。这个内容很宽泛。我们希望学生能熟练掌握组织、市场和非市场因素的运作规则，这样，他们今后在各种情况下都能有足够的信心和技能解决问题、扭转形势。如果我们只是希望培养的学生走出校门从事金融投资或市场营销工作，这种课程方案就不怎么符合使命了。

加斯特卡解释说，耶鲁管理学院之所以选择整合性的课程方案，是因为这不仅是商业世界的运作方式，也是学院自身的运营方式。他说：

> 一些教师选择来我们学院就是因为他们的研究兴趣非常广泛。他们不想与另外 40 多个和自己研究同一领域的教授一起吃午餐。如果他们是财务领域的，就很可能希望与市场营销或者组织行为领域的老师一起吃午餐。我们很多人都有这

种想法。事实上，我们可能是唯一一个每周举办一次教师午餐交流会，而且请所有教师都参加的学院。由于学院规模不大，所以才能做到这一点。任何领域的任何教师都可以来参加交流会，与其他人探讨研究进展和心得。每个星期基本上都会有 60% 的教师参加这个活动。

另外，由于学院规模比较小，所以能更便捷地设计和推行整合性的课程方案。就整合性课程而言，只有来自多个学科领域的教师一起开发和讲授才能实现最佳教学效果。为此，教师必须了解并且愿意与其他领域的教师合作。学院规模较小就意味着需要合作的教师更少；学生人数较少则意味着一位教授可以给所有班级——也就是所有学生——讲一门核心课。市场营销系教授祖德海（K. Sudhir）说："规模小给我们带来不少好处。我全权负责'客户'这门课的课程设计和教学，三个班都由我教。为了融入其他领域的信息，我会和会计、组织行为学、经济学等领域的教授聊天。我们经常会激烈争论，但很快就能综合各方观点达成一致。如果像一些比较大的学院一样，一门课让三四名教授来教，需要交流的时间就太多了，很难达成综合意见。"

然而，即使是常规的项目规模——新课程方案推出之前，MBA 项目每届招收 225～240 个学生——对于课程的成功转型来说也还是太大。在旧的课程方案之下，每门核心课程分成四个班授课，每个班 55～60 名学生；而耶鲁管理学院最大的教室一般最多只能容纳 70 人。为了保证一流的教学质量，学院决定请负责课程设计的资深教授给所有班级教同一门课。可是，一位教授不可能同时教四个班。所以，学院只好暂时决定压缩 MBA 招生规模至 180 人，从四个班削减至三个班，每班 60 人。

为了缩减项目规模，耶鲁管理学院减少了 2006 级 MBA 学生的录取人数（新课程方案于 2006 年秋季推行），这导致了一系列比较复杂的情况。学院公布新课程方案以后，MBA 入学率从 2007 级的 37% 增至 2008 级的 43%，入学班级的规模都赶上前几年的了。为了缩小规模，耶鲁管理学院提出可以给愿意推迟一年入学的学生减学费；这项措施一推出，当年入学人数即减至 208人。申请 2009 年耶鲁 MBA 项目的人数增长了 25％。于是，学院只好降低录取率，保证项目规模在 180 人左右。学院认为这个困难只是暂时的，目前处在过渡期。未来几年，学院计划让更多教师参与核心课程的教学，届时将恢复招收四个班。

新课程方案——第一学年

耶鲁管理学院的 MBA 项目学制两年，以往的设置是每年分为两个学期。根据新的课程方案，第二学年沿用这种方式，而第一学年则采用不同形式。新的核心课程体系主要包括三个系列："管理导论"、"组织视角"和"综合领导力视角"。第一学年的学生必须 8 月底到校，先参加简短的入学教育。接下来的整个学年分为四个学季：秋季Ⅰ、秋季Ⅱ、春季Ⅰ和春季Ⅱ。入学教育结束以后，学生正式开始项目学习。"管理导论"系列的授课时间为 8 月底至 10 月中旬（秋季Ⅰ）。该部分的所有课程长短不一，起止时间也不一样。"组织视角"系列分为两个阶段：10 月下旬至 12 月中旬（秋季Ⅱ），以及 1 月第三周至 2 月底（春季Ⅰ）。这些课程的起止时间都一样。春假结束后，3 月下旬至 5 月初（春季Ⅱ）讲授"综合领导力视角"系列课程。这个系列并不会完全占用学生时间，所以在此期间学生可以选择一些只教半学期的选修课。

"管理导论"系列

"管理导论"系列一共有七门课，旨在让学生设定长期职业发展规划，学习如何界定问题，掌握管理的一些基本的量化概念，并开始培养有益于团队合作的人际交往能力。绝大多数课程，包括"会计基础"、"数据和决策分析"、"经济学基础"、"管理小组和团队"、"人际交往技巧"等，都包含旧版核心课程教的内容。该系列中的两门新课是"个别问题界定"和"职业发展"。

定量分析课程。"管理导论"系列中的几门定量分析课程旨在让学生熟悉管理的概念和语言，以便在多学科整合的"视角"系列课程中教师讲解定量分析工具时更容易些。旧版核心课程的一些概念或工具不再出现在新版核心课程中，而是转至选修课讲授。

设计"组织视角"系列课程的教师经常会问设计"管理导论"课程的教师他们准备教哪些内容。一位教师解释道："我知道同一时间其他人在教什么，也知道他们接着要教什么。所以我在课上讲解一个概念时，会同时考虑接下来其他课上别的教师会怎么教这个概念。新的课程方案比以前协调多了。"

"个别问题界定"。这是新课程方案中新增加的课，或许也是整个商学教育中的一门新课。内森·诺文斯基（Nathan Novemsky）教授参与了课程设计，他解释了该课的重要性：

> 我们搜遍全美各学院的课程，找不到第二门旨在教学生如何梳理和解决不明确的问题的课程。学生一旦毕业后开始工作，就会遇到各种各样的现实问题，而这些问题往往没有太多的头绪。问题不会贴个标签说"用'经济学 101'课程教的工具"。打个比方，你的公司有一些客户在恼羞成怒地大声抱怨。那么，是不是你的员工处理不当？是不是公司的服务方式存在结构性问题？或者那些客户只是个例，比较难伺候？我们设计这门课，就是希望帮学生思考和梳理这些定义不清的问题。

这门课程教学生一系列梳理和界定商业问题的工具和技巧，让学生思考各种假设，认识到界定问题的方法有很多种，最初想到的解决办法往往不是最好的办法。

这门课程共有 13 次课，教学手段包括讲课、资料阅读和大量分组练习。比如，在某次练习中，学生拿到一份材料，描述的情境是有位乘客全家乘飞机旅行，他订票时航空公司明确承诺会给他们全家安排连座，可是换登机牌时他才得知不能和家人同坐。乘客写了封信向航空公司总裁反映这件事。学生在分组讨论时，有些组拿到的信的标题为"愤怒的顾客"，另一些组拿到的标题则是"举报人"。各组单独讨论可能的解决方案或办法。讨论结束后，学生回到课堂上，接着探讨问题的界定是怎样影响处理方式的。

"职业发展"。这门课也是新开设的。范斯坦教授介绍说，该课旨在帮助学生进行长期职业发展规划：

> 我敢肯定，大部分来商学院学习的学生对在商界的职业发展路径了解不多。一直以来，他们都是依赖职业发展办公室、同学之间互相打听以及面试的公司。这门课就是想告诉学生，"嘿，这真的很重要。我们拿到课上说说吧，多思考思考，学些框架知识，看看相关的研究"。职业发展会随着时间的推移逐渐变得清晰，而学生最初的选择对今后的发展有重大影响。

"职业发展"课程共有 6 次课，综合运用讲课、资料阅读和练习等多种教学手段。学生需要阅读的文献包括甘地和沃尔玛创始人山姆·沃尔顿的自传、沃伦·巴菲特的传记、荷米尼亚·伊巴拉（Herminia Ibarra）的《职业身份》（内容是对跳槽的建议）中的一章。学院还请到一个专业摄像组特别录制了对十几位校友的访谈，让学生通过看录像了解职业发展的挑战和决策点。最后，所有学生都需要找一些人访谈，了解别人的职业发展之路。范斯坦认为这门课对于耶鲁管理学院来说尤为重要，因为很多学生都有过跳槽经历或打算以后跳槽。他接着说："我们尝试着让学生充分认识自己的潜能。很多时候，我们会帮他们分析在领导力方面的潜能，因为他们今后在工作中肯定需要组织一些人完成任务，领导力是必需的。"

"组织视角"系列

新课程方案强调整合传统的专业课，进行跨学科教学，而"组织视角"系列的八门课程的整合程度最高。（表 11—1 是课程清单，其中列出了各门课涉及的传统学科。）该系列课程从管理人员需要"带动、激励和领导"的内外部利益相关者的角度展开教学。

表 11—1　　　　　　　　　　　"组织视角"系列课程

课程名称	涉及的传统学科	代表性主题
投资者	金融、会计、经济学、心理学	不同类型的投资者：直接投资者（居民储蓄、捐赠、养老金）和间接投资者（共同基金、对冲基金）；直接投资者的工具：风险—回报分析；间接投资者的工具：估值、CAPM；债券市场投资；国际投资；有效市场；对冲工具：期权与期货
竞争者	经济学、组织行为学、政治学、市场营销、会计	识别竞争；产品差异化；竞争者动机；模拟和动态博弈；反垄断/商业伦理/竞争策略；互补者；竞争者身份制约；联盟与协会；作为竞争优势的社会责任和环境责任；可持续性
客户	市场营销、会计、金融、组织行为学、政治与监管、运营	进入市场、提出价值主张、消费者行为、组织行为、全球营销、市场细分、市场定位、客户关系管理、客户成本计算、客户隐私、客户满意度和忠诚度、以客户为中心的组织
国家与社会	政治学、经济学、组织行为学、金融	国家和公共机构的职能、当选和未当选官员的动机、明确正式和非正式的权力关系、法律环境、宏观经济因素、人口因素、歧视、商业领导者的政治活动、利益集团的影响方式、公共决策、公共部门中的运营问题、非政府组织
创新者	战略、市场营销、创造性与创新研究、组织行为学	创造性和创新的过程、管理创新团队、以客户为中心的洞察力、社会创新、组织创新的障碍和解决方式、研发融资、长期趋势
运营经理	运营、会计、经济学、组织行为学、市场营销	全球制造战略；流程分析/重组——瓶颈分析、排队模型；供应链管理——库存模型、即时/精益制造；成本会计——相关成本、转让定价；质量管理——生产质量和服务质量

续前表

课程名称	涉及的传统学科	代表性主题
员工	组织行为学、经济学、政治学、会计	动机（内在和外在）；激励机制（包括绩效评估）；权力与权威；谈判（包括薪酬）；工会；员工权利；选拔与录用（包括招聘）；文化、价值观与多样性；组织文化；代理成本
融资及资金管理/财务总监（CFO）	公司财务、管理会计、市场营销、经济学和组织行为学	资本结构、资本预算与现金预算、并购、财务规划、评估与控制、投资者关系、风险管理、税务、经济增加值和作业成本法等盈利衡量的方法

资料来源：耶鲁管理学院。

2006—2007学年，耶鲁管理学院正式推行新的课程方案，秋季学期开设四门"外部视角"课程（竞争者、客户、投资者，以及国家与社会）；春季学期开设四门"内部视角"课程（员工、创新者、运营经理和财务总监）。2007—2008学年，学院把"融资及资金管理"课程和"国家与社会"课程对调了一下。

有些新课程的内容和对应的旧课程方案比较相近；其他课程则变动很大。比如，"投资者"课程基本上还是沿用以前的"金融"课程，仍然讲解了很多重要的标准金融工具，这是任何MBA项目都必须传授的知识。总体而言，那些涉及多种工具、讲授具体技巧的新课与对应的旧课很相似，而涉及技术性内容较少的新课则变化很大。

这些课也不是在所有的方面都完全整合。教师在讲解重要的学科基础内容时会注重深度，不综合讲授；而涉及其他内容时则会更注重广度，结合各相关学科综合讲解。波多尔尼形象地把这些课称为"T形课程"。加斯特卡补充说：

在系列视角课程中，我们很少抓住某个学科深入挖掘下去。大多数内容是整合性的，涵盖各个方面。我最近教了"融资及资金管理"这门课。我本人更偏会计领域，和另一位金融学教授合教这门课。我们在课堂上会介绍一些管理会计和传统金融学的内容，也会涉及组织行为学方面的内容，比如组织结构对估值的影响等。甚至还会有"国家与社会"

课程的内容，用来分析跨国企业的资金问题。我们会深入讲解 β 和经济增加值（EVA），因为没有这些知识，金融或会计就学不下去。不过，我们会很快回到更宏观、更综合的情境中去。

"组织视角"系列课程主要由各课程负责教师授课，其他教师和嘉宾也会不同程度地参与教学。有些课程，每次课都由负责教师来上，另一名辅助教师会多次甚至全部参与教学。而另一些课程，则有更多的辅助教师和嘉宾参与。这个系列中，有两门课设置了两名课程负责人，另有一门课设置了三名课程负责人。虽然该系列所有课的负责人都是资深教师，但有些时候可能会请年轻教师参与其中一次课，不过课程整合的部分还是由资深教师来完成。

"**客户**"。这门课程就是一个典型的例子。该课程共有 14 次课，教课的老师有好几位。祖德海独自教八次课，与另一位资深教授合教三次课，还与一名年轻教师合教一次课。另有两次课的授课教师则是会计、组织行为学、政治和战略领域的其他资深教师。

该课程包含两个模块，每个模块七次课。第一个模块是"了解顾客与提出有特色的价值主张"，其中包含任何 MBA 市场营销核心课程都会教授的传统概念。第二个模块是"围绕客户需求创建和发展企业"，探讨如何把各职能领域与战略相结合。每个模块都包含四次案例研究（有的案例是学院专门为这门课程开发的）、精选文献阅读和讲课。阅读资料包括一本市场营销教材中的两个章节、一本战略书的其中一章，以及《麦肯锡季刊》的多篇文章。课程还安排了一次练习，教学生如何通过综合分析测量顾客偏好。

祖德海在介绍这门课程时，首先提到课程的理念：不能脱离整个组织情境来单独思考市场营销问题。他说：

　　我告诉学生，组织是执行战略的工具。在很多企业，人们认为客户只与市场营销有关。可是如果营销部门制定了一个以客户为中心的战略，而其他职能部门又有各自的计划，那这个公司肯定成功不了。无论是哪个职能领域的员工，比如运营、人力资源、会计、财务等，都必须围绕同一个战略开展工作。如果通过调整组织结构可以实现这一点，那么企业高管就必须这么做。

"创新者"。这门课程是全新的。范斯坦参与了课程设计，他解释了这门课的重要性：

> 创新绝对是组织成长的基础。创新的组织可以生存和发展；而不创新的组织会很快被淘汰。一直以来，各个学院都没有把创新纳入核心课程体系，因为它和任一门传统的专业课都不怎么匹配；也从来没有教师主动站出来说我们必须教授创新。开设一门关于创新的课程是相当重要的，创新思维独具特色，甚至可以超越其他任何思维方式。太多课程基于同一类思维方式罗列堆砌，而这门课却完全不一样。

"创新者"课程探讨的是怎样形成、评估和开发新的创意，以及创新人士在组织里面临的各种挑战。这门课由三名资深教师共同担纲课程负责人，教学手段包括讲课、案例研究和练习等。课程使用的资料包括探讨颠覆性技术的文献，以此培养学生创造性地解决问题的能力。三位课程负责人合作教课。此外，有时还会专门邀请一些嘉宾，包括一位媒体策划和几位公司高管。

"综合领导力视角"系列

第一学年的最后一个部分是"综合领导力视角"系列。这个系列只有一门课，旨在让学生将前两个部分所学课程的相关知识综合起来。该课程给学生提供很多跨学科的复杂案例，要求他们应用之前学习的多个视角来综合分析案例。这门课与企业管理课有些类似，另外，还从领导力的角度要求学生思考应该如何实现变革、如何领导。2007 年春季学期，该课程设置为每周两次课，每次三小时。虽然教课效果很不错，但是教师和学生都认为负担特别重，所以 2008 年春季，学院把课程改为每周一次课，每次三小时。

这门课先是采用小型的创业型组织的案例，随后逐渐过渡到探讨规模更大、结构更复杂的机构。沙伦·奥斯特（Sharon Oster）教授是课程的设计者和负责人，她说该课程使用的案例一般都是探讨最新的热点话题。很多教师说这些案例"又大又杂"。比如，有一个案例是分析位于纽约港的总督岛的开发问题。2003 年，纽约市从联邦政府买下了这个面积为 172 英亩的小岛，准备接下来好好开发，为公众和城市本身服务。上课之前教师就给学生发了很多资料，比如小岛的介绍、方案征询、涉及纽约地产和开发成本信息的网站链接、公共用地的使用情况统计、人口数据等。学生分组讨论，在课前准备好总督岛的开发方案。课程专门请来几位嘉宾，包括主管纽约城市改造的一位女士以及几位开发商代表。课程的前半段，奥斯特教授给学生讲授城市经济学和城市运作方式；课程后半段，学生陈述和讨论提前准备好的方案，然后听嘉宾点评。

虽然这门课由一名资深教授负责，但是每次课都会邀请至少另外两位教授或者校外嘉宾参与。至少 23 名教师已经教过这门课，还有两名"组织视角"系列的授课教师多次来这门课一起给学生讲案例。

一年级"平台"系列选修课

耶鲁管理学院在春季学期的后半段给一年级 MBA 学生提供"平台"系列选修课，每门课只教半个学期，一年级学生最多可以选修三门。"平台"系列覆盖了 MBA 项目传统讲授的各个学科专业课程，包括会计、金融、市场营销、组织行为学、运营和战略。"组织视角"系列课程对有些主题只能一带而过，而"平台"

系列选修课则围绕涉及的学科深入讲解。该系列旨在帮学生为职业发展或者申请暑期实习做准备，这些都需要比较深入的专业知识。一位教授解释说，打算去投行的学生就不需要和想做营销工作的学生一样对市场营销 4P 因素了解那么深刻。"平台"系列课程也有助于消除人们对新课程方案会减少重要学科教学的担忧。与此同时，学院还开设了许多其他选修课（不属于"平台"系列），其中一些是二年级选修课的先修课。

国际体验

根据新的课程方案，所有学生必须在第一学年参加国际访学团项目。（少数学生由于签证、健康等问题没有随团出国。）大概 25 名学生组成一个团，每个团由教师带队，可供选择的目的地大概有八个国家，学生可以研究当地商业环境、参访公司并且与当地一些组织的负责人会面。

访学团在 1 月份出行，行程 10 天左右。但是，学生在整个第一学年中，其实大部分时间的学习都是与这种国际体验挂钩的，而且"组织视角"系列的几门课程都将访学团项目纳入教学。学生 8 月份到校之后即需要告知学院他们青睐的访学目的地。大部分访学行程定位于某个国家或地区，还有一小部分则着眼于某个特定行业。秋季学期中，共有六次课是专门为国际访学活动做准备的。有些课上，教师会讲解或让学生讨论目的国的情况或访学的主题。另一些课则请外部人士给学生提供其他信息或讨论具体行程安排。学生还需要分组研究访学涉及的某些问题，比如特定行业、政治形势或者一般经济问题。出行之前，每个小组都要在班上陈述各自的研究结果。

访学项目前后，"视角"系列课程，特别是"创新者"和"国家与社会"课程，都会提示学生在国外访学时要重点关注的问题，带学生探讨访学获得的经验和教训。比如，"创新者"课程鼓励学生思考在访学时考察的产品或服务，看看是否可以作为创新引进到美国。"综合领导力视角"课程基于 2007 年的访学活动专门开发了两个案例并用于教学。

"领导力开发"项目

2007 年秋季学期，耶鲁管理学院新开设了一个项目——"领导力开发"项目（LDP），旨在让学生深入思考和学习领导力。在 2006 年学院一个关于启蒙理想的项目的基础上改进内容、延长时间，就有了 LDP 项目。学生按相同小组参加 LDP 及国际访学和课堂活动。

LDP 项目旨在教育学生根据价值观和信念采取行动，以利于长期的事业发展。如果学生今后从事的工作是他们认为有意义、有价值的，能影响别人，且能达到理想的效果，那么他们会在工作中更有成就感——这就是 LDP 项目的设计初衷。该项目部分是基于詹姆斯·马奇（James G. March）的研究成果，他阐述了两种逻辑行为的区别：一种基于"结果逻辑"（源于成本—收益分析）；另一种基于"承诺逻辑"（源于价值或信念）。[2] 其目的是帮学生将价值转换为承诺。LDP 项目主管海迪·布鲁克斯（Heidi Brooks）说：

> 只有当所做的工作与内心深处的价值观相符时，领导者才能真正投入事业、鼓舞别人。我们的学生都雄心勃勃，他们期望通过自己的事业改变商业和社会。LDP 项目的前提很简单：如果你追求的目标是你最看重的，那么你自然会有很强的感染力。别人看到你在乎什么，自然就会受到感染。

入学教育期间，LDP 一开始就给学生布置一份暑期作业，随后还会组织几次活动。入学教育结束后，该项目会分组召开六次会议：秋季学期和春季学期各三次。会议都在晚上举行，基本上每个月一次，每次三小时。每个项目组由一名教师负责，另有两名二年级 MBA 学生作为顾问。除参加会议，学生还会与教师和顾问进行一对一面谈，深入探讨自己的个人承诺。学院还会请来外部人士给学生做辅导。

2007 年秋季学期，项目的重点是培养学生的自我意识。在一次课上，学生参加价值澄清练习。教师会给学生列出一系列价值观，让学生据此反思自己的价值观。接着，每个学生都要跟大家讲一件自己觉得最骄傲的事情，其他学生会说说自己的意见。这个练习可以帮助学生了解自己的价值观以及表达价值观的重要性，这样不仅能激励自己，还能激励别人。

2008 年春季学期，项目的重点是行动。其中一堂课的内容是要求学生反思赴国外访学期间所在小组发生的与领导力相关的问题。还有一次课，学生需要回顾在学院的时光，审视他们的选修课，回忆他们听过的演讲，分享他们的求职经历。他们把自己的行为和目标进行比较，看看两者是否一致。

2008 年初，学院考虑是否要扩大 LDP 项目范围，给二年级的学生也开一些课。

◉ 保驾护航

尽管在新课程方案推出时，大家都信心满满，但是学院的教师、顾问委员会和校友都担心学生可能学不到传统 MBA 项目所教的基本学科技能。为此，学院决定让使用新旧课程方案的两批学生参加考试，然后比较考试结果。以前在旧课程方案下，学生可以参加资格考试申请免修一些必修课。这次考试就是以这些资格考试为蓝本，考核点包括计算净现值和内部收益率，阅读财务报表，了解会计方法、统计学意义分析等基本内容。2006 年 8 月，一部分使用旧课程方案的学生暑期实习结束后自愿参加了这个考试。同样，2007 年 8 月，一批使用新课程方案的学生在暑期实习结束后也自愿参加了考试。两次考试是集中评分的，学院发现这两批学生的得分情况在统计意义上没有什么区别。不过，学院计划在接下来的几年中，继续测试学生对基本概念的掌握和理解，作为评估新课程方案各个方面的重要手段之一。

案例开发：广阔视角、原始数据

耶鲁管理学院一直在某些课程教学中使用案例。除少数案例由本院教师开发，大部分是从外部途径获得的。然而，波多尔尼意识到，最传统的那些案例都是专门研究单个问题，而且只提供与单个专业领域相关的信息，真正适用于新课程方案的案例其实很少。

为此，学院于 2006 年夏组成了一个案例写作小组。小组一共五人，其中包括一位资深的案例作者，一位在监管和政府研究方面有专长，另外几位有写作和新闻工作背景。写作组和教师一起创作新的案例，涉及的领域比以往要广，都是跨学科的，而且都要求基于对多个学科的理解给出整合性的解决方案。比如，一位教授针对通用汽车公司和某工会组织暂时达成的协议开发了一个案例。根据该协议，通用需要向该工会组织支付一笔费用，才能承担通用退休员工医保的融资责任。这个案例可以用于"融资及资金管理"课程，探讨未来医保费用支付的现值问题，以及工会组织履行协议需要承担的财务风险和政治风险。案例内容涉及财务、政治和劳工关系等领域。

新课程方案中使用案例最多的是"组织视角"系列和"综合领导力视角"系列。新的案例都是耶鲁专有的（有耶鲁品牌），而且耶鲁管理学院希望今后能把这些案例出售给其他学院。有些案例还采用多媒体的形式，可以在互联网上传播。比如，有个关于黑石集团收购办公物业投资信托公司的案例，在简短介绍之后，即提供了多个链接，链接内容包括案例的其他文字内容；对案例关键角色、监管机构、客户等相关人员的访谈视频；新闻视频剪辑；公司网站；美国证监会披露的年报、分析师报告及其他资料。

奥斯特教授指出，耶鲁管理学院的案例还有一个特色——
"原始数据"和"处理过的数据"的比例。传统案例可能会提供
公司的损益表（处理过的数据），而耶鲁管理学院的案例则可能
提供一个链接，让学生查阅完整的公司 10k 档案（原始数据）。
这种做法旨在让学生更多地接触一手资料，因为他们今后在工作
中做决策时必须挖掘和分析很多原始素材。让学生接触更多原始
数据，鼓励他们自己做研究，其实增加了教学的难度。奥斯特教
授解释说：

> 这种教学有点可怕。如果用的是传统案例，那么你对案
> 例中的资料和数据非常谙熟。如果有学生说"我用 X 除以
> Y"，你就会想到，"嗯，结果是 2.3，那你再乘以 Z 呢？你还
> 会发现什么？"学生会觉得你特别厉害。对于每个案例，我
> 们都有三四个小花招，其实早就知道答案了，可是每年都会
> 拿出来秀一秀。

> 可是如果案例用到了原始数据，学生可能会找到某些数
> 据与你讲的主题不相符，这个时候你就得自圆其说。我们会
> 向学生强调，希望他们不要只是拿个实际数据过来，而是要
> 给出自己的分析。如果学生对数据有不同的理解，我会让她
> 到前面来给大家讲讲。我们可以互相学习。

教师的参与

新的整合性课程方案的开发和实施对教师有着不同程度的影
响。资深教师受到的影响最大。他们参与课程委员会，设计课程
方案的整体框架；他们还具体设计核心课程并担任课程负责人。
事实上，他们尽可能多地为课程改革献策献力，让年轻教师尽少
参与，因为他们觉得如果年轻教师花费很多心思参与这个对自己
没有太大价值的学院大事，而最终却得不到终身教职，那对他们
是不公平的。

每个参与课程改革的人都说这是个费时费力的大工程。有位

教师说："当时真是忙疯了。"另一位则补充说："差点没命了。"但也不是所有资深教师都有这么大的工作量，因为大多数工作还是由核心小组的那八位教授完成的。他们大部分的时间都花在了新课程的设计和教学上。第二年再用新方案时，教师的工作量减轻了些，但他们还是不能松懈，需要根据第一年的经验和反馈重新设计课程的诸多细节。

随着新方案的持续使用，教师的工作负担应该会进一步减轻。不过他们认为，因为整合性的课程方案涉及大量的人员和协调工作，而且需要从不同的视角进行教学，所以总会比传统课程方案的工作量大。首次教新课时，学院会给授课教师计算双倍工作量。而再次教这门课时，如果教师专门开发了一些新的教学材料，那么学院还将把课程计为双倍学分。

除了在课程设计和教学上投入更多精力，教师还发现自己的工作方式和以前不太一样。很多新课都需要合作教学，基本上每门课都需要两三个教师共同参与，而且很多时候在课上会请来另外一名教师或外部人士（校友或企业高层）。很多课程几乎每天都有两名以上的教师在同一课堂一起授课。为了更好地协调教学事宜，"组织视角"系列的授课教师每周都会碰一次面，探讨接下来要教的内容。通过这些非正式的会议，教师可以知道每个课堂已经讲了什么，将要讲授什么，从而减少可能的冲突或问题。

大多数时候，年轻教师是不参与新课程教学的，有几位甚至表示他们并不担心新课程方案对自己会有什么影响。一位年轻教师说："我们很少有人教核心课，教的话也只会用一些标准教材，而不会教那些新玩意儿。"年轻教师参与核心课程的教学时，一般只会教某一堂课，涉及的内容也都在他们擅长的领域之内。"管理导论"系列就经常会请年轻教师教些课。虽然课程方案有所更新，但耶鲁管理学院并没有改变教师聘用或晋升标准。

科研工作

学院推出新课程方案以后对科研有哪些影响，目前尚不清楚。虽然一些教师可以借此进行整合性的研究，可是不少人担心教师本人没有兴趣做这种研究，或者真这么做的话是否能使论文发表或得到职称晋升。范斯坦解释说："作为研究型学院，我们当然不希望影响大家开展科研工作，尤其是年轻教师。但与此同时，跨学科也是我们学院的优势。虽然有不少反对声和质疑声，可学院的战略就是这样——我们是一个了不起的学院，我们既鼓励跨学科的整合性研究，也提倡纵深的学科研究。我想，学者如果从这个角度来思考，在学院工作会更愉快。"

祖德海认为新课程方案拓宽了他自己的教学和研究思路。他提到自己和同事吉旺哥·西恩（Jiwoong Shin）一起写的一篇科研论文：

> 这段时间我一直对客户关系管理（CRM）比较感兴趣，想在这方面做点研究。在市场营销领域，我们一般都从客户需求的角度看 CRM，而有些企业却给已有的客户提供更优惠的价格，对于这一点，我们一直找不到特别合理的解释。基本的逻辑是：既然他们已经是我们的客户，那就证明他们喜欢我们的产品，为什么还要给他们优惠呢？后来，我和会计与财务教授杰克·托马斯一起设计"客户"这门新课时，我对客户成本差异的重要性认识得更清楚了。那些给客户提供服务的公司使用客户成本核算方法，可以知道真实的客户服务成本，而其他公司则完全不了解，所以它们会利用这些信息给现有客户优惠价，从而保留最佳（成本最低的）客户；而竞争对手却做不到这一点，因为它们没有掌握这些信息。我和吉旺哥合写了一篇论文，分析公司采用低价策略保留最佳客户的原理。

尽管如此，学院并不认为新课程方案必须依靠整合性研究才能顺利推行。加斯特卡解释说：

> 如果你太早开始特别宽泛的研究，就很难得到终身教职。你得在更窄、更专的学术期刊上发表论文。这就是为什

么我们请资深教师来教"视角"系列课程。他们有这个条件思考整合性的课题。我们的资深教师擅长各自的领域，与此同时，他们也非常有创新性、视野开阔、有整合性思维。即使他们可能不怎么做整合性的研究，他们也足够成熟，有足够多的咨询经验，对真实的世界有足够的了解，所以整合思维能力特别强。

行政人员的责任和财务问题

为了实施新的课程方案，耶鲁管理学院新聘了 11 名全职行政人员，其中五人进行案例开发，三人提供技术服务，三人做教务工作（协调安排课程、组织学生参加领导力项目、协助安排国际访学团项目等）。

波多尔尼说，几乎每个行政人员都要为新的课程方案承担更多工作，很多人的工作内容改变了：信件收发室的员工需要把开课前几小时刚完成的案例发给学生；学生服务部门的员工要给以前没教过的课堂找辅导员；媒体关系、教师服务等部门的工作量也大大增加。虽然他们都能应付得来，但是学院管理层担心最终他们会因为负荷过重而坚持不下去。为此，管理层除了招聘新员工，还多次举行内部沟通会，并且让行政人员尽可能多地了解各种计划，培养他们对新课程的认同感。

实施这次课程改革的总成本应该在 200 万～500 万美元之间，包括一次性支出和新员工薪资等长期成本。招生规模从 220 人减至 180 人，这也给学院预算带来了很大的影响。学院打算通过招聘新教师和培养现有师资等方式保障课堂教学，在条件成熟时开始扩招。目前，由于压缩招生规模，每年学院的学费收入减少400 万美元。

学生的反馈

2007 年秋季，耶鲁管理学院的学生对全新的课程方案表示了大力支持，谈到课程方案时，他们很激动，也很热情。我们采访了一组刚上完一年级课程的学生（10个人），他们几乎都很认同这次课程改革以及个人的学习体验。有个学生说他特别喜欢接触新事物，这次课程改革让他更觉得来耶鲁是一个明智的决定，因为学院勇于推陈出新。另一个学生补充道："有那么多资深教师授课，我特别高兴。"

学生也非常认可新课程方案的整合性以及利益相关者的视角。特别是，有些学生提到新的课程与真实的商业世界更为贴近，让他们与其他学院的学生相比更有竞争力。一个学生说："跨专业分析问题是非常重要的。来耶鲁之前，我在工作中就有亲身体会。"她接着说，班上很多同学在暑期实习结束后都谈到工作中需要从多个利益相关者的角度看问题。另一个学生也这么认为，还补充说："同在一个公司实习，我看其他学院的MBA学生就没有这种思维方式。"

虽然赞扬声一片，还是有少数学生认为这种整合性教学方式不见得那么有效。有一个学生说整合教学对某些课程更适用；另一个学生则说对某些职业更有用。还有一个学生认为应该在第一学年晚些时候再用这种教学方式，可以专门开一门"整合性"课程，而不是在"组织视角"系列中灌输一通。问及是否影响到学科的深度时，学生回答不一。一个学生说她认为"这种担心太过了"。另一个学生也这么认为，并补充说："我在暑期实习的时候，并没发现其他学院来的实习生在专业知识方面的准备比我更多。"另一个学生则对新课程方案中部分新增内容的重要性表示质疑："问题是，核心课程里没有宏观经济学，而且涉及会计的内容也减少了。"

加斯特卡认为整合性的课程方案还可以给学生带来另一个好处：增强他们的自信心。他说："我觉得整合性的视角可以让他们变得更自信。很多学生，如果他们上过传统的专业课，会说自己懂财务，知道怎么计算净现值和摆弄数据，但是根本不知道自己为什么要做这些或者这些数据意味着什么。他们对情境一无所知。而有了这套新的课程方案，他们就感觉好多了，看上去也更自信。在面对潜在的雇主时，他们也比以前更会展示自己。"

◉ 展望未来

耶鲁管理学院对新课程方案推出 18 个月以来的各方面情况都比较满意。宣布实施新课程方案之后的两年里，报名人数和校友捐赠金额都有所增加；学生和教师也一直热心地参与和关注。雇主的反馈不太好衡量，因为第一届采用新课程方案的学生还没有毕业；但是，初步调查得到的反馈表明，雇主认为耶鲁管理学院的学生在学习新的课程以后，能力变得更强。学院表示，第一届采用新课程方案的学生中，共有 22 人在投行找到暑期实习工作；而且这 22 名学生在暑假结束时都接到了正式工作录用通知，这对学院来说还是第一次。一些教师已经开始用整合性方法为二年级学生设计选修课。

学院面临的最大挑战是可持续性。现有的这些资深教师不可能永远投入这么多精力和时间。虽然新增了几位教师参加第二轮授课，但有些教师的工作量仍然很大。加斯特卡说："这是在和时间赛跑。我们能不能让更多的新人来教核心课，让他们坚信这就是未来的发展方向？或者那些现在很推崇这套新方案的人，会不会终有一天精力耗尽？"

波多尔尼也认为这是一个很大的挑战。2007 年底，他在一份关于新课程方案的总结报告中写道：

> 我们知道⋯⋯传统的基于学科和专业的教学方式可能会"卷土重来"，毕竟，那是大家早就习惯的。尽管耶鲁管理学院的教师较早地认识到跨学科教学的重要性，但是和大多数学者一样，我们的教授都以单个学科见长，而且多年来也都

是在某个学科领域进行教学。因此，我们发现，很多教师或多或少还是本能地倾向于从单一学科的角度传授知识和分析问题。要在新课程方案中真正实现和融合一种文化（以及专业性、社会性和教学方法）层面的转变，真正做到跨学科教学，恐怕还需要好几年，得多次修正和调整。[3]

————————

2009 年 3 月，由于经济危机的爆发，我们在课程方案和具体课程方面对耶鲁管理学院进行了跟踪调研。主要应对措施和新的计划如下：

- 学院将继续推行以多个利益相关者为中心的整合性课程方案。
- 学院在课程方案中增加了一些与经济危机相关的内容，主要是使用基于互联网素材的"原始"案例，包括大量最新的、未经处理的资料。比如，"综合领导力视角"系列课程的内容有所修改，新增了有关次贷危机、信用违约互换、布朗德斯大学关闭罗斯艺术博物馆等事件的案例。
- "领导力开发"项目加强了关于价值观的教育，专门辟出几堂课让学生学习、思考价值观问题。
- 学院正在考虑是否在核心课程中增设一门关于宏观经济学的课。
- 现有课程更加关注金融机构监管、商业与环境、政治经济学等内容。

第 12 章
斯坦福大学商学院：个性化与大变革

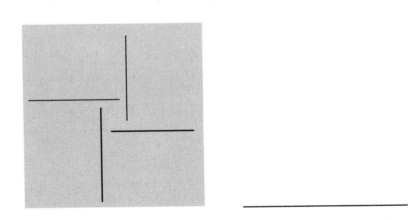

2007 年秋，斯坦福大学商学院推出了一套新的课程方案，将其称为"管理教育的革命性的变革"。[1]这套新方案是学院近 30 年来影响最为深远的一次变革，重点强调个性化、综合管理和领导力开发，同时引入了对学生的咨询和辅导。学院的两年制 MBA 学生不再一入学就上分析性极强的核心课程，而是先学一套整合性的"管理视角"系列课程，接着再学"管理基础"系列课程。"管理基础"系列围绕特定专业领域展开教学，并针对学生的不同背景、基础和能力提供三种以上不同层次的课程。

和美国其他顶尖商学院一样，斯坦福大学商学院也发现学生花在课外活动、找工作和社交活动上的时间越来越多，而对学习的投入大大减少。此外，近年来，MBA 新生中资深学员的知识储备和实践经验越来越丰富，而资历较浅的学员则变化不大。如此一来，同一个班里学员的学术背景和实际经验差距越来越大，一刀切的课堂教学很难做到既让资深学员学有所获，又让资历尚浅的学员觉得通俗易懂。所以，学生在评价 MBA 项目的价值时觉得学习上的收获不大。

在学院简讯上，院长罗伯特·乔斯（Robert Joss）特别提醒 MBA 新生"GSB 的 S 代表的是学院"，要求学生注重学业。资深副院长戴维·克雷普斯（David Kreps）表示，"我们想通过课程改革吸引学生主动学习，而不是强迫他们学习。具体做法包括让学生入学后先学习'管理视角'系列，明白整个课程方案和他们过去以及未来的工作有什么关联；让学生尤其是资深学员根据自己的基础和志向选修难度适中的课程；增加教师和学生的互动；加强领导力和全球管理等领域的教学，增加课程的实用性和对学生的吸引力"。

世界也发生着日新月异的变化。很多校友指出，随着全球化进程的加快，商业领导者要面对的群体越来越多，团队也越来越多样化，这就给管理带来了更大的挑战。新的课程方案不仅要激发学生的学习主动性，还要提供更多体验式的领导力教学，让

MBA 毕业生能够游刃有余地在世界各地的企业和机构工作。

◉ 学院和 MBA 项目背景

1924 年，在赫伯特·胡佛（Herbert Hoover）的倡议下，一群企业家在旧金山北部的一个顶尖会所 Bohemian Grove 齐聚一堂，讨论在西海岸建立一所商学院。胡佛是斯坦福大学的校友兼董事，几年后当选美国总统。当时西海岸很多有潜力的商业新星都到东海岸的商学院求学，胡佛希望采取措施使西海岸的人才流失情况得到遏制。他向西海岸 125 位企业家募集到启动资金，于 1925 年秋正式成立斯坦福大学商学院，招收了 16 名两年制 MBA 学生。[2]

成立之初的 30 年间，斯坦福大学商学院在当地建立了良好的声誉。1958 年，斯坦福大学时任校长华莱士·斯特林（Wallace Sterling）和教务长弗雷德·特曼（Fred Terman）致力于把斯坦福大学建设成为世界一流大学，他们任命企业家厄尼·阿巴克尔（Ernie Arbuckle）为商学院第三任院长，希望他把商学院打造成"全球最佳商学院"。阿巴克尔从很多一流的商学院挖来教师，斯坦福大学商学院很快进入世界一流商学院的行列。后面的几任院长也持续不断地推进学院的发展。2000 年，学院在新任院长罗伯特·乔斯的领导下举办了 75 周年院庆活动，当时学院的学术成就和财务状况均堪称优异。与此同时，罗伯特·乔斯又在寻找新的方向和前进的动力，包括加强与斯坦福大学其他院系的合作等。

学生

2007—2008 学年，斯坦福大学商学院的在籍 MBA 学生共 740 人（女生占 38%，少数族裔占 24%，国际学生占 34%）。即将毕业的 379 名 2008 届学生中，21% 在本科阶段学的是商学专业，43％学的是人类学或社会学，36％学的是数学、自然科学或工程学。学生平均有四年工作经验。2007 届 MBA 毕业生的平均工资达 115 500 美元[3]，其中 37％就职金融服务和投资行业，29％从事咨询行业，12％在高科技公司工作。[4]

教师、科研和教学

2007—2008 学年，斯坦福大学商学院有 91 名终身教职序列的学术型教师，其中 73％是终身教师，43％来自国外（在助理教授中，64％来自国外）。学院还有 50 名外聘教师，其中五人全职工作。教师并不按系别划分，而是按学术型教师各自擅长的学术领域分类。不过，有些教师擅长多个领域，而且教师在不同领域转换的现象也很普遍，像"战略管理"、"全球化管理"、"创业"和"人力资源管理"等重要管理领域一般由多个领域的教师共同参与。斯坦福大学商学院的 MBA 项目师生比为 7∶1，学院认为这可以让学生尽早受益于教师的最新科研成果。

学院对科研和教学同样重视，这也体现在其使命中——"创造思想，深化与提高对管理的理解，并以此培养有创新精神、有道德原则、有洞察力的工商领袖，改变整个世界"。全院教师（含退休教师）中有三位诺贝尔奖获得者，三位美国国家科学院院士，15 位美国艺术与科学院院士，还有两位约翰·贝茨·克拉克经济学奖获得者。

斯坦福大学商学院认为单一的教学方法不能满足学生的需求，也无法应对复杂的商业世界的现实挑战，所以综合采用案例教学、理论综述、课堂讨论、模拟练习、答疑课、角色扮演和团队项目等多种教学方法。

学院设有四个中心，为教师进行科研和课程开发提供支持，并协助组织各种演讲、研讨会、学术会议和俱乐部活动，为 MBA 学生的职业发展创造更多机会。第一个中心是成立于 1996 年的"创业研究中心"，主要研究有关企业和个人创业的问题，除协助教师开展科研和课程开发工作，还为学生组织实习、座谈和演讲等活动。"社会创新中心"成立于 2000 年，重点研究商业与社会创新的交叉问题，旨在加强个人应对社会问题的能力。"领导力开发与研究中心"成立于 2003 年，立足于组织领导力领域的前沿学术研究，主张领导力是可以通过经验学习来获得的。"全球商业与经济中心"于 2004 年成立，旨在开发和传播与全球性问题相关的课程资料、科研成果和概念框架。

旧的课程方案与变革的动因

2007 年课程改革之前，斯坦福大学商学院的 MBA 学生一开始就学习"工具"课程（如表 12—1 所示）。顺利通过分班考试的学生可以免修至多九门核心课程，而没有参加分班考试，或者因为准备不足而考试不合格的学生最后可能被分到低于其基础条件或能力的班级。尽管当时的课程方案设有快班，但很多学生认为难以找到准确的定位、选择合适的难度级别。副院长克雷普斯提到，因为信息不充分或者压根就不知道原来稍做准备就可以跳过初级课程，最终约有 5%～10% 的学生分班情况不理想。那些错分到级别过低的班级中的学生可能会厌烦学业，或者在讨论中会转移话题、提出一些高深的问题，让其他还在努力消化基础知识的学生不知所措。更大的问题在于，学生通常不明白为什么要学这些课。院长乔斯过去总是把这些课戏称为"相信我"——学生会问："为什么要学这门课？我的理想是当总经理。"教师通常回答说："相信我，以后你就知道为什么了。"加思·萨洛纳（Garth Saloner）教授也说，他在冬季学期教战略管理时才听说学生终于明白秋季学期为什么要学微观经济学。

院长乔斯指出了原有课程方案的四大问题：

第一，没有考虑到学生背景和基础的多样化。第二，基础好的 MBA 学生学习动力不足，有 1/3 的学生表示 MBA 项目还不如本科学习那么有挑战性。第三，对全球化涉足不深，应该更多地讲解和探讨跨文化、跨国家问题。第四，虽然以分析见长，但却没能帮助学生实现从"知"到"行"的转变。

表 12—1　　　改革前的课程方案（以 2006—2007 第一学年为例）

秋季学期	团队协作、微观经济学、财务会计、统计学、组织行为学、建模
冬季学期	金融、市场营销、运营、战略
春季学期	管理会计、人力资源、信息管理、非市场战略（包括商业伦理）、组织设计

资料来源：斯坦福大学商学院资料。

乔斯还说："有太多的毕业生抱怨，'你们应该对我们要求再高一些。'可惜时光不能倒流。"[5]副院长克雷普斯说，近些年，学生越来越不重视学业，这引起了院领导的高度重视："每年，学院 50% 以上的收入来自校友捐赠。另外，教师的培养和提高也在很大程度上依赖于课堂上与学生的互动。所以，我们必须提高学生的满意度，让他们认可项目的价值；必须鼓励学生专注学习，增强师生之间的交流和互动。"

◉ "革命性的变革"

斯坦福大学商学院在这些挑战中看到了机遇。它们设法应对资深学生增多所带来的新情况，解决学生结构多样化所带来的新问题，满足学生学习多种技能的新需求。MBA 项目副主任莉萨·施瓦勒（Lisa Schwallie）（1992 级 MBA 校友）说："我们这批 80 年代末 90 年代初的 MBA 学生，入学前只有一些基本的工作经验，比如在咨询公司制作年报等。但是现在，信息的获取越来越容易，MBA 学生对商业的理解更加全面，入学前的工作经验比我们丰富多了。"

同时，很多商学院一直致力于学生结构的多样化。施瓦勒说："学生在资历和经验方面的差距越来越大。如果只依照平均水平一刀切地开展教学，就很难照顾到所有的学生，尤其是那些资深的学生。要想成为世界上顶尖的商学院之一，就必须让那些最优秀的学生有所收获。我们之所以要改革，并不是因为原先的方案有什么大问题，而是因为我们发现商学教育还存在欠缺，这是一个很好的机遇。多年来，人们一直在探讨商学教育的'过去'和'未来'。2005 年 10 月的一次教师会议上，我们问道，'大家对商学教育和学院的项目有什么看法？有没有听到别人的一些评价？'那次会议之后，我们知道大家对改革和调整是欢迎的。"

萨洛纳委员会

在这个关口，学院任命萨洛纳组建委员会进行 MBA 项目评估并提出改革措施。萨洛纳提议让所有教师就最终的改革方案进行投票表决。委员会由 11 人组成，包括终身教授、两名外聘教师和两名校友，代表了全院教师的各个领域；施瓦勒负责在行政人员方面提供支持。院长乔斯表示："委员会的大多数成员都很年轻，可以说他们代表着学院的未来。"委员会专门用四个月的时间进行详细调研，与学院教师、数百名学生和世界各地的校友深入访谈。萨洛纳本人与 10％的 2006 级和 2007 级 MBA 学生谈过话，大多数是请学生到家里一边用餐一边访谈；而接受委员会访谈的学生总数占比达 1/3 左右。

委员会从最基本的问题着手。萨洛纳回忆说："我们会问，'如果从零开始重新设计一套 MBA 课程方案，该设计成什么样呢？'当然，我们知道，还是要以现有的课程方案作为基础。"受访的教师和校友就课程设计和激励机制对课程改革提出了很多建议，有些还提议公布学生成绩，严把毕业关。萨洛纳说，委员会最终还是选择了"胡萝卜"，而没有选择"大棒"。学院让学生自己决定是否公布成绩。乔斯回忆道："最终，我们认为，要改变学生就必须先改变自己。"一位教授说："我们的想法是，还是应该坚持学院的文化，但是要给学生更多的挑战，让他们实现自我激励。"

经过四个月的调研和思考，委员会提出了一套颇具特色的全新的课程方案。根据该方案，MBA 学生入学后先学习"管理视角"系列课程（其中包括一门涉及全球化的课程），然后学习涵盖 11 个"管理基础"领域的个性化核心课程。在 11 个领域中，每个领域都开设至少三个不同难度级别的课程供学生选择，其中"高级—应用型"课程可以满足占比 20％的资深学员的需求。很多领域开设的课程是按难度分级的，个别领域则根据不同的专题细分课程。（表 12—2 列出了第一学年的课程和期末的综合研讨课。）

新课程方案彻底改变了 MBA 项目的教学次序：旧方案的课程顺序是学科基础课——专业课——综合性课程；而新方案则从"视角"系列开始，接着安排学科基础课，最后才是专业课。施瓦勒说，委员会在工作过程中"针对哪些划为'视角'系列、哪些划归'基础'系列、哪些课程可以延后再教、哪些必须先教等方面有些争议，但大家的总体思想是一致的"。根据新方案，第二学季开设三种不同等级的核心课程，学生可以根据自己的水平和兴趣选课。新方案还增加了一门"批判性分析思考"课程（见第 6 章），基于以前侧重于辅导和体验式教学的领导力开发项目，要求教师为学生制定自己的 MBA 学习计划提供咨询，并且在第二学年增加了一门综合性课程。

尽管金融、会计、运营、市场营销、战略、组织行为学和经济学等基础课程仍然存在，但新课程方案体现了学院力求精小的战略，而且在入学第一周即开始鼓励学生思考高水平管理有哪些必备条件。[6] 萨洛纳说："这些调整都不是表面功夫，而是希望给学生带来全新的更有全球性、更具吸引力的学习体验。"[7] 课程改革的一个重要目的是让学生更好地完成从工作到学习的转变。杰弗里·普费弗（Jeffrey Pfeffer）教授说："MBA 学生来这里是为了学习商学知识，可是第一学季却学了很多与数学相关的内容。

加思（Garth）教授很理解学生的疑惑和迷茫，他说，'我们不妨一开始就依学生的兴趣讲课，接下来再让他们明白分析性的基础课怎样有益于解决商业问题。'也就是说，先给学生提出一些能激发兴趣的问题，然后再阐明基础课与商业实践的关联性。"

表 12—2   **2009 级 MBA 学生必修课一览**

"管理视角"系列

第一学年秋季学期

- 会计信息
- 批判性分析思考
- 全球化背景下的管理
- 管理财务
- 团队管理
- 组织行为学
- 战略领导力（包括战略眼光、战略执行、领导力及沟通技巧、领导和管理技能）

第一学年冬季学期

- 管理伦理

第二学年春季学期（综合性课程）

- 综合研讨课

"管理基础"系列[a]

第一学年冬季/春季学期

- 数据分析与决策
- 金融
- 财务会计
- 人力资源
- 信息技术
- 管理会计
- 市场营销
- 微观经济学
- 最优化及决策支持建模（MODS）
- 非市场战略
- 运营

a. 部分基础课可能延至第二学年开课。

资料来源：Stanford Graduate School of Business，"Stanford MBA Program：Curriculum First Year," http：// www. gsb. stanford. edu/mba/academics/curriculum _ year1. html.

实现变革

2006 年 5 月 17 日，萨洛纳向学院的全体教师公布了委员会的研究结果和改革提案。委员会事先没有发布过其他资料，不过早前已经在主办公楼 Littlefield 内正式和非正式地和其他同事反复探讨相关工作和进展。经过两个小时的陈述和一个小时的讨论，约 85% 的教师投票支持这项改革。普费弗教授总结道："提案之所以获得通过，是因为大家都对现状很不满意。"

施瓦勒回忆说："投票结束后，我们走出会场，三两个同事相互看了看，不约而同地感叹一声'哇'，那时我们才意识到大量的执行工作还在后面。"几位院领导和萨洛纳委员会随即开始制定实施计划。院长乔斯成立了一个监督委员会指导实施工作，其本人担任监督委员会主席。他还成立了一个高级执行委员会（施瓦勒负责人员配备），负责管理和具体实施改革工作，直接向监督委员会汇报。

苏尼尔·库马尔（Sunil Kumar）教授说，在具体实施过程中，由于涉及资源分配问题，以及由新推出的"视角"系列课程带来的教师时间需求的管理问题，因此难免有不少磕磕碰碰。另外，必须确保课程方案有一定的灵活性，为学生按需选课留有余地。库马尔说："我们决不能再退回到旧的核心课程体系。我们不打算沿用原先的必修课，所以要推出一些独具特色的高级应用课程，在强化定量分析技巧的同时重视与实际应用的结合。"

◎ 全新的教学模式

斯坦福 MBA 项目的新教学模式主要有四个特点：（1）教师为学生提供咨询，项目高度个性化；（2）学习体验更有深度、更具吸引力；（3）课程方案更具全球意识；（4）加强领导力开发和沟通能力的培养。[8] 与原有的课程方案相比，新方案更加个性化。学生在第一学季学完"视角"系列课程（通识）之后，不需要选择特定的必修课，而是从"基础"系列课程中选课，确保覆盖面够广,"达到一位总经理应当具备的知识广度"。[9]这种广度要求一方面可以让学生灵活地依照个人兴趣选课,另一方面也促使他们"跨学科、跨专业"思考。这些课程"按照进度、深度和知识储备进行细分,以激发各个层次的原有经验各不相同的学生的学习兴趣"。[10]学生根据自己的职业规划自行选课,既能满足自己的学习兴趣,又能符合未来的职业需求,而分级考试也就完全不需要了。

为了让学生潜心学习,更好地掌握"视角"系列课程,学院把第一学季的前六个星期设为"专用学习时间"——一直持续到11月上旬学季中期的第六周——在此期间学生不得找工作,不得参加任何社团或者其他可能占用学习时间的社会活动。

第一学季"管理视角"系列

根据新的课程方案,第一学季的课程是(基本上)固定的,目的是使学生掌握基本的管理视角和沟通技巧。斯坦福大学的学季通常只包含10周,而MBA项目则将该学季延长至11周,学生需要学习如下七门课程:

- 团队管理
- 会计信息
- 组织行为学
- 管理财务
- 全球化背景下的管理
- 战略领导力
- 批判性分析思考(CAT)

在第一学季中,"批判性分析思考"的任课教师会为学生提供咨询,给学生提供必要的知识和指导,帮助他们制定学习计划,满足第一学年的基础课要求。

"团队管理"。这门课与以前相比没有太大的变化,主要介绍影响团队绩效的结构和流程以及团队工作的常见问题,具体内容包括团队文化、培养创造力与协作精神、如何进行团队决策、如何与不同个性的团队成员相处等。该课程还通过多次团队练习来讲解团队协作理念，让学生通过实践学会分析团队问题，并且采取措施提高团队绩效。该课程安排在第一周，周一至周五连续五天授课，每次三课时。

　　"会计信息"。这门课非常简短，只有四次课，主要讲解会计信息的基本概念和形式，具体内容包括资产负债表和损益表等财务报表的结构、会计的权责发生制、向投资者和管理者提供信息时会计数据的作用、经济利润与会计利润的区别等。马达夫·拉詹（Madhav Rajan）教授说："学生在准备暑期的在线评估测试时学了一些簿记技巧，但是对于秋季学期的'管理财务'和'战略'课程来讲，这些技巧是远远不够的。'会计信息'这门课正是要弥补这个差距。"这门课让学生从概念上理解会计报表的结构和各报表之间的关系，了解不同的会计信息使用者的关注点，以及与此相关的会计信息披露在内容和程度上的差异。

　　"组织行为学"。这门课共计五周时间（每周两次课，每次 90分钟），课程内容与以前相比基本没有大的变化。本课程以社会心理学为基础，重点研究组织与组织成员之间的相互影响关系，讲解的基本概念包括个体动机和行为、决策机制、人际沟通能力和影响力、小组行为、个体之间和团队之间的冲突与合作等。

　　"管理财务"。萨洛纳委员会在确定第一学季的课程时，既要避免学生背景的多样化影响到教学效果，又要充分利用这种多样性使课堂讨论更加活跃生动，所以把大部分定量分析课程延后作为基础课讲授。但他们还是在秋季学期安排了一门金融课程，主要是出于以下考虑：金融市场估值是营利企业管理目标的核心；委员会也觉得在第一学季至少应该安排一门定量分析课程。在原有的课程方案中，金融必修课重点讲解市场估值原理，为了深入学习相关知识，多数学生会再选修一门公司财务课。根据新的课程方案，第一学季开设的"管理财务"课程旨在讲解一些公司财务和资本市场都涉及的基本概念。因此，通过这门课程，学生可以应用财务经济学的基本概念解决有关公司财务的问题：学习估值的基本概念；了解财务决策、资本结构、股利政策和投资如何影响估值；从财务经理的角度掌握公司财务的基本原则。该课程还要求学生分析企业或其他机构所作的重要财务决策。

"全球化背景下的管理"。这是一门全新的课程，旨在加强学生对全球化管理的理解，重点关注政治、经济、金融和文化因素对全球市场的影响，让学生了解构成世界经济的全球市场和单个市场的特点。该课程主要讲解与市场相关的一般性和专门化的知识，让学生知道在进入新市场时应该关注哪些问题，从而采取正确的行动。该课程的前几次课采用课堂讲授方式，所有学生一起上课。随后，采用分班教学（每班 60 名学生），同时也会组织一些团队项目，比如就某些国家的市场写专题报告等。

课程之外，学院还一直致力于案例和教学材料的全球化，并要求所有学生在第一学年参加国际学习或实习项目。[11] 每名学生在第二学年开始前都要参加"全球体验项目"（GER），包括一次国际实习、国际服务学习项目或海外访学团项目。学生报名"全球体验项目"时必须选择从未居住或工作过的国家。克雷普斯说："校友提供了极大的帮助，院里的教师也很乐意参加这种活动。"施瓦勒补充说："所有人都说商业世界越来越全球化，我们就是希望大家提升全球化意识，加深对全球化的理解。但是我们非常看重体验的完整性，所以不主张学生整整一两个学期都待在国外学习，否则整个班的学习秩序就被打乱了。"

其实，早在数年前，斯坦福大学商学院就尝试给学生创造国际体验。1997 年，学院推出了"全球管理体验项目"（GMIX），鼓励学生利用暑期前往陌生的国家，在当地的公司、政府机构或非政府组织实习一段时间。至今，目的国已经从中国扩展到 41 个国家，分布在亚洲、非洲、大洋洲、欧洲、拉丁美洲和南太平洋地区。一般来说，"全球管理体验项目"只是作为学生暑期实习的一部分。学生往往先在某单位实习8～10周，然后参加"全球管理体验项目"接着实习至少四周。实习结束后，学生可以与他人分享自己的实习经历，或者针对实习相关的某个国际商业课题撰写一篇论文，论文合格者可以获得两个学分。2007年，学院正式推出"全球体验项目"之前，选派了100名学生参加"全球管理体验项目"赴国外实习。

"战略领导力"。这门课把"战略与领导力开发和执行"结合起来。[12]普费弗教授介绍了该课程的设计理念："要弥补'知'、'行'之间的差距，当然需要掌握会计等专业领域的知识，但光有知识是不够的。学院推行改革的一个重要目的就是要让学生更好地整合知识、应用知识。我们希望通过实践培养学生的领导力等技能，这也是课程改革的一个很大的动力。但是问题在于，'讲解工具和概念并不难，可是应该怎么教？'""战略领导力"可以给这个问题提供部分答案。

斯坦福大学标准的整个学季的课程一般都持续10周，每周两次课；而"战略领导力"课程则每周三次课，一共分为四个部分——"战略眼光"、"战略执行"、"领导力之人际交往能力"，以及"领导力之管理能力"——每个部分由一位不同的教师讲课。"战略眼光"平均每周一次课，分班教学（每个班约60名学生），主要讲解战略管理的基本概念。"战略执行"也是每周一次课，主要探讨战略执行问题，尤其是执行中的领导力问题。"领导力之管理能力"只在学季末有四次课，关注高层管理人员普遍面临的一些管理挑战。这些课是由"管理成长性企业"这门极受学生追捧的选修课精炼而成的，由学院聘作兼职教师的优秀的企业管理人员执教。课程的教学方法总体而言比较传统，（主要）使用基于阅读材料的案例教学，不过"战略执行"课上会播放经理人讨论领导危机的视频，"领导力之管理能力"课上时常要求学生进行角色扮演，模拟管理人员和其他核心人员的谈话。

"领导力之人际交往能力"安排在学季的前六周，每周一次课，每次三小时，被称为能力开发的"实验室"。这部分课程是伊夫林·威廉姆斯（Evelyn Wllliams）与其他教师协作，根据她之前在芝加哥大学做过的一个类似项目专门设计的。威廉姆斯说：

> "领导力之人际交往能力"是"战略领导力"课程的一部分。就像学习化学，学生可以先听课，再到实验室亲自动手做实验。同样，我们想在商学教育中把这两种学习体验结合起来。很多人对领导力的看法太绝对，认为非黑即白，要么有领导力，要么没有。实际上，领导力更像演奏音乐，不同的人擅长不同的音乐。比如，有人擅长爵士乐，有人擅长古典音乐，但即便是知名音乐家也需要反复练习。"领导力之人际交往能力"就是希望帮助学生练习"领导力"这种音乐，提高他们的洞察力和行为分析能力，创造虚心接受他人评价的文化氛围，使学生乐于分析、管理、反思并做出改变。

"领导力之人际交往能力"大量采用个人辅导形式，专门挑选了一批二年级学生作为领导力研究员辅导一年级学生。2007 年秋季，威廉姆斯和一位同事一起招募了 32 名研究员，并且提前在春季学期给他们进行培训。

实验课安排在每周三上午，每堂课的前 20 分钟全班一起上课，接下来再细分为多个小组，每组 6～8 名学生（每两组会在"批判性分析思考"课程中合成一组，见下节），以组为单位进行各种模拟练习，这些练习由一些训练有素的人员进行指导，其中一些是资深校友。通常，指导员掌握了一些信息，学生需要想方设法从指导员那里获取这些信息，确保和指导员的谈话卓有成效。整个课程共有 12 次模拟练习，最后会专门腾出时间供学生总结讨论并给予反馈。

除了每周三上午的课程以外，每组学生每周会与辅导员碰一次面，讨论和反思他们在课上学到的内容。实验室还使用很多个人测评工具，比如学生在入校前要进行 360 度测评，暑期实习结束时要重新做一次测评，毕业几年后还要再做一次。学生还要参加迈尔斯·布里格斯性格分类法测评和 Thomas-Killman 冲突处理模式测评，以确定自己的冲突解决风格。威廉姆斯解释道："通过这些测评工具，我们可以评估很多重要的领导行为，比如倾听和冲突管理等。"

"战略领导力"课程最精彩的部分是在 12 月，所有一年级学生共同参加一整天的"高管挑战"模拟训练，学院专门请来多名校友模拟董事会成员，共有近 160 名资深校友参加这项活动。

"批判性分析思考"。为了使学生在两年的学习中能在广度和深度上都有更多的收获，学院开设了"批判性分析思考"课程，共有九次课。[13]学院资料中写道："教学生清晰、简明、深入地思考和谈论……问题，为后续学习奠定基调。"[14]该课旨在让学生学会因果推理，提出合适的问题，更具批判精神，分析观点背后的逻辑，找到论证的前提和假设。这门课以研讨会的形式授课，每周五上课，每堂课有 14～16 名学生，重点讲授商业、社会和伦理方面的课题。学生每周三上午 11 点要交一份三页纸的论文。（第 6 章详细探讨了该课的教学方法。）

在课堂上，学生经常要提出观点、捍卫观点。库马尔说："原先的课程方案忽略了这方面的培训，所以我们学院的学生不太擅长或不习惯辩论，也不能真正做到客观地接纳别人的观点。虽然这种合作精神是件好事，可是很多潜在的雇主认为他们缺乏闯劲。这门课正是希望弥补这个缺陷。"一位教师介绍说，这门课的另一个目的是教学生看透"充斥着空话和大话，并且媒介总在提供错误信息的世界。这在商业世界中尤为困难。有些豪言壮语的背后只是些荒唐奇闻，有些中肯的观点背后则有坚实的根基，学生要学会分辨两者的区别，这一点至关重要"。每位学生都配有一名写作辅导老师，辅导老师负责批阅论文、给出修改建议并根据论文风格打分。任课老师也会根据论文的逻辑性和论证过程给论文打分。学院从 50 名应聘者中挑选了 12 名写作辅导老师，其中很多人都有新闻或英语专业背景。乔斯院长计划结合学生论文和教师辅导的质量评估这门课的效果，"要准确衡量课程效果，就得从总体上看学生对所有 MBA 课程的学习有多投入"。

这门课的实施难度就在于要找到适合 12 位辅导老师的论文主题，他们的学科兴趣范围包括经济理论、社会心理学、应用统计学等，涉及的领域包括人力资源管理、非营利组织管理、运营、创业、电子商务等。在实际教学中，他们发现学生要求课程更加结构化，有更多的指导，这超出了最初的预期。

顾问。2007 年秋季学期，12 名资深教师在"批判性分析思考"课程中每人负责教两组学生，并且担任这些学生的学术顾问（部分课堂还会请来兼职教师提供帮助）。为了帮助教师更好地指导学生制定第二学季和第三学季的学习规划，MBA 项目办公室专门制定了一套咨询规则，要求教师综合考虑学生的背景、经验、兴趣和考试成绩，以便提供学习计划方面的建议，但是不得强迫学生服从建议。学生对此都表示欢迎，一位教师说："我会问学生'想学什么'。有些学生不想给自己太大压力，但是听了我的建议以后会改变主意。还有些学生特别想试着选一些难度很高的课程，这时我会认真地和他们讨论。来我这里咨询的学生中有 20 人没什么问题，还有五名学生，我只能说我并不赞成他们的想法。"

第二学季和第三学季："管理基础"系列

MBA 学生在第一学年秋季学期学完"视角"系列课程之后，随即开始学习个性化的"管理基础"系列课程。[15] 这些课共涉及 11 个领域，每个领域至少有三门课，学生必须从这三门课中选一门。除少数领域可以推迟到第二学年学习，绝大部分要在第一学年学完。学生必修的课程总量——包括固定的"视角"系列和个性化的"基础"系列——从旧方案的 49 个教学单元增加至新方案的 63 个教学单元，新旧方案下的可选课程总量均为 100 个教学单元（与旧方案相比，新方案多出的 14 个教学单元分别为："金融"——4 个单元、"批判性分析思考"——4 个单元、"全球视角"——4 个单元、"伦理学"——1 个单元、"综合研讨课"——2 个单元和"建模"——减少了 1 个单元）。

11 个领域中的大多数课程依照难度划分为三个级别。初级课程通常就是原有的核心课程。基础比较好的学生可以选择学习中级课程，这些课的进度更快，在迅速讲完基本理论以后即开始讲解更高级的内容。专业背景很强的学生则可以选择高级应用课程，这些课往往跳过基本内容，直接进入核心原则的应用环节。比如，在微观经济学领域，60％的学生选择初级课程，25％学习中级课程，15％修读高级应用课程，直接应用微观经济学分析组织问题。（第二学年的学生可以选择一部分高级应用课程作为选修课学习。）

在 11 个领域中，有个别领域的课程是按内容或教学方法来划分的。比如，市场营销领域，约 55％的学生（对市场营销知之甚少或者一无所知）学习初级课程，也就是以前的核心课程；25％的学生（学过一些市场营销知识）则学习另一门初级课程，重点学习企业对企业（B2B）的市场营销并大量参加模拟练习；另有20％的学生选择高级应用课程。每个领域的教师自行设计课程组合（金融、建模和信息技术领域各有四个不同级别的课程），只要获得监督委员会的批准即可。唯一的硬性规定是每个领域必须设有一门高级应用课程。

2007—2008 学年，每个领域只有一门高级应用课程，但是教师希望将来能推出更多的高级课程。所有课程中有 20％都是全新推出的，过去五年内从未开设过；另外的 80％则是在原有课程的基础上改编而来或者仍然沿用以前的课程。

考虑到有些完全有能力学习中级或高级课程的学生可能会为了拿到高分而故意选择初级课程，学院特意修订了中高级课程的评分标准，提高这些课程的高分比例。即使如此，负责提供咨询的教师还是提到有些学生不愿给自己太多挑战，所以有时候还是需要督促他们。但是一旦学生开始学习适合自己的课程，教和学通常就能很好地匹配起来。当然，不可避免地会存在一些不平衡，不过大多数情况下是因为想选高级应用课程的学生数量超过预期。

第一学季的教学比较顺利地结束了，而学院的管理层和教师开始担心学生在接下来的冬季学期会作何反应。克雷普斯说："冬季学期的课程全是基础课，重心一下子都转到定量分析上来。好在事先有'视角'系列做铺垫，我们希望学生能理解为什么要学习数据分析和微观经济学等基础课程。虽然学生不能随心所欲地选择选修课，但却可以选择不同级别的基础课，希望这能让他们从心理上感到命运掌握在自己的手里。相信他们一定能找到难度和进度都适合自己的课程。"

第二学年：注重深度，高度个性化

大部分学生在第一学年的冬季和春季学期会学完所有的基础课，也有一些学生会把部分基础课推迟到第二学年。在第二学年，绝大多数学生会自由选择一些选修课。[16] 斯坦福大学商学院开设了 100 多门选修课，有一半是新开的课程或者每五年大幅修订一次。有两类选修课的教学方法比较新颖：

● 密集课程：持续一周，每天三小时；或者连续两周，每天一个半小时。几年来，学院一直把这种课程安排在秋季学期的前一周；而课程改革后，秋季学期的每天下午都专门用于密集课程。有少数选修课是在原先的基础上调整为目前这种教学形式的，比如谈判与人际互动。而大多数情况下，教师会利用这种新的教学形式试着开发一些新的课程或者在课上给学生介绍前沿的研究成果。教师会让学生阅读一些科研论文，和他们分享相关学术领域的最新进展。

拉詹说："对MBA学生来说，这有点像是在上博士生的课。学生的反响很好，他们对教师的科研很感兴趣；教师也很满意。"之前讲过的课题包括"使用会计信息的交易策略"、"新兴经济体的估值"、"生物恐怖主义"、"道德与欺骗"等。此外，学院还希望利用这种密集授课的形式吸引更多学术界和企业界人士的参与。

- 自主研讨课：贯穿整个学季，通常只接受15～30名学生。在这门课中，学生是主角，教师只提供建议和指导。研讨课的前两周通常由一位教师讲课，之后学生（通常以小组的形式）选择感兴趣的课题或组织自行开展研究。学期后半段，学生重新聚在一起上研讨课，以典型的研究生研讨会方式讨论研究结果。拉詹说："这门课的目的是让学生学会自己创造知识资产。"最近的一次自主研讨课上，学生从英国石油公司的角度研究印度尼西亚西巴布亚群岛及其发展所面临的挑战。还有一次以"管理人才"为主题的研讨课则要求学生研究那些对能力突出、流动性强的员工非常依赖的组织是怎样管理人力资源的。学生分组协作，挑选了一些组织进行深入研究，随后再回到课堂上和其他学生探讨研究结果。2007—2008学年，学院计划推出10门自主研讨课。

这两类课程尽管在形式上差别很大，但根本目的都一样：一是激发学生的学习热情；二是增强师生联系。到目前为止，课程的效果不错。克雷普斯表示，"学生和教师都说这些课是他们觉得最有意思、投入精力最多的"。

MBA学生必须修满100个教学单元才能毕业，在校期间可以在其他学院选修至多12个教学单元。最受欢迎的当属工程学院和教育学院的课程，其次是地球科学学院的环境研究课程。总体而言，交叉选课越来越受欢迎，报名双学位项目的学生也越来越多（除了MBA学位以外还能获得另一个学位）。

项目临近尾声时，学生会重新组合为最初的"领导力"班级和"批判性分析思考"小组参加"综合研讨课"。课上，学生需要回顾所学的东西，审视自己领导风格的优缺点，在即将开始职业生涯之前思考如何实现自己的目标。[17]

"综合研讨课"。由两个截然不同的部分组成：

● "管理综合研讨课"（2～6 周）：包括三次模拟挑战，每次挑战都模拟一场高管会议，由资深校友模拟公司董事并担任评委，学生分组研究一个处于发展关键时期的企业并提出行动方案。与指明问题的案例教学不同，这些模拟挑战让学生根据大量零碎的甚至前后不一的原始信息分析问题。

● "职业发展与个人发展"（6～9 周）：让学生反思可以指导个人生活和职业生涯的价值观，制定终身学习和发展计划。学生仍然按照"批判性分析思考"课程分组，在导师——通常是校友——的指导下，深入思考个人生活和职业发展的三大主题：成就与意义、失败与韧性、改变与革新。

◉ 充分发挥潜力

新课程方案要得以顺利实施，就需要在人力和配套设施方面做一些调整，学生的期望也要相应改变。未来仍有很多问题亟待解决。

师资和人员配备

院长办公室认为新课程方案有几大优点，包括提高学生的学习积极性，激发教师的教学热情。克雷普斯说："教师在教新课时特别投入，尤其是'批判性分析思考'这门课，我是有亲身体会的。20 年来，我还从没见过大家在教学上有这么大的积极性。"

虽然教学任务没变——教授每年要教三门课——但新课程方案需要占用教师更多的时间和精力。施瓦勒说："关键是可持续性和师资问题。教师能一直保持这种高投入、高强度的工作状态吗?""批判性分析思考"作为一门相对来说结构比较灵活、涉及多个学科的课程，尤其需要投入更多时间。施瓦勒说："要不是当初一些资深教师说'嘿，我对这个挺感兴趣'，这门课很难开展起来。至于以后会怎样，还有待观察，不过我们很有决心。"

为了确保这种新的模式能持续下去，学院把教师的薪酬提高了 10％～15％。2007—2008 学年只有两位教师学术休假，而以往每年有 14～15 人休假。一些资深教师担心如果教学需要占用过多的精力，那些热衷于科研的年轻教师可能不愿意来斯坦福大学商学院工作。也有人担心由于"产品化"的课程减少，教师备课的时间会增多。也有人反对这种观点，认为新入职的教师可以教一些更个性化的课，因为课程涉及面较窄，教起来难度会小一些，这样他们就能腾出更多时间做科研。学院还是会继续鼓励新教师教基础课。

克雷普斯认为提高学生的学习积极性是关键："如果学生对学习很投入，教师就会更有兴趣教学，这对科研也有促进作用。如果——这很关键——新方案能激发学生的学习热情，教师的各项工作就会受益。"库马尔还提到了教师可以获得的其他好处："我们是高度分权的，学术自由是任何一个院系的根基，我们学院也很看重这一点。从某种程度上来说，'视角'系列课程有利于不同领域的教师各尽所能进行整合教学，我认为这一点意义重大。"

新的教学空间

为了更好地适应新课程方案的教学风格，斯坦福大学商学院计划建一些新教学楼，划出一片新校区。乔斯介绍说："新校区对于实施新的课程方案和实现学术愿景是至关重要的。要开设更多跨学科课程，鼓励工程、医学、法学、教育和商学等专业的学生一起上课，教室使用起来就要更灵活，比如坐椅应该可以随意移动，便于学生做分组练习。"新方案倡导小班教学，注重营造亲切的学习氛围，而现有的大教室是不适合的。另外，新方案更强调团队协作，这就需要重新设计教学空间。现有的校区只有 5 个坐椅可移动的普通教室，新的课程方案则需要增加 14 个。新教学楼建成后，研讨室的数量会从目前的 5 个增至 19 个，阶梯教室的数量则从 16 个减少到 10 个。

学院还需要增加自习室的数量，以便开展分组活动和进行领导力方面的辅导。新校区将设有 48 个这样的自习室。学院还将建造一个能容纳 600 人的大礼堂，足以容纳所有 MBA 学生并且留有多余的空间。新校区的选址已经确定，与 MBA 和 EMBA 学员的宿舍区仅一街之隔。新校区将充分体现新课程方案的灵活性和创新性，并讲究弹性设计，留足空间以适应未来课程方案和教学方法的调整和发展。此外，新校区还将成为环保科技的典范。

学生的期望

通过新的课程方案，学生能更好地理解深奥的专业知识和跨专业的整合性管理问题之间的关系。不过，一开始就学习"视角"系列也可能会带来一些问题。一位教师说："最糟糕的情况是学生可能会浮于表面，觉得学习这些课就够了。或者，如果'视角'课程讲得太好、太深入，学生在上基础课时也许会问'为什么还要学这些细节内容呢?'但是，如果'视角'课程教学得当，学生的反应应该是'这些可能还不够，我想学习更多的知识'——以激发学生的兴趣。"

此外，"视角"系列与"基础"系列的任课教师差别很大，这让学院的教师和管理层颇为担忧。有位教师说："和其他商学院一样，我们学院也是按学科背景招聘教师。这些教师工作经验不足，甚至完全是新手，却要给那么多 MBA 学生上课；而 MBA 学生听过很多资深人士的精彩演讲，他们自己也很有思想。这个反差太大了。"乔斯说："我们得让教基础课的老师了解'视角'课程，也要让终身教授了解其他人的教学内容。"查尔斯·奥赖利（Charles O'Reilly）教授说："以前，教师之间很少交流和沟通，新的课程方案正是希望改变这种情形。话说回来，其实改变也没有想象的那么大，因为很多核心课程都没变，只是增加了些种类罢了。"至于担当学术顾问的教师是否有足够的培训、对工作的投入是否让学生满意、能否帮助学生选修合适的课程，还有待进一步的观察。

最主要的挑战在于能否使知识的深度和整合度都达到要求。2009 级 MBA 学生目前可能还回答不了这个问题。他们清楚地知道教师为新方案付出的心血，可还是有人对一部分项目调整的目的产生质疑。一名学生说："我们成了这个实验的小白鼠。我们并不完全清楚为什么要进行课程改革。"

普费弗说："在新的课程方案下，尤其又设有个人辅导机制，所以没有什么能够隐瞒的。因为学习计划是量身定制的，所以学生没法抱怨说早就掌握了或者觉得自己已经熟悉某些知识。对于提高学习积极性这个根本问题来说，新的课程方案迈出了坚实的一步。"学生花在学习上的时间大大增加了。乔斯说："学生有点被阅读材料压得喘不过气了。以前，在第一学季，有些学生觉得压力很大，还有些学生觉得课程挺简单。现在，所有的学生都觉得压力大了，每周要花很多时间潜心学习。"

◉ 展望未来

为了全面评估新课程方案的效果，斯坦福大学商学院的领导团队计划采取一系列措施进行综合考量。施瓦勒介绍道：

我们会在学生中进行大规模调研，同时也会开展一些小范围的信息收集工作，这样就能得到大量的反馈。我们会特别关注学生对 MBA 教育的价值作何评价。教师的评价也很重要——课程是否重点突出？学生有没有掌握重要知识点？是否愿意继续投入这种高强度的教学？另一个评估要点是师生关系：双方是否都乐在其中？双方的兴趣点是否一致？双方有没有积极地交流和互动？此外，我们还会征询雇主的意见，了解我们的毕业生是否有足够的知识储备、全球化意识是否增强，等等。

克雷普斯说："校友可以给学生提供就业机会，到目前为止他们的反馈都还不错。但是，我们的毕业生五年后会怎么样，现在还很难说。"一位校友表示："我觉得这个理念很好，就像互联网一样，内容更加个性化、精细化，在合适的时间把合适的内容传达给合适的人。"[18] 萨洛纳说："我想，如果这次课程改革成功了，其他学院都会效仿。"[19] 他接着说：

> 20 年前，学生到商学院求学是为了学习基本的商业知识和工具，比如建模、影子定价法、战略框架等。而现在的学生有更大的抱负。他们不太关心毕业后是不是能马上找到工作。以前的学生毕业后往往会在知名企业谋到一份"光鲜亮丽"的工作，而现在的学生则更关注长远的自我实现。MBA 教育只是一个平台。学生怀有改变世界的梦想，他们都向那些改变了行业竞争格局或对行业有重大影响的商业领袖看齐。顶尖的商学院需要直面这种挑战。

2009 年 3 月，由于经济危机的爆发，我们在课程方案和具体课程方面对斯坦福大学商学院进行了跟踪调研。主要应对措施和新的计划如下：

- 学院将坚定地推进课程改革，加强全球化和领导力开发方面的教学，给基础课和专业课添加更多个性化元素。

- 2009年春季学期开设了首堂"综合研讨课"，帮助学生有效地整合知识，反思个人目标和职业目标。
- 由于经济危机的爆发，宏观经济学、商业和社会等领域的重要性更加突出。学院正在考虑增加相关的教学内容。
- 基于学生对涉及面更广的跨学科课程的需求，学院正考虑与政治、历史、经济等校内其他院系合作开发课程。

第 13 章

结语：商学院，路在何方

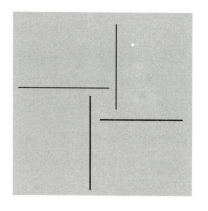

　　近些年来，很多商学院一直在闭门反思其课程方案和课程内容。全球经济危机的爆发更是引发了各学院对于变革的思考，社会和公众对于商学教育也更加忧虑，质疑 MBA 教育的文章总是占据报纸的头条。一篇文章称"商学院面临信用危机"[1]；另一篇则提出"商学院需要重新培训了吧？"[2] 至少在某些观察人士看来，经济危机越是加剧，MBA 教育就越需要改革，就像是一枚硬币的两面，二者密不可分。

　　我们认为，虽然经济危机的影响会逐渐消退，但是商学院面临的挑战依然严峻。我们已经在本书导论中特别指出，除了跟踪调研部分，基本上所有的研究都是在 2007 年和 2008 年经济危机爆发之前完成的，但是后续的跟踪调研无疑验证了我们最初的研究结果，也说明不少商学院正在推行的变革实乃明智之举。本章中，我们将基于前面章节的实证分析给出自己的观点和建议。在此过程中，我们将综合前几章的实例和结论，探求一个问题的答案：商学院的未来将何去何从？明确未来的方向之后，商学院在推行 MBA 改革的过程中还会面临一系列实际问题，对此，我们也将详尽阐述。通篇下来，我们的基调是积极乐观、充满信心的，因为很多学院已经开始进行各种尝试，期望提升 MBA 项目的价值。

　　我们的论述将围绕四大主题展开。第一，改革势在必行。近年来，呼吁反思 MBA 教育的人不计其数，可大都由于阻力较大，最后不了了之。很多商学院都抱着"情况还过得去，没必要改革"的想法，只不过没有明言罢了。可是我们坚信，这一次，改革已经迫在眉睫。商学院如果希望再续辉煌，就应该大胆地创新求变。前几章的分析表明，无论是 MBA 的市场形势，还是社会对于商业领导者的角色、要求和责任的期望值都已经不同于以往。而且，通过访谈和案例研究我们可以看出，院长、企业高管和学生对于商学研究生教育的缺陷和机遇的认识越来越趋同。很多学院已经着手进行改革；而那些固守陈规的学院，我们相信，会地位不保，对学生的吸引力也会下降。

第二，必须重新找到平衡。卡内基公司和福特基金发表关于商学教育的研究报告之后，商学院纷纷在教学项目中纳入了更多的严谨性和学科知识，这是合乎时宜的。从那以后，毕业生的分析能力大大增强，而且各学院的学术地位也提升了不少。然而，这种转变也带来一些问题。MBA项目在培养学生的管理技能、态度和目标感或认同感方面投入的时间和精力大幅减少。如前所述，MBA教育的重心越来越偏向"知"，而与"行"和"省"渐行渐远。我们认为，是时候调整这个天平了。事实上，大多数第4章中描述的机遇和需求，以及人们对MBA教育贬值的担忧，都源于MBA学生在技能、态度和信仰方面的缺失。与此同时，商学院还需要加强风险管理、对模型局限性的了解和模型在实践中如何应用等方面的教学。

第三，重新设计课程方案。在此，我们提出四个相互关联的建议。其一，我们认为，MBA项目必须迅速调整方向，以应对第4章中提到的机遇和需求。正如第5章和第6章指出的，应对方式是多种多样的，商学院应当有针对性地选择一些方式，并且根据自身情况决定调整的力度。很少有学院能同时兼顾各个领域，所以每个学院都有着专业化和差异化的绝佳机会。然而，要做出明智的选择，各学院必须想清楚其使命、优势和目标。其二，我们认为所有的商学院都应该在两个方面做出努力：更好地培养学生在思考、推理和创新性地解决问题方面的能力；更多地关注企业责任、商业伦理和社会责任。很多批评人士认为MBA学生在这些方面非常欠缺。其三，我们认为，商学院必须继续努力开发新的教学方式和教学技巧，尤其是行动学习、实地调研和反思练习等教学方法，提高"行"和"省"方面的教学质量。即便是现在，我们仍然无法断言哪种教学方式能最有效地培养学生的实际管理技能、目标感和认同感。但是，做出的尝试越多，就越有可能获得成功。最后，我们认为，课程创新的一个重要机会是对 MBA 第二学年的课程进行调整。我们的案例研究表明，很多学院在改革 MBA 项目时大都忽略了这个领域；实际上，第2章的数据表明，欧洲的很多商学院甚至认为第二学年完全没有必要。然而，如果创造性地利用第二学年，学院将有很多机会实践其大胆变革的设想。目前，大多数学制为两年的 MBA 项目都把第二学年当成大杂烩——课程种类繁多，大都是依照教师个人的兴趣开课，而没有经过精心设计提供一整套学习活动、体验练习和课程。

第四，改革中的挑战。在本章的最后一部分，我们将详细分析推行 MBA 教育改革的过程中可能遇到的一系列阻力。最大的挑战是体制和成本上的考虑，具体问题包括如何确保强有力的师资（尽管长期以来师资的匮乏是很多学院都面临的难题，而且现有教师往往缺乏实际的管理经验，培训情况也参差不齐）；如何拓宽学者的研究方法和研究领域，鼓励他们研究全球化、领导力和整合性等领域的课题，多开展以实地调研为基础的研究；如何改变学生的构成和学习动机，招收一批符合项目定位的学员，并且吸引来自更多行业和领域的用人单位，扩大就业面；如何在引入大量团队合作、国际体验、个人辅导和反馈等元素的同时，把课程方案的成本控制在合理范围内。我们认为，虽然这些问题都是深层次的而且覆盖面很广，但是只要商学院能融合集体的智慧，敢想肯干，就一定可以克服这些困难。我们相信，商学院的未来就在于一种可贵的精神，我们在研究之初深受这种精神的鼓舞——各商学院愿意精诚合作、经验共享、协作攻关。

◉ 改革，迫在眉睫

通用电气前任 CEO 杰克·韦尔奇曾经说过，"变革总是孤独的"。[3]大多数人都安于现状，不愿意冒险作出新的尝试。这足以解释为什么很多组织的改革求新之路举步维艰,为什么过去10年中,商学研究生教育的内容和形式鲜有变化。只有对现实情况深感不满,而且在组织内部达成广泛共识,才能大刀阔斧地推进改革;MBA 项目也不例外。我们认为,随着人们对 MBA 教育的不满情绪与日俱增,MBA 改革迫在眉睫。

MBA 学位究竟价值几何,人们对此争议越来越大。更多的雇主倾向于招聘本科毕业生,推行内部晋升机制,并建议优秀的年轻员工留在公司谋求发展,而不是返回校园接受商学教育。那些仍然青睐顶尖 MBA 项目毕业生的公司认为顶尖 MBA 项目入学门槛高,所以学生的起点较高,而且学到的技能和知识也更丰富。公司高管越是认为商学院毕业生缺乏必需的知识、技巧和理念,就越有可能依赖企业内部的培训。近年来,排名相对落后的那些为期两年的全日制 MBA 项目的入学人数呈现出下降趋势,而在职 MBA 项目、EMBA 项目和其他专业硕士项目的入学人数则有所增加。

经济危机之后,MBA 教育对那些有着安稳工作的年轻人来说意味着更大的机会成本。留学生获得学生贷款越来越难,所以更倾向于申请一年制 MBA 项目。[4]此外,中国等国家开发了一大批高质量的商学项目,能大大降低学习成本,这无疑给市场带来了更大压力。历史表明,随着经济的迅猛发展,这些国家的商学项目很可能迅速成长起来。另一方面,相较以往,那些选择传统 MBA 项目的学员将更多的时间花在各种社交活动和求职上;很多学院都反映,学生的课堂表现大不如前,而对于参加招聘活动却是热情高涨。同时,来自学界内部的批评和质疑也持续升级。最初,人们担心的是 MBA 项目过于注重严谨性而忽略了与实践的相关性;而今天,越来越多的人认为,MBA 教育根本没有全面或有效地传授诸多重要的管理技能和领导力技巧。

经济危机本身也给 MBA 教育带来了两方面的重要影响,更加凸显了变革的紧迫性。其一,金融行业受挫。经济危机之前,多数精品 MBA 项目从事金融服务业的毕业生的比例都达到了 40％～60％。事实上，很多学员当初申请攻读这些 MBA 项目的唯一目的就是谋求这种就业机会。他们都是"转行人士"，之所以重返校园，就是为了能在毕业后谋得投资银行、私募股权等金融服务领域的高薪工作。然而由于经济危机的发生，很多人的转行之梦变得遥不可及；很多时候，甚至看不到一丝希望。[5]比如，由于缩减规模和被商业银行并购等原因，很多大型投资银行已经大幅压缩招聘规模。根据预测，金融行业的薪资标准将逐渐降低；很多学者指出，20 世纪 90 年代中期至 2006 年间，金融行业的薪酬"过高"。[6]一旦金融服务公司全面完成改组，接受政府更为严格的监管并推出更审慎的风险管理机制，相应的薪酬福利将很可能回归合理范围。面对金融服务领域就业机会和薪酬福利的锐减，很多 MBA 项目不得不重新思考其课程设置。如果 MBA 项目不能从根本上改革教学观念和课程设置，就很难让人相信这种旨在为金融服务领域培养分析型人才的项目能够有效地培养学员成为大型跨国公司的管理人员、高科技公司的创业人才或者非政府组织的领导者。

其二，社会压力，其影响力同样不可小觑。当然，这种压力究竟只是昙花一现还是意味着更深层次的变化，目前尚不得而知。但是有迹象表明，次贷风波、债务抵押债券等特殊金融工具薄弱的风险防范意识、成本不断增加的紧急救助计划以及美林证券和美国国际集团的高管奖金门事件等引发的公众的愤怒和不满情绪不断扩大，人们纷纷把矛头指向商业领导者和商学院，指责其种种不是。

当然，这些批评过火了。就像大多数复杂的问题一样，经济危机的爆发也是由多种因素造成的。商学院确实需要承担一定的责任，但是那些没有接受过 MBA 教育的监管人员、中央银行的银行家、律师、设计激励机制的人员和金融高管等也难辞其咎。同时，这些批评和质疑也促使人们对商业和商业领导者的目的和价值进行深刻的反思。事实上，我们认为，这些关于目的的反思——包括评估企业责任、高管责任，以及在股东价值最大化和保证最佳社会利益之间寻求平衡等——是商学院赢回公众信任的必由之路。

综合以上各种因素来看，变革势在必行，反思 MBA 教育并且多管齐下地推行改革的时机已经成熟。即使如此，或许仍然有人认为在严峻的经济形势之下应该谨慎为妙，求稳为主。他们会辩称，经济困难时期应该缩减开支，而不是大胆求变。的确，现在各种资源和预算都很紧张；而且由于捐赠收入的减少，很多商学院不得不勒紧裤腰带。目前，商学院确实背负着巨大的经济压力，但是艰难的外部环境也带来了一个很大的好处："给领导者提供了一个推行改革的平台，因为改革本来就是大势所趋，而经济压力能增加这种紧迫感，进而加快改革的步伐。"[7] 正如以色列总理内塔尼亚胡所言，"绝不要错过一场危机带来的好机会"。[8] 我们在本书中列举的许多实例都表明，面对重重挑战，商学院展现了解决问题的能力，既富有创新性，又兼顾成本效益。

◉ 重新寻求平衡

商学研究生教育的学科知识一直在不断扩充。目前，经济学、统计学、心理学和社会学知识贯穿 MBA 课程方案，是学生学习很多专业课的基础。会计、财务、市场营销和运营这些学科本身已成为技术性的领域，强调定量分析和严谨的方法论。如今，人们希望 MBA 学生掌握的概念和技能越来越精深复杂。

这些情况与 50 年前相比有了很大的进步。那时，各学院的课程设置比较松散，缺乏系统性，正是卡内基公司和福特基金的研究报告激发了 MBA 项目的改革。但是，包括我们在内的很多商学院人士都认为，这个变革过程是有缺陷的——至少，不尽如人意。MBA课程体系确实越来越严谨，可是与此同时，很多MBA项目却忽略了重要职业素养的培养。毕竟，管理是一门实践艺术，必须通过人员和组织来执行和落实。也正因为如此，仅有管理方面的知识是远远不够的。况且，知识本身必须立足于实用性强的框架和体系，只有这样，学生才能把学到的理论付诸实践。我们在本书中多次提到，MBA学生应当掌握多种重要的技能和观念；学习的渠道不光是"知"，还应包括"行"和"省"。

受访的院长和企业高管谈及MBA课程方案的缺陷和不足时，几乎无一例外地提到了这些内容。他们认为，所谓的国际化视野绝不仅仅是指了解其他国家的贸易政策或监管制度，还意味着在与文化、思维方式和行为准则完全不同的人共事时，具备应有的技能和文化敏感度。了解组织现实也绝不仅仅是指掌握协同理论和战略一致性理论，还意味着能够游刃有余地应付组织政治、中层经理小团体、不同部门各自为政等工作中的困境。通过多次访谈以及对很多极具创新性的课程改革的深入研究，我们发现，MBA教育呈现出一个方向性的转变，那就是越来越注重培养学生的技能、开发个人潜能和多元视角。缺乏相匹配的"行"的技能，"知"就没有多大价值。如果不通过"省"来审视和反思自身的价值观和理念，那么在"行"的过程中就很容易执行不力、迷失方向。

由于本轮经济危机的爆发，MBA教育实现再平衡的需求变得更为迫切。一方面，一些不符合商业伦理的行为频频发生，而且管理层往往会忽略其决策对于社会和组织本身造成的影响。另一方面，经济危机也折射出人们在理解风险管理、激励机制设计、监管监督、全球经济的内在联动性和数学模型的局限性等方面知识不足。我们在第4章中曾经谈到，MBA教育应当投入更多的精力来传授风险、监管和约束方面的"知"识。

基于以上原因，我们认为商学院需要重新寻求MBA项目的平衡点，更多地从管理的角度培养学生，在讲授实用的概念和框架的同时注重技能的培养，激发学生的目标感和认同感。[9]显然，商学院在这些方面还有待改进。最近一篇研究报告指出，"对于如何管理工作中价值观的冲突，MBA 学生越来越信心不足；更多的人表示在 MBA 项目中很少有机会在实践中学习如何作出符合伦理的、负责任的决策"。[10]我们在第 5 章和第 6 章以及多个案例分析中提到，要弥补这些不足，MBA 项目应当在教学方法上作出重大转变，不再单一地坚持讲课的形式，而是要更多地运用反思讨论、实践练习、个人辅导和体验式学习等方式。

很多院长都赞成这一点。与此同时，他们也都表示了深深的担忧，提醒说：无论如何，MBA 项目决不能退回到早期的"职业学校"办学理念。他们认为，商学研究生教育要保持可持续发展，就必须有高质量的科研支持。对此，我们毫无异议。我们呼吁 MBA 教育实现再平衡，更注重培养学生的技能、目标、价值观和认同感，这绝不意味着将学术和科研抛到一边。但是，这的确需要转移学术关注点——正如 AACSB 最近发布的一篇关于科研的报告所指出的——通过多重机制来"启发和鼓励具有重要实践意义的学术研究"，"加强学术研究与实践的联系"。[11]只有这样，领导力开发、符合伦理的决策、权力的使用和滥用、激发创造力的最佳方式等课题的教学才能有坚实的基础。

◉ 调整课程方案

对于很多学院来说，审查现有的课程方案，引入新的专题、课程和教学资料可以说是恰逢其时。由于经济危机以及由此导致的 MBA 毕业生就业形势的变化（从偏重分析技能的职位更多地转向管理职位），第 4 章中列举的那些需求显得尤为紧迫。

另外，教师和院长不能再轻松地用一句"做不到"就一语带过，本书第 5 章和第 6 章中的实例以及第 II 篇的案例研究都勾勒出清晰的路线图，指明商学院究竟该如何在具体课程和整个MBA 项目层面推进改革。MBA 教育要保持与实践的相关性，就需要以这些实例作为起点，在全球化、领导力开发、整合性、组织现实、创造力和创新思维、批判性思维、口头和书面沟通能力；企业的角色、责任和目标；了解模型和市场的局限性等方面开设更多课程、丰富课程内容。

但这并不是说每个 MBA 项目都要同时在这些方面多头并举，也不是说每个商学院都要推行同样的改革或者开设一模一样的课程。一定程度的特色化当然是必要的。毕竟，商学院各有各的资源和优势，而且办学理念也不同。其实，这正是我们从案例研究中得到的最核心的经验总结之一：放之四海而皆准的成功定律是不存在的，应当提倡和鼓励多样化。正如一位院长所言，"MBA市场需要多种多样的项目模式"。另一位院长表示，要找准合适的发展方向，"商学院需要思考：学院的优势在哪里？在哪些方面有自己的特色？怎样才能实现增值?"我们完全赞同这种观点。不过唯一要提醒的是，在改革过程中，如果没有从本质上改变MBA 课程设置，就不要在微调或者重新设计项目结构上花费太多时间。正如我们在第 3 章中指出的，这些调整虽然能给学生带来不同的学习体验，但是教学价值尚不明确。

我们提倡 MBA 教育的多样化，同时也认为所有的商学院都能从以下两方面的行动中受益。首先，我们建议 MBA 项目投入更多精力培养学生的思考能力和推理技巧。这些技能都包含某些认知过程，是实现明智判断和有效决策的前提或基础，其中具有代表性的技能包括发现问题、确定问题、界定问题、创造性思考、整合性思考和批判性思考等。企业高管对于 MBA 教育的价值和效果有着诸多担忧，归根结底是担心 MBA 学生缺乏上述技能。从我们列举的实例和案例研究中可以看到，很多学院已经在这些方面进行了大胆创新，其中很多模式都有重要的借鉴意义。其措施大体上可以归为两类：（1）在项目之初开设"平台"系列课程，学生在接下来学习各门专业课时可以运用从这些课程中学到的技能（比如，斯坦福大学商学院的"批判性分析思考"、多伦多大学罗特曼管理学院的"整合性思维"等）。（2）在项目中期或后期开设个别课程，专门培养学生的思维能力，并且通过强化的体验式训练让学生得以应用（比如，斯坦福大学设计学院的"制造流行"课程、密歇根大学商学院的"跨学科行动项目"等）。我们认为，无论哪种方式都可以让学生扎实地训练思考能力和推理技能，并且在相对安全、受到保护的课堂氛围里实践新学到的技巧和看问题的视角，从而为今后担纲企业高管做好必要的准备。

同样，我们认为所有的 MBA 项目都要更多地关注企业责任、商业伦理和社会责任问题。这些都不再是些冠冕堂皇的话题，而是与有效管理息息相关的——事实上，一直以来这些都是重要的管理课题。企业决策越来越多地受到公众的关注和监督。随着公众对企业管理层的期望值日益增高，人们对扩大商学教育范畴的呼声也越来越高。太多的 MBA 项目在这方面还不尽如人意。一位院长表示，"我们需要在这些问题上下大力气。很多优秀的学生都觉得没能开阔眼界，也没能深入思考对于行业、社会甚至世界的责任"。

我们在这里再次重申，MBA 项目可以各有特色，应该提倡 MBA 教育的多样化。各学院可以通过多种途径实现这一目的：（1）围绕上述专题开设课程（比如，哈佛商学院的"领导力与企业责任"）；（2）在领导力开发课程或综合性课程中通过反思的模块反映上述内容（比如，耶鲁管理学院的"综合领导力视角"系列、斯坦福大学商学院的"综合研讨课"）；（3）在会计和金融等传统专业课中糅合一些关于薪酬、伦理、治理和风险等方面的内容（比如，欧洲工商管理学院的专业课任课老师专门用几堂课总结上述内容）。这些举措让我们看到了希望。一些顶尖 MBA 项目的 2009 届毕业生发起了一项宣誓活动。MBA 学员毕业时宣读誓词，承诺将诚信经营、注重商业伦理并承担社会责任，就像医学院的学生宣读希波克拉底誓言一样。[12]

除了调整课程方案，我们还建议各学院继续试验新的教学方法。很多非常创新的课程都采用了体验式学习和行动学习，具体形式包括团队项目或分组练习等。旨在培养学生的领导力、批判性思维、创造性思维和整合性思维的课程会大量使用这些教学方法。但是，无论是模拟练习还是实地训练，我们尚不清楚怎样才能最有效地把课堂教学与实践体验结合起来。另外，随着分组练习的增多，学院该怎样解决师资问题，对于这一点我们也还不能给出确切的答案。很多学院尝试着请全职教师、兼职教师、校友和二年级学生为分组练习作指导；还有些学院则考虑与 IDEO 公司和创造性领导力中心等专业机构合作。此外，创造性领导力中心也在重新考虑其个性化的培训方式，希望在提供一对一辅导和小组支持的同时开发出覆盖面广、功能齐全的在线工具和服务，从而更有效地节省运营成本。

医学院的人员配备模式或许可以给商学院提供参考。2008—2009年，哈佛医学院新招学生 165 人，总教师已达 10 884 人。[13]这个数据实在令人吃惊，不过并不难解释。哈佛医学院的教师队伍包括在哈佛大学 17 所附属医院工作的医生，他们有时会指导学生参加临床实习或者给小组学生提供辅导。在哈佛医学院"方院"校区（大部分课程和实验课都在这里进行）工作的核心教师共有668 人，只占教师总数的很小一部分。商学院可以考虑采用相似的模式，即在核心教师队伍以外，从附属公司或服务机构聘请一大批优秀的校友和实业家参与教学。例如，斯坦福大学设计学院的"制造流行"课程就从邻近的 IDEO 公司请来了很多高管任教。这种方式可以很快扩展开来。地处纽约的 MBA 项目可以从附近的银行和金融公司招募师资，位于加利福尼亚的 MBA 项目可以从附近的互联网和高科技创业公司聘请教师，而位于芝加哥的MBA 项目则可以从附近的消费品和工业品企业聘请专人，扩大师资队伍。

通过与企业界持续保持长期联系，商学院可以确保稳定的师资来源。这些经验丰富的业界人士可以给学生提供个人辅导，指导实地调研项目和小组讨论。实际上，很多学院聘请了一些优秀的企业高管担任管理实践方面的全职高级教师或教授。这些业界人士带来的商业经验不仅能丰富课堂教学，还可以给教师的学术研究带来新鲜活力。鉴于目前商学院普遍面临师资短缺的难题，我们希望商学院能积极沿用这种用人方式，聘请能力和经验兼备的业界人士参与教学，更好地培养学生在"行"和"省"方面的技能。

那么，怎样调整 MBA 课程方案才能使这些注重经验和技能的课程达到最佳教学效果呢？我们在第 5 章和第 6 章中写到的创新举措大都是针对第一学年推出的。以培养思考能力为目标的课程一般都在第一学年之初开设，以便让学生在接下来学习专业课时能更好地运用所学技能，其中比较有代表性的课程包括斯坦福大学商学院的"批判性分析思考"和"全球化背景下的管理"，耶鲁管理学院的"个别问题界定"，多伦多大学罗特曼管理学院的"整合性思考"等。例如，市场营销课上，学生在设计营销方案，分析地域、文化和制度因素对营销效果的影响，以及结合生产因素制定营销决策时，可以综合应用新学到的逻辑推理方式。这些学院的必修课设置有一个共同的特点，即都是从培养思考能力开始，接着进行各学科和专业的教学，最后以战略或企业管理等综合性课程结束。这样，学生在项目初期就在同时学习"知"和"行"的能力。出于类似的考虑，密歇根大学商学院等院校要求学生在第一学年结束前修读一门为期七周的体验式学习课程。它们认为，在做中学可以让学生第二学年学习选修课时深入理解丰富的概念和框架。很多旨在培养"省"技能的课程也都在第一学年开设，比如斯坦福大学商学院、耶鲁管理学院和芝加哥大学布斯商学院的领导力实验室，哈佛商学院的"领导力与企业责任"等。无论上述哪种情形，学生都能逐渐学会把"知"、"行"和"省"视为个人发展的不可或缺的整体。

然而，课程方案的改革不应局限于第一学年。大多数商学院的 MBA 项目（如果是两年制的话）第二学年的课程缺乏精心设计，更像是松散的课程组合。一般而言，第二学年安排的是各种各样的选修课，主要由教师本人或各系的学术兴趣决定，学生在选课时就像吃大杂烩或者自助餐一样没有头绪。甚至根本谈不上是有效的教学设计，当然也就不可能达到最佳的学习或教学效果。如果把第二学年看作一个整体，并且参考第 4 章中分析的一个或多个需求，给第二学年赋予统一的教学目标，情况就会大大改善。事实上，我们认为，因为第一学年的教学重点是"知"，不妨好好利用第二学年培养学生的"行"和"省"，作为第一学年的有益补充。比如，各学院可以——把课堂作业和反思练习与工作观摩和实际观察相结合，提高学生的领导能力；给学生提供国外工作机会，鼓励学生在合作院校的海外校区交流学习，培养学生的全球意识；让学生参与以前沿技术商品化为目标的开发项目，鼓励他们积极参与课堂讨论，了解各组同学、技术专家、律师和设计人员的不同观点，进而了解实际执行过程中可能面临的种种挑战。

要实现这些转变，大多数学院很可能需要调整项目结构和课程形式，不再严苛地遵循学期和学季设置，而是推行模块教学，以便集中讲授特定的专题，创造更多机会让学生进行体验和实践。实际上，我们认为，很多学院可以在第二学年围绕一些颇具特色的主题推出一系列课程、活动和项目，提高学生的专业知识和技能。这些主题可以涵盖创造力与创新、领导非营利机构和非政府组织、全球化管理、可持续发展和清洁技术行业等。

谈到这里，一些读者可能会有疑惑："谁，或者说应该由谁来做出这些改变呢？"我们对此并无定论，但是可以提供一些可能的建议。有些情况下，改革可以由一位魄力十足的院长或校长亲自挂帅，自上而下地推动；另外一些情况下，改革可以自下而上地进行，教师可以单独或共同提议开发创新的课程或项目；还有一种可能，或许可以由 AACSB 等组织发出呼吁，众多商学院联合应对作出改变，就像当时卡内基公司和福特基金发表研究报告一样。

◉ 未来的挑战

改革绝非一朝一夕之功。我们在第 5 章和第 6 章中已经指出，各学院要力争满足八个方面的需求就必须推陈出新，然而在实施改革的过程中无疑将面临巨大的挑战。总体来说，这些挑战可以分为三大类：扩充和丰富师资队伍；吸引新的生源和雇主；改变商业模式。

要想成功推行变革，商学院就必须培养教师新的能力，包括个人的能力和团队能力，比如加强学术型教师和实践型教师之间的联系、交流和协作等。简而言之，商学院必须解决第 4 章中提到的"两种文化"的问题。由于涉及深层次的观念上的差异，这种长期存在的鸿沟无法在一夜之间完全化解。40 年前，备受赞誉的经济学家、政治学家和组织理论学家西蒙就形象地描述了这种挑战："专业学院的管理……特别像是把油（学术专家）和水（经验丰富的业界人士）混合在一起……一旦任其自我行事，油和水就会分离。"[14]

即使如此，我们认为商学院还是可以采取多种方式积极做出改变。第一种方式是精心培养一批既擅长理论又具备实践经验的核心教师，具体措施包括：适时调整在学术期刊上发表论文的要求等教师激励机制，出台专门的政策鼓励教师开展实用性更强、更贴近管理实践的研究；为博士生和年轻教师提供企业实习或者行业体验的机会，让他们直面商业实践中的挑战和现实情况；要求学术型教师和来自实业界的教师进行联合教学，通过思想的碰撞设计出精品课程。

第二种方式是像很多医学院那样，对从实业界聘来的教师给予更多重视。[15]各学院可以考虑制定不同的标准，长期聘用那些从实业界转型的全职教师。同时，MBA项目可以尽更大努力培养这些教师的学术意识。一位院长表示，多家商学院可以联合给实业型教师提供培训，比如统一要求那些经验丰富的实业界成功人士在转型进入学术界之前先参加一个全新的培训项目，培训内容包括三个方面：特定学科领域的培训——熟悉各自领域相关的基础学科知识；基本研究方法的训练——确保其今后的工作至少符合最基本的学术标准；教学方法和技能的培训——满足未来学生的需求。顶尖MBA项目的知名教师可以根据各自的专长负责一个或多个方面的培训，而受训人员可以在多个学院之间轮流上课，最终按时保质完成培训。比如，在正式从事教学工作之前，一位刚退休的企业高管可以在以定量分析见长的学院先上两周金融课程，随后在某研究型学院接受为期两周的研究方法培训，最后在一所教学型学院上课两周，以提高教学技能。

还有一种方式同样有益于扩大师资队伍和丰富课程设置，即更好地利用学校资源。正如一位院长提到的，"我们真有合适的教师可以教学生社会责任吗？不见得。但是我们可以和学校的其他院系合作，比如政治学、历史学等，这个主题本身就适用于跨学院教学。而且，我们需要更多的双向交流，不一定凡事都要依赖自己的资源"。其他院长也表达了类似观点，认为商学院与法学、公共政策、文理学院等院系合作是非常重要的，可以扩大师资队伍和学科视野。不过，我们认为商学院仍然需要找到方法培养和增强自己的师资力量，因为如果商学院不能开放MBA课程给其他院系的学生选修，那么其他院系也不太可能长久地给大批MBA学生开课。

与此类似，MBA项目的另一个挑战是商学院学生的结构和求职倾向。尽管最近爆发了经济危机，大部分 MBA 毕业生，尤其是顶尖 MBA 项目的毕业生，仍然希望在金融服务和咨询行业工作。很多学生在入学前从事的就是这些领域的工作，他们攻读 MBA 的目的就是继续充电；还有些学生则认为金融和咨询行业薪酬较高、光鲜体面，而且能与其他 MBA 毕业生共事，所以希望毕业后转行从事相关工作。学生对创业、管理岗位以及一般公司、非营利机构和非政府组织的工作仍然提不起兴趣。可是这些类型的机构和组织正是学院负责就业的部门希望吸引来的雇主，因为相较以往，前来校园招聘的金融和咨询业公司已经大大减少。除非 MBA 学生的结构和求职倾向发生改变，否则这种供需不对称的现象很可能持续存在。

那么应该怎样调整学生结构呢？这是一个悬而未决的问题。由于全球经济危机的爆发，企业高管（同时涉及 MBA 项目）开始遭受信任危机，公众的不满情绪高涨。[16] 至少，一些还没想好职业规划的本科生——尤其是那些仍在犹豫该继续学习商学、法学还是公共政策的学生，或者是那些"想改变世界"的血气方刚的学生——这时可能不打算报名 MBA 项目了。可是对于那些有意改变 MBA 毕业生的形象、培养更多管理岗位的人才、调整课程设置、更多地关注"行"和"省"的学院来说，这些生源正是它们最需要的。

显然，这是一个经典的"鸡生蛋"还是"蛋生鸡"的问题。要吸引不同的学生群体，商学院首先需要开设一套不同的课程，可是只有当教师认为学生结构发生了变化并且确认了课程需求之后，课程设置的调整才能提上日程。虽然单个商学院可以通过努力取得一些进展，但是如果能集体行动，效果一定会好很多。未来的学生可能会对管理生涯缺乏信心，现有的教师和学生可能也已经感受到 MBA 项目尚未满足的需求和机遇，这些都可能成为推动变革的压力。所有这些努力都是为了反思和重新定位 MBA 教育。MBA 项目还可以考虑招收更多人文、科学和社会科学专业的本科生，这些学生以往占 MBA 学生总人数的比例相当低。当然，要想达到预期效果，光靠公关宣传是远远不够的。商学院应当在课程设置上作出实质性调整，同时吸引匹配度较高的雇主来校园招聘，从而给学生提供更多心仪的就业机会。

商学院面临的最后一大挑战是在推行变革时如何继续保证商业模式的可行性。两年全日制 MBA 项目的成本已经较高，而小组活动、个人辅导、团队教学、国际访学团项目等创新形式无疑进一步增加了办学成本。例如，耶鲁管理学院在课程改革上花费了 200 万～500 万美元，斯坦福大学商学院为了保持改革的可持续性，专门增强师资力量，教师队伍扩大了 10%～15%。如果不相应地缩减其他开支或增加收入，很少有学院能有足够强大的财力推行这种改革。然而，很难想象商学院在市场需求下降的情况下还能提高多少学费。毕竟，机会成本太高了，而且学制 10 个月或者 12 个月的其他 MBA 项目形式实在太有吸引力。因此，商学院必须采用更创新的方式加强师资配备，不妨参考本章先前提到的医学院模式，降低用人成本。各学院还必须开发出更多有品牌号召力的在职 MBA 项目和 EMBA 项目，作为全日制 MBA 项目的有效补充。此外，商学院还可以考虑提供终身学习的机会，每隔 5～10 年为所有的 MBA 毕业生提供与其职业发展阶段相匹配的短期培训。另外，商学院也可以每年举办一次以特定行业的高管为对象的培训项目，旨在探讨相关领域的最新进展，这些行业可以包括广告、农业、生物科技或风险投资等。

经济危机对于商学院来说可能并非坏事。受经济危机的影响，很多学院只好大幅削减预算；多数学院已经大大减少了开支。正是由于巨大的财政压力，教师和院长不得不费尽心思琢磨该如何合理而又有的放矢地缩减成本。我们希望，经济回暖之时，商学院能同样把这种逻辑应用在课程方案的规划上。MBA 项目应当学会做减法，在增设课程、活动和体验的同时，必须淘汰或减少其他一些方面的投入。很多组织和政府都遵循"日落法则",即每过一段时间都要淘汰,或者至少重新严格评估一批失败或业绩下滑的项目;商学院也可以应用这个逻辑。当然,这个过程一定是艰难重重、饱受争议的,对领导层的决断力是一个很大的考验。但是如果各个商学院纷纷采取行动,其决策获得认可的可能性将大大提高。

————

自始至终,我们对于 MBA 教育的发展都是非常乐观的。商学院确实正处在十字路口,人们对其角色、目标和功能的质疑和争议与日俱增。MBA 学位已经不再是金融等安全、高薪行业工作的敲门砖。许多院长和企业高管都认为 MBA 项目在很多重要方面有所欠缺,课程方案也有待完善。总体而言,商学院现在所处的形势正如法国象征派诗人保尔·瓦雷里(Paul Valéry)很久以前说的那样:"我们这个时代的困扰是,未来,并不像过去想象的那样。"最近一篇探讨 MBA 的文章更是尖锐地指出:"再见了,黄砖路。"[17]

但是,商学院在这条路上经历了很多。它们成功地经受住大萧条等多次经济危机的考验,这充分体现出其高度的灵活性和适应性。当年,卡内基公司和福特基金的研究报告发表以后,各商学院统一行动、共同应对,这也说明它们能够采纳忠言、大胆求变。不仅如此,我们的研究表明,不少走在前列的学院已经进行了必要的调整、创新和改革。这些学院认识到人们为何对 MBA 教育的现状不满,并且通过课程创新或者课程体系改革作出回应。

综上所述,MBA 教育的改革之路逐渐清晰。我们对 MBA 教育的未来充满信心,相信 MBA 教育会在变革中不断完善。

注 释

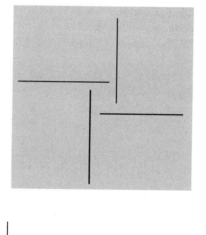

第 1 章　导论：变革中的 MBA 学位

1. Roger Thompson, "Building a Better MBA," *HBS Alumni Bulletin*, September 2008, 25.

2. Frank C. Pierson, *The Education of American Businessmen* (New York: McGraw-Hill, 1959); Robert A. Gordon and James E. Howell, *Higher Education for Business* (New York: Columbia University Press, 1959); and Lyman W. Porter and Lawrence E. McKibbin, *Management Education and Development* (New York: McGraw-Hill, 1988).

3. For ease of exposition, we use the word *industry* to represent all business schools delivering graduate business education.

4. Anjali Athavaley, "Escape Route: Seeking Refuge in an M.B.A. Program," *Wall Street Journal*, October 14, 2008, D1, D4; and Alison Damast, "B-Schools and the Financial Bust," *BusinessWeek*, November 24, 2008, 41–45.

5. "It's a Good Time to Go to a B-Level B-School," February 10, 2009, http://www.forbes.com/2009/02/10/b-level-business-school-leadership_0211_mba_print.html.

6. William J. Holstein, "Helping 240,000 Find a Future After Wall Street," *New York Times*, January 17, 2009, B2.

7. Robert Weisman, "The Dark Night of the Part-Time MBA Program," *Boston Globe*, January 18, 2009, G1, G4.

8. Damast, "B-Schools and the Financial Bust," 41.

第 2 章　MBA 市场形势的变化

1. U.S. Department of Education, National Center for Educational Statistics, Higher Education General Information Survey, "Degrees and Other Formal Awards Conferred," 1970–1971 through 1985–1986, and 1990–1991 through 2006–2007.

2. Personal communication, Rachel Edgington, Director, Market Research & Analysis, Graduate Management Admissions Council, October 16, 2008.

3. Alison Damast, "U.S. Business Schools: Why Foreign MBAs Are Disappearing," *BusinessWeek*, August 3, 2009.

4. Personal communication, Jessica Brown, Manager, Knowledge Services, AACSB International, September 4, 2009.

5. The approaches of European business schools are considerably more diverse than those of American schools. Some European schools are competing internationally and have adopted the American model, whereas others are applying more idiosyncratic national approaches. See Don Antunes and Howard Thomas, "The Competitive (Dis)Advantage of European Business Schools," *Long Range Planning* 40 (2007): 382–404.

6. Della Bradshaw, "The Must-Have Degree," *Financial Times*, June 18, 2007, 46.

7. Personal communication, Rachel Edgington, October 16, 2008.

8. Some state schools favor part-time and executive MBA programs because tuition revenues from these programs can be retained fully by the schools, unlike tuition revenues from full-time MBA programs, which must be shared with the university.

9. "Business School Rankings and Profiles," *BusinessWeek*, http://www.businessweek.com/bschools/rankings, accessed August 26, 2009.

10. Ibid.

11. We observed a similar pattern to figure 2-6 when we examined full-time enrollment at the next twenty-five ranked business schools. A handful showed increases, but more than half showed substantial declines.

12. Some schools argued that business school rankings contributed to declining enrollments. If a school filled its classes with students whose GMAT scores were lower than the school's current median GMAT, the school would fall in the rankings, leading to fewer applications in the future. To avoid this problem, a number of schools preferred to cut their class sizes to maintain or increase their place in the rankings.

13. All data on job placements have been drawn from the case studies that appear later in this book.

14. Louise Story, "Bye, Bye B-School," *New York Times*, Sunday Business Section, September 16, 2007, 1, 9.

第 3 章　详探课程方案

1. Harry R. Lewis, *Excellence Without a Soul* (New York: Public Affairs, 2006), 22.

2. David Damrosch, *We Scholars* (Cambridge, MA: Harvard University Press, 1995), 123.

3. Derek Bok, *Our Underachieving Colleges* (Princeton, NJ: Princeton University Press, 2006), 16.

4. Robert A. Gordon and James E. Howell, *Higher Education for Business* (New York: Columbia University Press, 1959), 273–279; and Frank C. Pierson, *The Education of American Businessmen* (New York: McGraw-Hill, 1959), 249–267.

5. Lyman W. Porter and Lawrence E. McKibbin, *Management Education and Development* (New York: McGraw-Hill, 1988), 314–315.

6. Tricia Bisoux, "The Extreme MBA Makeover," *BizEd*, May/June 2005, 27; and Lindsey Gerdes, "B-Schools with a Niche," *BusinessWeek*, September 5, 2005, 70.

7. Henry Mintzberg, *Managers Not MBAs* (San Francisco: Berrett-Koehler, 2004), 162–165.

8. Eli Segev, Adi Raveh, and Moshe Farjoun, "Conceptual Maps of the Leading MBA Programs in the United States: Core Courses, Concentration Areas, and the Ranking of the School," *Strategic Management Journal* 20 (1999): 549–565.

9. Peter Navarro, "The MBA Core Curricula of Top-Ranked U.S. Business Schools: A Study in Failure?" *Academy of Management Learning and Education* 7 (2008): 108–123.

10. To ensure accuracy, we recontacted each of the participating schools in 2009 to confirm our data. Many, but not all, schools responded. In most cases, we incorporated their suggestions because they reflected differences in interpretation of our 2006–2007 data. In a few cases, however, respondents provided us with updated 2008–2009 data.

We did not include this data because we wanted to ensure that all tables were based on information from the same time period.

11. The six schools that divide the year into semesters are Carnegie Mellon, Harvard, MIT, NYU, Wharton, and Yale. Some schools, such as Carnegie Mellon and Yale, further divide each semester in half. The four schools that divide the year into quarters are Chicago, Dartmouth, Northwestern, and Stanford. Even though they call their terms *quarters*, students only take classes for three quarters per year.

12. To calculate total course weeks—the total amount of class time over an entire program—we assumed that students take the equivalent of four courses per semester. If each semester is 20 weeks, students take 80 course weeks per semester. Over two years of four semesters, students have 320 course weeks in which to take courses. We did a similar calculation for INSEAD's ten-month program to arrive at a figure of 200 total course weeks.

13. Chicago is a bit of an exception here in that students are not told which specific courses to take or when to take them. They must, however, take nine courses in certain broad topic areas. Some of these areas (e.g., financial accounting) are required, but students are allowed their choice of level. Others areas (e.g., marketing management) are part of a larger menu from which students must select a subset of areas and courses.

14. Columbia Business School is a recent convert to this approach. In December 2007 it announced that the following fall it would alter its core curriculum, giving students additional flexibility in the first year by reducing the number of required core courses from nine full-semester courses to six and a half, while adding eight new electives to the program that could be taken through a new distribution requirement. Like so many other schools, this shift was driven largely by recruiting pressures. According to a member of Columbia's curriculum-review committee, "One of their [students'] concerns in the first year is getting prepared for a summer internship. For many of them that's very important. That's one of the reasons why they look for flexibility. Being able to take more electives in the first year allows them to tailor some of the foundational knowledge to what they plan to do during the summer." See "Columbia Revamps Its Core," *The MBA Life*, December 20, 2007.

15. At least one study argues that this shift toward specialization within MBA programs, which is even more pronounced among midtier schools, does not offer employment advantages. After reviewing over 750 job advertisements, both in newspapers and on the Web, in which an MBA degree was specified as a preference or a requirement, the study concluded that most employers preferred or required only a general MBA degree. To the extent that specialization was requested, it took the form of an undergraduate major. See Pola B. Gupta, Paula M. Saunders, and Jeremy Smith, "Traditional Master of Business Administration (MBA) Versus the MBA with Specialization: A Disconnection Between What Business Schools Offer and What Employers Seek," *Journal of Education for Business* 82, no. 6 (2007): 307–312.

16. It is important to emphasize that many of the courses that schools exclude from their core are still offered as electives and are taken by large numbers of students. The presence of a course in the core is partly a statement of educational philosophy and partly a function of department size and faculty mix.

17. The coding of topics is clearly a judgment call, and one that requires training and experience in the field. HBS professors Srikant Datar (financial accounting), Jan Rivkin and Jordan Siegel (strategy), and Tom Delong (leadership/organizational behavior) helped determine the categories in their respective areas. We are extremely

grateful for their assistance.

18. The textbooks are, respectively, Clyde P. Stickney and Roman L. Weil, *Financial Accounting*, 12th ed. (Mason, OH: South-Western College Publishing, 2006), and Charles T. Horngren et al., *Introduction to Financial Accounting*, 9th ed. (Englewood Cliffs, NJ: Prentice-Hall, 2005).

19. The textbook is David Besanko et al., *Economics of Strategy*, 3rd ed. (New York: Wiley, 2003), which is used at three schools.

20. Our findings are broadly consistent with earlier work showing that strategy offerings have evolved from integrative business policy courses, often offered late in the program as capstone courses with a strong managerial emphasis, to first-year required courses with "an almost exclusive emphasis on theory and analysis, slanted toward industrial economics." See Larry E. Greiner, Arvind Bhambri, and Thomas G. Cummings, "Searching for a Strategy to Teach Strategy," *Academy of Management Learning and Education* 2 (2003): 405.

21. Figures are approximate because many courses were difficult to classify and the number of sessions was not always clear from the syllabus. We also made a number of judgment calls when classifying courses in the domain of leadership and organizational behavior. For example, we excluded HBS's Leadership and Corporate Accountability course, discussed in chapter 10, because it is more about ethical and legal behavior than leadership per se, but included Yale's Careers and Employee courses, discussed in chapter 11, because of their organizational and human resource management emphasis.

22. Kent L. Womack, "Core Finance Courses in the Top MBA Programs in 2001," November 2001, Tuck School of Business working paper 01-07, http://ssrn.com/abstract=291973; and Kent L. Womack and Ying Zhang, "Core Finance Course Trends in the Top MBA Programs in 2005," http://ssrn.com/abstract=760604.

第 4 章   忧虑重重

1. Earl F. Cheit, "Business Schools and Their Critics," *California Management Review* 27 (1985): 43.

2. This argument draws heavily from Rakesh Khurana, *From Higher Aims to Hired Hands* (Princeton, NJ: Princeton University Press, 2007). It is worth emphasizing that the challenge of establishing legitimacy continues to the present day and is faced by many professional schools, not just schools of business. Harold Shapiro, former president of Princeton and the University of Michigan, captured the issue neatly when he asked, "Why are the faculty of so many professional schools, particularly those at research universities, anxious or uneasy about their status within the university? Another way of posing the question is: Why have the arts and sciences faculties come to believe that they are the sole definers and defenders of the soul of the university?" See Harold T. Shapiro, *A Larger Sense of Purpose* (Princeton, NJ: Princeton University Press, 2005), 113–114.

3. James G. March and Robert I. Sutton, "Organizational Performance as a Dependent Variable," *Organization Science* 8 (1997): 703.

4. Robert A. Gordon and James E. Howell, *Higher Education for Business* (New

York: Columbia University Press, 1959); and Frank C. Pierson, *The Education of American Businessmen* (New York: McGraw-Hill, 1959).

5. Khurana, *From Higher Aims to Hired Hands*, 158.

6. Gordon and Howell, *Higher Education for Business*, 100.

7. Mark De Rond and Alan M. Miller, "Publish or Perish: Bane or Boon of Academic Life?" *Journal of Management Inquiry* 14 (2005): 321–329.

8. Khurana, *From Higher Aims to Hired Hands*, 311; and Jeffrey Pfeffer and Christina T. Fong, "The End of Business Schools? Less Success Than Meets the Eye," *Academy of Management Learning and Education* 1 (2002): 78–96.

9. Warren G. Bennis and James O'Toole, "How Business Schools Lost Their Way," *Harvard Business Review*, May 2005, 96, 98.

10. This discussion draws from several of the leading critiques of business schools, including those cited above as well as Stephen R. Barley, Gordon W. Meyer, and Debra C. Gash, "Cultures of Culture: Academics, Practitioners, and the Pragmatics of Normative Control," *Administrative Science Quarterly* 33 (1988): 24–60; Harold J. Leavitt, "Educating Our MBAs: On Teaching What We Haven't Taught," *California Management Review* 31 (1989): 38-50; Henry Mintzberg, *Managers Not MBAs* (San Francisco: Berrett-Koehler, 2004); Jeffrey Pfeffer, "A Modest Proposal: How We Might Change the Process and Product of Managerial Research," *Academy of Management Journal* 50 (2007): 1334–1345; Jeffrey Pfeffer and Christina T. Fong, "The Business School 'Business': Some Lessons from the U.S. Experience," *Journal of Management Studies* 41 (2004): 1501–1520; and Lyman W. Porter and Lawrence E. McKibbin, *Management Education and Development* (New York: McGraw-Hill, 1988).

11. Michael Mol and Julian Birkenshaw, *Giant Steps in Management* (London: Financial Times/Prentice Hall, 2008). Cited in Pfeffer, "A Modest Proposal."

12. Patrick G. Cullen, "Living with Conflicting Institutional Logics: The Case of U.K. and U.S. Research-Led Business Schools" (unpublished doctoral thesis, University of Cambridge, 2007).

13. Andrew H. Van de Ven and Paul E. Johnson, "Knowledge for Theory and Practice," *Academy of Management Review* 31 (2006): 802.

14. James Bailey and Cameron Ford, "Management as Science Versus Management as Practice in Postgraduate Business Education," *Business Strategy Review* 7 (1996): 8.

15. De Rond and Miller, "Publish or Perish," 325.

16. In their eyes, the problem is largely one of perception and poor communication. As one of them put it, "I don't think the MBA is broken. But we have allowed the perception to get away from us. We are not communicating why MBA training is necessary and why what we are doing is essential."

17. Some deans pointed to a recent article (Nicholas Bloom and John Van Reenen, "Measuring and Explaining Management Practices Across Firms and Countries," *Quarterly Journal of Economics* 122, no.4 [November 2007]: 1351–1408) that concluded that U.S. firms are, on average, better managed than European firms as evidence of the value-added of the MBA (given the greater prevalence of business school–trained managers in the United States in comparison with Europe). However, many of the management practices described in the article, such as process improvements, performance dialogues, target setting, and follow-through refer to skills that are currently not emphasized in most MBA curricula. In fact, they are the kinds of "doing" skills that we believe need much greater development in MBA programs.

18. *Final Report of the AACSB International Impact of Research* (Tampa: AACSB International, 2008).

19. This is the core of Henry Mintzberg's critique of MBA programs. See Mintzberg, *Managers Not MBAs*, especially pp. 33–42. Also see Leonard Sayles, "Whatever Happened to Management? Or Why the Dull Stepchild?" *Business Horizons* 13 (1970): 25–34.

20. James Howell, one of the coauthors of the Ford Foundation study, anticipated this problem decades ago. In a 1984 interview he was asked, "Has the increased popularity of business education in the seventies made its leaders complacent?" Howell responded, "Sure, they've become complacent. They've become successful and respectable—very respectable. That's made them smug, and it's a serious problem. Business is a young academic field, and I think it could slide back into being nearly as irrelevant in the nineties as it was in the fifties." See James W. Schmotter, "An Interview with Professor James E. Howell," *Selections*, Spring 1984, 9–13.

21. Harry DeAngelo, Linda DeAngelo, and Jerold L. Zimmerman, "What's Really Wrong with U.S. Business Schools?" unpublished working paper, University of Rochester, July 2005; Joel M. Podolny, "The Buck Stops (and Starts) at Business School," *Harvard Business Review*, June 2009, 64–66; Khurana, *From Higher Aims to Hired Hands*, 335–345; Andrew J. Policano, "What Price Rankings?" *BizEd*, September–October 2005, 28; Pfeffer and Fong, "The Business School 'Business,'" 1506–1508; and Jeff Wuorio, "The Impact of the Rankings: Multiple Perspectives," *Selections* 1 (2001): 26–37.

22. This concern is not new. Twenty years ago, in their sweeping review of management education, Porter and McKibbin observed, "It is our impression from extensive interviewing that business schools, collectively, have not yet become really serious about the international dimension of management." See Porter and McKibbin, *Management Education and Development*, 319. As a later chapter will show, business schools, by most accounts, appear to have finally become serious about the topic. Most, however, have not yet succeeded in addressing it fully.

23. P. Christopher Earley and Elaine Mosakowski, "Cultural Intelligence," *Harvard Business Review*, October 2004, 139–146.

24. Pankaj Ghemawat, for example, has argued that the degree of global interconnectedness is vastly overstated—for many communication and trade flows, he notes, the international component is only about 10 percent of the total—and that we actually live in "a semi-globalized world, in which neither the bridges nor the barriers between countries can be ignored." See Pankaj Ghemawat, "Why the World Isn't Flat," *Foreign Policy*, March–April 2007, 57.

25. These activities have long been staples of leadership training programs aimed at practicing managers. For an early discussion, see Jay A. Conger, *Learning to Lead* (San Francisco: Jossey-Bass, 1992).

26. Scott Snook, "Leader(ship) Development," Case 9-408-064 (Boston: Harvard Business School, 2007), 5.

27. Podolny, "The Buck Stops (and Starts) at Business School," 66.

28. Herminia Ibarra, Scott Snook, and Laura Guillen Ramo, "Identity-Based Leadership Development," paper prepared for the Colloquium on Leadership: Advancing an Intellectual Discipline, Harvard Business School, April 30, 2008, 2.

29. Vartan Gregorian, "Colleges Must Reconstruct the Unity of Knowledge," *Chronicle of Higher Education*, June 4, 2004, B12.

30. The same might be said of research. It too requires a "scholarship of integra-tion . . . making connections across the disciplines, placing the specialties in larger con-text, illuminating data in a revealing way . . . serious, disciplined work that seeks to interpret, draw together, and bring new insight to bear on original research." See Ernest L. Boyer, *Scholarship Reconsidered* (Princeton: Carnegie Foundation for the Advancement of Teaching, 1990), 18–19. For a discussion of the link between this kind of research and business school teaching, see Karl E. Weick, "Speaking to Prac-tice: The Scholarship of Integration," *Journal of Management Inquiry* 5 (1996): 251–258.

31. Howard Gardner, *Five Minds for the Future* (Boston: Harvard Business School Press, 2006), 46.

32. Jan Rivkin, "The Strategic Importance of Integrative Skills," *Rotman Magazine*, Winter 2005, 42.

33. Howard Gardner has termed this approach "multiperspectivalism" and distin-guishes it from a truly interdisciplinary perspective. He notes, "A multiperspectival approach recognizes that different analytical perspectives can contribute to the eluci-dation of an issue or problem. While full-fledged disciplinary mastery may be an unat-tainable goal, individuals of most any age can reasonably be expected to appreciate the complementary strengths of different perspectives." See Gardner, *Five Minds for the Future*, 71–72.

34. Louis B. Barnes, C. Roland Christensen, and Abby J. Hansen, *Teaching and the Case Method*, 3rd ed. (Boston: Harvard Business School Press, 1994), 50.

35. Jeffrey Pfeffer, *Managing with Power* (Boston: Harvard Business School Press, 1992), 8. For two classic academic introductions to this perspective, see James G. March, "The Business Firm as a Political Coalition," *Journal of Politics* 24 (1962): 662–678, and Michael L. Tushman, "A Political Approach to Organizations: A Review and Rationale," *Academy of Management Review* 2 (1977): 206–216.

36. According to research by Daniel Isenberg, senior executives are extremely attuned to these political and organizational realities: "The primary focus of on-line managerial thinking is organizational and interpersonal process. By 'process' I mean the ways managers bring people and groups together to handle problems and take action . . . 'Who are the key players here, and how can I get their support? Whom should I talk to first? Should I start by getting the production group's input? What kind of signal will that send to the marketing people? I can't afford to lose their commitment in the up-coming discussions on our market strategy.'" See Daniel J. Isenberg, "How Senior Managers Think," *Harvard Business Review*, November–December 1984, 82–83.

37. We thank our colleagues Mark Moore and Dutch Leonard for this distinction.

38. For a detailed look at managerial behavior within large, hierarchical corpora-tions, including approaches to conflict and decision making, see Robert Jackall, *Moral Mazes* (Oxford: Oxford University Press, 1988).

39. For more on the importance of negotiation, discussion, and indirect influence, see Allan R. Cohen and David L. Bradford, *Influence Without Authority* (New York: John Wiley & Sons, 1990).

40. For discussions of the rise of social critics, shareholder activists, and NGOs and the pressures they bring to bear on corporations, see David Vogel, *The Market for Virtue: The Potential and Limits of Corporate Social Responsibility* (Washington, DC: Brookings Institution, 2005), and Michael E. Porter and Mark R. Kramer, "Strategy and Society," *Harvard Business Review*, December 2006, 78–92.

41. For a detailed discussion of the challenges posed by ambiguous, rapidly chang-

ing environments and the repertoire of skills required to respond effectively, see Paul J. H. Schoemaker, "The Future Challenges of Business: Rethinking Management Education and Research," *California Management Review* 50 (2008): 119–139.

42. For a definition of ambiguity and how it differs from uncertainty, see Karl E. Weick, *Sensemaking in Organizations* (Thousand Oaks, CA: Sage Publications, 1995), 91–100.

43. William F. Pounds, "The Process of Problem Finding," *Industrial Management Review* 11 (1969): 1. Italics in original.

44. David A. Garvin and Lynne C. Levesque, "Emerging Business Opportunities at IBM (A)," Case 9-304-075 (Boston: Harvard Business School, rev. February 28, 2005), 11.

45. Leonard R. Sayles, *Leadership: Managing in Real Organizations*, 2nd ed. (New York: McGraw-Hill, 1989), 16.

46. The problem is not confined to business school students, but is true of many college graduates. Colleges and universities have been largely unsuccessful in teaching writing and oral communication. See Derek Bok, *Our Underachieving Colleges* (Princeton, NJ: Princeton University Press, 2006), chapter 4.

47. Henry Mintzberg, *The Nature of Managerial Work* (New York: Harper & Row, 1973), 38.

48. For a thoughtful comparison of these two views, see William T. Allen, "Our Schizophrenic Conception of the Business Corporation," *Cardozo Law Review* 14 (1992): 261. For a classic statement of the shareholder perspective, see Milton Friedman, "The Social Responsibility of Business Is to Increase Its Profits," *New York Times Magazine*, September 13, 1970, 32–33, 122, 124, and 126. For an overview of the stakeholder perspective, see Thomas Donaldson and Lee E. Preston, "The Stakeholder Theory of the Corporation: Concepts, Evidence, and Implications," *Academy of Management Review* 20 (1995): 65–91.

49. For a comprehensive introduction to this topic as well as a summary of the empirical evidence, see Vogel, *The Market for Virtue*.

50. Friedrich August von Hayek, "The Pretense of Knowledge," http://nobelprize.org/nobel_prizes/economics/laureats/1974/hayek-lecture.html.

51. See *Be-Know-Do: Leadership the Army Way* (San Francisco: Jossey-Bass, 2004); Scott Snook, "Be, Know, Do: Forming Character the West Point Way," *Compass: A Journal of Leadership* 1 (2004): 16–19, 38; and Scott A. Snook and Rakesh Khurana, "Developing 'Leaders of Character': Lessons from West Point," in R. Gandossy and J. Sonnenfeld, eds., *Leadership and Governance from the Inside Out* (Hoboken, NJ: John Wiley, 2004), 213–232.

52. We have altered the usual sequence of the three components. The Army puts "be" or "being" first because it believes that "leadership starts . . . with the character of the leader . . . with the values and attributes that shape . . . the kind of person you are." See *Be-Know-Do*, 8–9. Although we agree with this view, we have changed the order to better frame the current strengths and weaknesses of graduate business programs.

53. Jeffrey Pfeffer and Robert I. Sutton, *The Knowing-Doing Gap* (Boston: Harvard Business School Press, 2000).

54. David A. Garvin, "Teaching Executives and Teaching MBAs: Reflections on the Case Method," *Academy of Management Learning and Education* 6, no. 3 (2007): 364.

55. This point is well made by Donald A. Schon in his book *Educating the Reflective Practitioner* (San Francisco: Jossey-Bass, 1987).

第5章　迎接全球化、领导力和整合性的挑战

1. Pankaj Ghemawat, "The Globalization of Business Education: Through the Lens of Semiglobalization," *Journal of Management Development* 27 (2008): 402.

2. The good news here is that the current generation of students appears to be more comfortable working with people from different ethnicities and cultures. See Sylvia Ann Hewlett, Laura Sherbin, and Karen Sumberg, "How Gen Y and Boomers will Reshape Your Agenda," *Harvard Business Review*, July–August 2009, 71–76.

3. "Global MBA Rankings 2009," *Financial Times*, http://rankings.ft.com/businessschoolrankings/global-mba-rankings, accessed August 10, 2009. For an earlier set of data on the internationalization of students and faculty in U.S. and European business schools, see Gabriel Hawawini, *Management Education for the 21st Century and the Future of Business Schools* (forthcoming).

4. Ibid.

5. Ghemawat, "The Globalization of Business Education," 392; see also Tarun Khanna and Krishna G. Palepu, *Winning in Emerging Markets* (Boston, MA: Harvard Business Press, 2010).

6. The "Globalization of Business Enterprise" course was developed by Pankaj Ghemawat for use at IESE. For more information on this course, see Pankaj Ghemawat, "Bridging the 'Globalization Gap' at Top Business Schools," working paper, 2009.

7. Ghemawat, "The Globalization of Business Education," 392.

8. Hawawini, *Management Education for the 21st Century and the Future of Business Schools* (forthcoming).

9. Scott Snook, "Leader(ship) Development," Case 9-408-064 (Boston: Harvard Business School, 2007), 1.

10. Benjamin C. Esty, "The Harvard Business School MBA Degree: Educating Leaders, General Managers, or Tradespeople?" working paper, 2007.

11. Rakesh Khurana, *From Higher Aims to Hired Hands* (Princeton, NJ: Princeton University Press, 2007), 357.

12. Ross School of Business, University of Michigan, *Multidisciplinary Action Projects Handbook*, 2008.

13. In a global world, leadership has become increasingly virtual—those in charge of organizations and teams must often lead and influence from a distance. Simulations offer an interesting new opportunity to teach leadership by focusing on the leadership environment, speed, sensemaking in ambiguous environments, and managing virtual teams. Simulations also dovetail well with the learning styles of the current generation of students. For further discussion, see Byron Reeves, Thomas Malone, and Tony O'Driscoll, "Leadership's Online Labs," *Harvard Business Review*, May 2008, 59–65; and Clark Aldrich, *Simulations and the Future of Learning* (San Francisco: Pfeiffer, 2004).

14. Web site of the Rotman School of Management, University of Toronto, http://www.rotman.utoronto.ca/integrativethinking/definition.htm. We are grateful to Mihnea Moldoveanu, Director, Marcel Desautels Center for Integrative Thinking, Rotman School of Management, for generously giving of his time in several conversa-

tions about integrative thinking and for sharing his work in this area.

15. Mihnea Moldoveanu and Roger Martin, *The Future of the MBA: Designing the Thinker of the Future* (New York: Oxford University Press, 2008) argues that model building is a key capability that business school academics should aim to transfer to their students.

16. Roger Martin, *The Opposable Mind* (Boston: Harvard Business School Press, 2007) shows many other cases in which abductive reasoning, as it was defined by the American philosopher Charles Sanders Peirce, is significantly more helpful than deductive or inductive reasoning in complex business situations.

17. Ibid.

18. Ibid.

19. Milton Friedman, "The Social Responsibility of Business Is to Increase Its Profits," *New York Times Magazine*, September 13, 1970, 32–33, 122, 124, 126; and Sumantra Ghoshal, "Bad Management Theories Are Destroying Good Management Practices," *Academy of Management Learning and Education* 4, no. 1 (2005): 75–91.

第 6 章　教学方法和课程设计的创新

1. Arnold B. Arons, "Critical Thinking and the Baccalaureate Curriculum," *Liberal Education* 1, no. 2 (1985): 142; and Richard Paul and Linda Elder, *Critical Thinking: Tools for Taking Charge of Your Learning and Your Life* (Upper Saddle River, NJ: Pearson/Prentice Hall, 2005). Italics in original.

2. The Critical Analytical Thinking course is very much a work in progress, and what we describe here is the course as it existed in its second incarnation.

3. Arnold B. Arons, "Critical Thinking and the Baccalaureate Curriculum," 142.

4. Tava Olson, "A Critical Look at Critical Thinking," *Operations Research Management Science Today*, April 2008.

5. For example, Design Thinking (Tim Brown, "Design Thinking," *Harvard Business Review*, June 2008, 85–92), a customer-centric innovation process using brainstorming and rapid experimentation; and Systematic Inventive Thinking (Jacob Goldenberg, Roni Horowitz, Amnon Levav, and David Mazursky, "Finding Your Innovation Sweet Spot," *Harvard Business Review*, March 2003, 121–129), a complementary product-centric innovation model based on removing product components (such as buttons on a DVD player), adding more copies of a component with a different function (for example, Gillette's multiblade razor), dividing products into component parts (for instance, modularizing computers and music systems to allow for customization), unifying two tasks in a single component (for example, a suitcase with wheels), and changing the relationship between a product and its environment (such as a sprinkler kit for indoor gardeners).

6. Based on material created by Diego Rodriguez and Alex Kazaks (Institute of Design course instructors) for the Future of MBA Education Colloquium, Harvard Business School, March 6–7, 2008.

7. Brown, "Design Thinking," 88.

8. Interview with Diego Rodriguez (CIA course instructor), February 11, 2008.

9. Brown, "Design Thinking," 88.

10. Ibid., 87.

11. Ibid., 89.

12. Interview with Diego Rodriguez, February 11, 2008.

13. Ross School of Business, University of Michigan, *Multidisciplinary Action Projects Course Handbook*, 2009.

14. Alice Y. Kolb and David A. Kolb, "Learning Styles and Learning Spaces: Enhancing Experiential Learning in Higher Education," *Academy of Management Learning and Education* 4 (2005): 193–212.

15. David A. Kolb, *Experiential Learning: Experience as the Source of Learning and Development* (Englewood Cliffs, NJ: Prentice Hall, 1984); and D. Christopher Kayes, "Experiential Learning and Its Critics: Preserving the Role of Experience in Management Learning and Education," *Academy of Management Learning and Education* 1 (2002): 137–149.

16. Kolb, *Experiential Learning*, 41.

17. Morris T. Keeton and Pamela J. Tate, eds., *Learning by Experience: What, Why, How: New Directions for Experiential Learning* (San Francisco: Jossey Bass, 1978), 2.

18. Joseph A. Raelin, *Work-Based Learning: The New Frontier of Management Development* (Upper Saddle River, NJ: Prentice Hall, 2000), 57.

19. David A. Kolb, "On Management and the Learning Process," in David A. Kolb, Irwin M. Rubin, and James M. McIntyre, eds., *Organizational Psychology: A Book of Readings* (Englewood Cliffs, NJ: Prentice Hall, 1974), 28.

20. Ibid., 30.

21. Ibid.

22. Ibid.

23. Ibid.

24. Ross School of Business, *Multidisciplinary Action Projects Course Handbook*.

25. Some schools are assigning students to practicing managers, who serve as their mentors. For example, a student interested in entrepreneurship may have a venture capital partner as his mentor, with the explicit goal of having the student develop a business plan that will be incubated during the program and implemented upon graduation.

26. Michael Barbaro, "Wal-Mart: The New Washington," *New York Times*, Week in Review, February 3, 2008, 3.

27. Robert J. Shiller, "How Wall Street Learns to Look the Other Way," *New York Times*, February 8, 2005, A25.

28. For a broad overview of the LCA course, see John S. Rosenberg, "An Education in Ethics: Teaching Business Students Life Lessons in Leadership," *Harvard Magazine*, September–October 2006, 42–49, 102–103.

29. For example, The Financial Crisis of 2007–09: Causes and Remedies, taught by several faculty at New York University's Stern School of Business.

30. Jon Elster, "Excessive Ambition," *Capitalism and Society* (forthcoming).

31. Harvard Business School's Designing Organizations for Performance, to be taught by Robert Simons during the 2009–2010 academic year.

32. For example, Chicago Booth's Economic Analysis of Major Policy Issues, taught by Gary Becker, Kevin Murphy, and Edward Snyder; and Harvard Business School's Creating the Modern Financial System, taught by David Moss, and Economic Strategies of Nations: Capitalism, Democracy, and Development, taught by Bruce Scott.

33. For example, Analysis for General Managers, taught by Paul Argenti and Sydney Finkelstein at Dartmouth's Tuck School of Business.

第Ⅱ篇　商学院的应对策略

1. The original case studies have been edited and condensed for this book. The longer versions, which remain available as freestanding cases, are Srikant M. Datar, David A. Garvin, and James Weber, "University of Chicago Graduate School of Business," Case 9-308-014 (Boston: Harvard Business School, 2008); Srikant M. Datar, David A. Garvin, and Carin-Isabel Knoop, "INSEAD," Case 9-308-009 (Boston: Harvard Business School, 2008); Srikant M. Datar, David A. Garvin, and Carin-Isabel Knoop, "Center for Creative Leadership," Case 9-308-013 (Boston: Harvard Business School, 2008); Srikant M. Datar, David A. Garvin, and Carin-Isabel Knoop, "Harvard Business School," Case 9-308-012 (Boston: Harvard Business School, 2008); Srikant M. Datar, David A. Garvin, and James Weber, "Yale School of Management," Case 9-308-011 (Boston: Harvard Business School, 2008); and Srikant M. Datar, David A. Garvin, and Carin-Isabel Knoop, "Stanford Graduate School of Business," Case 9-308-010 (Boston: Harvard Business School, 2008).

第7章　芝加哥大学布斯商学院：灵活自主，以学科为基础

1. For detailed information on the Chicago Booth class profile and employment placement, see Srikant M. Datar, David A. Garvin, and James Weber, "University of Chicago Graduate School of Business," Case 9-308-014 (Boston: Harvard Business School, 2008), and the accompanying teaching note, 5-309-016.

2. "The Best B-Schools of 2006," *BusinessWeek*, October 23, 2006.

第8章　欧洲工商管理学院：信条——全球化

1. INSEAD was founded in 1957 as "Institut Européen d'Administration des Affaires" (European Institute for Business Administration), hence the original acronym that became its trademark name.

2. INSEAD, "Discover INSEAD: Quick Facts," http://www.INSEAD.edu/discover%5FINSEAD/quick_facts.htm, accessed July 3, 2007.

3. "INSEAD Appoints J. Frank Brown as New Dean," Business and Advanced Technology Center, May 19, 2007, http://batc.iuplog.com/default.asp? Item=172356.

4. For further information about class demographics, see Srikant M. Datar, David A. Garvin, and Carin-Isabel Knoop, "INSEAD," Case 9-308-009 (Boston: Harvard Business School, 2008) and the accompanying teaching note, 5-308-119.

5. Sumathi Bala, "The City-State Makes Its Point as a Regional Hub," *Financial Times*, January 26, 2004, http://search.ft.com/nonFtArticle?id=040126001431.

6. Sumathi Bala, "INSEAD's Foothold in the Region," *Financial Times*, December 15, 2003, http://search.ft.com/nonFtArticle?id=031215008794.

7. INSEAD, "Asia Campus," http://www.INSEAD.edu/campuses/asia_campus/index.htm, accessed October 9, 2007.

8. For more details on the exchange programs, see INSEAD, "MBA Programme: Campus Exchange," http://www.INSEAD.edu/mba/life/exchange.htm, accessed July 3, 2007.

9. The school also organized trips to Silicon Valley, China, India, and South Africa, among other destinations. Although these trips were very popular with students, Fatás thought they were of limited value compared with being on-site in Singapore.

10. These included Sino-Taiwanese relations, Asian regional integration, the two Koreas, 9/11 and the politics of Islam and South East Asia, and Indonesia and the overthrow of the Suharto regime.

11. For more details please see INSEAD, "FAQS," http://www.INSEAD.edu/discover%5FINSEAD/faqs.htm, accessed July 3, 2007.

12. The Wharton School of the University of Pennsylvania, "Playing Across Three Continents: MBA Students Participate in Simulation Through the Wharton/INSEAD Alliance," http://www.wharton.upenn.edu/whartonfacts/news_and_events/features/2007/f_2007_10_684.html, accessed December 16, 2007.

13. Ibid.

14. "Alliance Between Wharton and INSEAD: Globalization," *Almanac*, April 3, 2001, http://www.upenn.edu/almanac/v47/n28/Wharton-INSEAD.html.

15. Sixteen Centers of Excellence focused on topics such as corporate social responsibility, strategy, health care, and leadership-supported faculty research. The faculty also engaged in case writing, capturing eight of the top ten European Case Clearing House Awards in 2006.

16. "INSEAD Appoints J. Frank Brown as New Dean."

第 9 章　创造性领导力中心：
以领导力开发为核心

1. "Center for Creative Leadership Names New President; John R. Ryan, Chancellor of State University of New York, to Assume Helm at global Leadership Development and Research Institution," *PR Newswire*, March 7, 2007.

2. For more details, please see the Center for Creative Leadership's Web site, http://www.ccl.org/leadership.

3. Center for Creative Leadership, "Quick Facts," http://www.ccl.org/leadership/about/glance.aspx, accessed July 8, 2007.

4. Center for Creative Leadership, http://www.ccl.org/leadership/index.aspx, accessed July 18, 2007.

5. Cynthia D. McCauley et al., "Our View of Leadership Development," in Ellen Van Velsor et. al., eds., *Handbook of Leadership Development* (San Francisco: John Wiley & Sons, 2004).

6. Ibid.

7. Linda Anderson, "Essential Step for Making the Most of a Course—Preparation," *Financial Times*, May 14, 2007.

8. McCauley et al., "Our View of Leadership Development."

9. Ibid.

10. Center for Creative Leadership, "About CCL: Recognition and Honors," http://www.ccl.org/leadership/about/recognition.aspx?pageID=27, accessed June 29, 2007.

11. "Center for Creative Leadership Ranks Seventh in Executive Education," *Financial Times*, May 18, 2007.

12. Center for Creative Leadership, "CCL Network Associates," http://www.ccl.org/leadership/capabilities/networkAssociates.aspx?pageId=102, accessed July 8, 2007.

13. "Center for Creative Leadership Names New President."

14. Center for Creative Leadership, "CCL at a Glance," http://www.ccl.org/leadership/about/glance.aspx, accessed July 8, 2007.

15. Center for Creative Leadership, *Annual Report 2006–2007*, http://www.ccl.org/leadership/pdf/aboutCCL/CCL2007AnnualReport.pdf.

16. Center for Creative Leadership, "CCL at a Glance."

17. Center for Creative Leadership, *Annual Report 2006–2007*.

18. Anderson, "Essential Step for Making the Most of a Course."

19. Center for Creative Leadership Web site, http://www.ccl.org/leadership, accessed June 29, 2007.

20. Sarah Glover and Meena Wilson, *Unconventional Wisdom: A Brief History of CCL's Pioneering Research and Innovation* (Center for Creative Leadership, 2006), 7. Available at http://www.ccl.org/leadership/pdf/research/UnconventionalWisdom.pdf.

21. Cynthia D. McCauley et al., "360-Degree Feedback," in Van Velsor et. al., eds., *Handbook of Leadership Development*.

22. Ibid.

23. Ibid.

24. Most psychometric assessment data tended to be collected on individuals being treated for psychological problems. See Glover and Wilson, *Unconventional Wisdom*, 9.

25. For more details, see Owen C. Gadeken, "Through the Looking Glass: A New Way to Learn Program Management," *Defense AT&L*, September 1, 2004, http://www.thefreelibrary.com/Through+the+looking+glass:+a+new+way+to+learn+program+management-a0140409615.

26. Ibid.

27. Ibid.

28. MIT Sloan School of Management, "Sloan Innovation Period," http://mitsloan.mit.edu/mba/academics/sip.php, accessed November 12, 2007.

第 10 章 哈佛商学院: 综合管理和注重实践

1. C. Roland Christensen, "Teaching with Cases at the Harvard Business School," in Louis B. Barnes, C. Roland Christensen, and Abby Hansen, *Teaching and the Case Method* (Watertown, MA: Harvard Business School Press, 1994), 34.

2. "Harvard Has Plan to Aid Shoe Trade," *New York Times*, May 17, 1913, http://query.nytimes.com/mem/archive-free/pdf?res=9D06E7DE143FE633A2575ACIA96

39C946296D6CF.

3. David A. Garvin, "Making the Case: Professional Education for the World of Practice," *Harvard Magazine* (September–October 2003), 60.

4. Ibid.

5. For further details on class demographics and placement, as well as faculty composition, see Srikant M. Datar, David A. Garvin, and Carin-Isabel Knoop, "Harvard Business School," Case 9-308-012 (Boston: Harvard Business School, 2008) and the accompanying teaching note, 5-309-014.

6. Harvard Business School Web site, http://www.hbs.edu/mba, accessed February 7, 2008.

7. Harvard Business School, "Entrepreneurship: It Can Be Taught," http://www.hbs.edu/entrepreneurship/newbusiness/2002spring_3.html, accessed October 23, 2007.

8. Harvard Business School, "Academics: Term II Courses," http://www.hbs.edu/mba/academics/term2.html, accessed October 23, 2007.

9. Harvard Business School, "Entrepreneurship: It Can Be Taught."

10. "Harvard Business School Offers New Course in Ethics," June 21, 2004, http://www.hbs.edu/news/releases/062104_ethics.html.

11. Harvard Business School Web site, http://www.hbs.edu/mba, accessed February 7, 2008.

12. Sean Silverthorne, "What Great American Leaders Teach Us," *HBS Working Knowledge*, April 12, 2004, http://hbswk.hbs.edu/item/4053.html.

13. Manda Salls, "HBS Celebrates Social Enterprise Initiative," *HBS Working Knowledge*, March 29, 2004, http://hbswk.hbs.edu/item/4021.html.

14. "Featured Research," http://www.hbs.edu/global/research-larc.html, accessed February 13, 2008.

第 11 章　耶鲁管理学院：整合与大变革

1. For further details on class composition and placement, as well as extensive course descriptions and transition cost data, see Srikant M. Datar, David A. Garvin, and James Weber, "Yale School of Management," Case 9-308-011 (Boston: Harvard Business School, 2008) and the accompanying teaching note, 5-109-017.

2. James Baron, Joel Podolny, and Heidi Brooks, "Leadership and Commitment," Case 07-028 (New Haven, CT: Yale School of Management, rev. August 31, 2007).

3. Joel M. Podolny, "Curriculum Reform at the Yale School of Management: Making the MBA More Relevant," draft.

第 12 章　斯坦福大学商学院：个性化与大变革

1. Stanford Graduate School of Business, "Curriculum—A Bold New Vision," http://www.gsb.stanford.edu/mba/academics/curriculum.html, accessed July 11, 2007.

2. Stanford Graduate School of Business, "Distinguished History," http://www.gsb.stanford.edu/history/, accessed July 11, 2007.

3. Stanford Graduate School of Business, "Facts and Figures," http://www.gsb.stanford.edu/about/facts.html, accessed July 11, 2007.

4. For further details on class demographics, placement, and faculty background, see Srikant M. Datar, David A. Garvin, and Carin-Isabel Knoop, "Stanford Graduate School of Business," Case 9-308-010 (Boston: Harvard Business School, 2008) and the accompanying teaching note, 5-309-015.

5. Della Bradshaw, "Stanford to Opt for the Personal Approach. Curriculum Revamp: The School Is to Move Away from the 'One Size Fits All' MBA in Favour of Tutorials and Mentoring," *Financial Times*, June 12, 2006.

6. Stanford Graduate School of Business, "New Curriculum," http://www.gsb.stanford.edu/about/how_we_teach.html, accessed July 11, 2007.

7. Ibid.

8. Ibid.

9. Ibid.

10. Ibid.

11. Robert Weisman, "Stanford to Let Students Tailor MBA Studies," *Boston Globe*, June 6, 2006.

12. Ibid.

13. Ibid.

14. Ibid.

15. One perspectives course, Ethics and Management, was taken in the second half of the winter quarter; a final perspectives course, Synthesis Seminar, was taken in the spring quarter of the second year.

16. Electives were available in the following areas: Accounting, Entrepreneurship, Finance, Global Management, Human Resources, Information Technology, Leadership, Managerial Economics, Marketing, Operations, Organizational Behavior, Political Economics, Public Management, and Strategic Management.

17. Weisman, "Stanford to Let Students Tailor MBA Studies."

18. Ibid.

19. Ibid.

第 13 章　结语：商学院，路在何方

1. Kabir Chibber, "Business Schools Face Test of Faith," BBC News, http://news.bbc.co.uk/2/hi/business/7941385.stm, accessed March 18, 2009.

2. Kelley Holland, "Is It Time to Retrain B-Schools?" *New York Times*, Sunday Business, March 15, 2009, 1–2.

3. "Jack Welch's Lessons for Success," *Fortune*, January 25, 1993, 88.

4. Alison Damast, "Loan Crisis Hits the MBA World," *BusinessWeek*, January 22, 2009.

5. In 2009, anecdotal reports from both students and business school placement officers suggested that many financial services firms were making prior experience in finance a prerequisite for hiring. Such a requirement further raises the barrier to career

switching.

6. Thomas Philippon and Ariell Reshef, "Wages and Human Capital in the U.S. Financial Industry: 1909-2006," NBER working paper no. 14644, National Bureau of Economic Research, Cambridge, MA, January 2009.

7. Bill George, "Seven Lessons for Leading in a Crisis," *Wall Street Journal*, March 5, 2009, http://online.wsj.com/article/SB123551729786163925.html.

8. Ibid. This quotation has been attributed to several sources. For further discussion see Jack Rosenthal, "A Terrible Thing to Waste," *New York Times*, August 2, 2009, http://www.nytimes.com/2009/08/02/magazine/02FOB-onlanguage-t.html.

9. Some readers may be concerned that efforts to shape students' values could easily become a form of indoctrination. This is a legitimate concern, and one that should not be taken lightly. For a discussion of this tension, as well as arguments supporting the conclusion that "it is perfectly possible to teach moral reasoning or prepare students to be enlightened citizens without having instructors impose their personal ideologies or policy views on their students," see Derek Bok, *Our Underachieving Colleges* (Princeton, NJ: Princeton University Press, 2006), 58–66. The quotation is from page 65.

10. Aspen Institute, *Where Will They Lead? 2008 MBA Student Attitudes About Business and Society* (New York: Aspen Institute, Center for Business Education, 2008), cited in Jeffrey Pfeffer, "Leadership Development in Business Schools: An Agenda for Change," research paper no. 2016, Stanford Graduate School of Business, February 2009, 11.

11. *Final Report of the AACSB International Impact of Research* (Tampa: AACSB International, 2008), 39.

12. Leslie Wayne, "A Promise to Be Ethical in an Era of Immorality," *New York Times*, May 30, 2009, B1, B4.

13. Harvard Medical School, "Facts and Figures 2008–2009," http://hms.harvard.edu/hms/facts.asp; and Harvard Medical School, "Harvard Medical School Admissions," http://hms.harvard.edu/admissions/default.asp, accessed April 2, 2009.

14. Herbert A. Simon, "The Business School: A Problem in Organization Design," *Journal of Management Studies* 4, no. 1 (1967): 16.

15. For a discussion of this approach, used by Harvard Medical School as part of a broader reform of the curriculum, see Daniel C. Tosteson, S. James Adelstein, and Susan T. Carver, eds., *New Pathways to Medical Education* (Cambridge, MA: Harvard University Press, 1994), 96–98.

16. For three diverse sources that describe this discontent, see "Making Sense of Populist Rage," *BusinessWeek*, March 30, 2009, 22–31; Gerald F. Seib, "Taming Populist Anger Is Big Test," *Wall Street Journal*, April 3, 2009, A2; and many of the entries in the blog How to Fix Business Schools, http://blogs.harvardbusiness.org/how-to-fix-business-schools/2009/03/are-business-schools-to-blame.html.

17. Robert Weisman, "Degree of Uncertainty," *Boston Globe Magazine*, March 29, 2009, 24.

致　谢

在构思和写作本书的过程中，很多人为我们提供了帮助和支持，在此谨表示由衷的感谢。

首先要感谢的是很多院长、教师、行政管理人员、企业高管和学生。他们通过接受访谈、提供数据、支持案例研究等方式为我们提供了最核心的一手资料。有了他们的帮助和支持，本书才得以出版。他们腾出大量时间，细致、耐心地回答我们无休止的提问和请求，对此深表感激。

我们还要感谢哈佛商学院的同事，他们以各种方式为本书作出了贡献。John Quelch 和 Robert Kaplan 提议举办一场关于未来MBA 教育的研讨会，鼓励我们接受这项任务，并帮助设计研究形式和研究方法，而这就是本项目的开始。我们的院长 Jay Light 是一位充满激情的领导者，他慷慨地为本项目提供了各种所需资源。在我们艰苦研究的三年中，他一直对我们鼎力支持。100 多位教师参加了 2008 年 5 月的那场研讨会，共同讨论我们的初步研究成果。很多教师还额外腾出时间，以书面形式给我们提出关于课程改革的各种建议。在非正式讨论、午餐甚至在走廊上碰面时，很多同事也给我们提供了极具参考价值的意见。

我们的研究小组是一个杰出的团队。Michael Thomas 负责整合第 2 章中用到的统计资料和趋势数据，Patricia Hernandez 负责第 3 章的课程分析，Carin Knoop 和 James Weber 起草了所有原创案例，经修改后成为第 7 章至第 12 章的内容。我们经常和小组成员单独或者一起会面，他们的创造力、学术水平和敬业精神给我们留下了深刻的印象。他们不但准备了大量数据和相关分析，还帮我们提出了几个重要观点。

在本书的写作过程中，还有很多人给予了帮助。Colleen Kaftan 认真细致地修改了最初的案例研究，使这些案例在本书的第 Ⅱ 篇中衔接得更好。本书编辑哈佛商学院出版社的 Jeff Kehoe 在整个写作过程中提出了很多中肯的建议，让我们得以写出更有力、更令人信服的观点和内容。有四位匿名书评人阅读了本书的初稿并提出了发人深省的意见、建议和问题，大大提高了终稿的质量。

我们的助理 Alexandra Gural 和 Andrea Truax 自始至终保证了项目的顺利进行。他们帮忙安排约见，协调复杂的日程、访谈和小组会议，让我们集中精力做研究。此外，他们还帮忙整理了全书的终稿。没有他们的提醒和协助，我们是不可能完成这个项目的。

依照惯例，最后，我们向家人表达最衷心的感谢。Srikant 感谢他的妻子 Swati；David 感谢他的妻子 Lynn；Patrick 感谢他的母亲 Marion 和他的搭档 Shayda。她们四位一直坚定地支持我们——这对于一个持续三年的项目来说是至关重要的——而且提出了无数的建议和想法。从她们那里，我们得到了宝贵的建议和评价。最重要的是，在漫长的写作过程中，她们让我们保持平和的心态。很多时候，是她们的爱和鼓励给了我们前行的力量。所以，谨以此书献给她们。

后　记

2010 年，在中国人民大学商学院的发展历史上具有里程碑的意义：院庆 60 周年，MBA 项目开办 20 周年，顺利通过 EQUIS 认证。在这样的背景下，我们以"变化的世界与商学院的使命"为院庆主题，思考中国的管理教育如何适应中国和世界的变化。

为此，我们在总结中国管理教育发展历史的同时广泛关注近年来北美一流商学院对传统 MBA 项目进行的反思和变革。2010 年 7 月，学院参加 PCMPCL（哈佛商学院为大中华地区商学院举办的"案例方法和以参与者为中心的学习项目"）的同事带回了这本刚出版不久的专著，我随即推荐给中国人民大学出版社。出乎意料的是，出版社仅用一周的时间就谈妥了译著版权。

本书中文版的出版，凝聚了商学院很多同事的智慧。主要译者徐帆，以其深厚的英文专业背景，为本书准确到位的翻译奠定了基础；学院负责 EMBA 项目的宋华副院长及 EMBA 中心的同事、负责 MBA 项目的支晓强副院长，还有 MBA 中心的同事，近年来一直积极探索 MBA 和 EMBA 项目的教学改革和创新，其间所进行的多次讨论对本书的翻译有很大的帮助。事实上，在翻译前后，围绕本书的有关专题在商学院内部已经进行了大量的学习和讨论。本书的翻译得到了中国人民大学出版社工商管理出版分社的鼎力支持，特别感谢她们对支持我国工商管理教育所做的贡献。

本书的内容受到国内学界和企业界的关注。中国人民大学纪宝成校长、全国 MBA 教育指导委员会副主任赵纯均教授、最近几年与我们在 EMBA 教育改革中有很多交流和合作的新加坡万邦集团曹慰德主席、香港利丰集团主席冯国经博士专门为本书中文版写序，我们对此表示深深的感谢。谨以此书中文版的出版作为纪念中国 MBA 教育 20 周年的礼物。

图书在版编目（CIP）数据

MBA教育再思考：十字路口的工商管理教育/达塔尔等著；伊志宏等译．—北京：中国人民大学出版社，2011.6

（管理者终身学习）

ISBN 978-7-300-13825-1

Ⅰ.①M… Ⅱ.①达… ②伊… Ⅲ.①工商行政管理-研究生教育-研究 Ⅳ.①F203.9-4

中国版本图书馆CIP数据核字（2011）第104551号

管理者终身学习

MBA教育再思考

——十字路口的工商管理教育

斯里坎特·M·达塔尔　戴维·A·加文　帕特里克·G·卡伦　著

伊志宏　徐帆　译

MBA Jiaoyu Zaisikao

出版发行	中国人民大学出版社	
社　　址	北京中关村大街31号	**邮政编码** 100080
电　　话	010 - 62511242（总编室）	010 - 62511398（质管部）
	010 - 82501766（邮购部）	010 - 62514148（门市部）
	010 - 62515195（发行公司）	010 - 62515275（盗版举报）
网　　址	http://www.crup.com.cn	
	http://www.ttrnet.com（人大教研网）	
经　　销	新华书店	
印　　刷	北京东君印刷有限公司	
规　　格	175 mm×250 mm　16开本	**版　　次** 2011年9月第1版
印　　张	22.5插页3	**印　　次** 2011年9月第1次印刷
字　　数	286 000	**定　　价** 58.00元

教师教学服务说明

中国人民大学出版社工商管理分社以出版经典、高品质的工商管理、财务会计、统计、市场营销、人力资源管理、运营管理、物流管理、旅游管理等领域的各层次教材为宗旨。同时，为了更好地服务于一线教师教学，工商管理分社近年来着力建设数字化、立体化的网络教学资源。老师们可以通过以下方式获得免费下载教学资源的权限：

（1）在"人大经管图书在线"（www.rdjg.com.cn）注册并下载"教师服务登记表"，或者直接填写下面的"教师服务登记表"后，加盖院系公章，然后邮寄或者传真给我们。我们收到表格后将在一个工作日内为您开通相关资源的下载权限。

（2）如果您有"人大出版社教研服务网络"（http：//www.ttrnet.com）会员卡，可以将卡号发到我们的公共邮箱，无须重复注册，我们将直接为您开通相关专业领域教学资源的下载权限。

如果您需要帮助，请随时联系我们：

联系人：刘玉仙（010-62515735）　　　　李文重（010-82501704）
传真：010-62514775　　　　　　　　　　邮箱：rdcbsjg@crup.com.cn
通讯地址：北京市海淀区中关村大街甲 59 号文化大厦 15 层
　　　　　中国人民大学出版社工商管理分社　邮编：100872

教师服务登记表

姓　名		□先生 □女士	职　　称		
座机/手机			电子邮箱		
通信地址			邮　　编		
任教学校			所在院系		
所授课程	课程名称	现用教材名称	出版社	对象（本科生/研究生/MBA/其他）	学生人数
需要哪本教材的配套资源					
人大经管图书在线用户名					

院/系领导（签字）：

院/系办公室盖章

《MBA教育再思考》探讨了工商管理教育和一流商学院的改革举措，是目前为止同类著作中最有见地、最有意思的。这本书不仅能让管理学教授和企业管理人员受益匪浅，而且可以为其他专业学院的教育工作者提供借鉴。

——哈佛大学前任校长　Derek Bok

《MBA教育再思考》是多年来探讨工商管理教育的最重要的著作之一，内容翔实深刻，为工商管理教育的重塑提供了大量宝贵建议。注重培养未来商业领袖的企业领导人都需要读一读这本书。

——诺华制药公司执行董事、董事长兼CEO　Daniel Vasella

作者对商学院院长（MBA学生培养方）和企业高管（MBA学生聘用方）进行了深度访谈，并且通过各种渠道收集了大量资料。因此，《MBA教育再思考》内容丰富而深刻，非常有价值。关心工商管理教育未来的人士都应该读一读这本书。

——麻省理工大学斯隆管理学院荣誉院长　Richard Schmalensee

这本书将成为改变工商管理教育和领导力开发的圣经。本书鞭辟入里，见解深刻而又鼓舞人心，开篇即详尽分析了MBA教育面临的巨大挑战，随后探讨了一流商学院的创新举措，让读者对MBA教育的现状和未来有了更全面的认识。

——Intuit公司董事长和创始人　Scott Cook

《MBA教育再思考》详尽全面地分析了工商管理教育的现状，呼吁商学院调整课程方案，把培养重心从分析技能转移到创新能力上来，是工商管理教育工作者和商学院学生的必备读物。

——沃顿商学院教授、卡内基·梅隆大学商学院前任院长　Elizabeth Bailey

《MBA教育再思考》为读者了解当代工商管理教育提供了实证基础和分析思路。全书深入浅出地展开分析和评论，提出了很多中肯的建议。对于关注工商管理研究生教育的人来说，这本书非常值得一读。

——斯坦福大学商学院教授　Jeffrey Pfeffer